365 Shorts de la Familia Real Británica

ORLANDO MANCINI

DEDICATORIA

A mi amada hija Sofía Valentina

Porque en tus ojos descubro un reino más valioso que cualquier corona, y en tu sonrisa encuentro la grandeza de lo simple y lo eterno. Este libro, como todo en mi vida, siempre será para ti.

CONTENIDO

AGRADECIMIENTOS

A lo largo de estos 25 años, he tenido el privilegio de compartir experiencias inolvidables con mis colegas periodistas. Juntos hemos enfrentado largas jornadas, bajo la lluvia o el sol, esperando la evolución de alguna noticia frente a los majestuosos palacios reales en el Reino Unido, o en nuestras agitadas salas de redacción. A ellos, mi admiración y gratitud por su incansable dedicación y por ser compañeros en esta apasionante labor.

A los medios británicos que, con su rigurosidad y profesionalismo, han contribuido innegablemente a enriquecer en gran parte, estas páginas. Y a los autores reales, cuyas investigaciones y relatos han nutrido este libro con fuentes valiosas e inspiradoras. Aunque jamás alcanzaré su nivel, porque siempre me he considerado un "Experto real amateur", admiro profundamente su entrega al estudio de esta institución.

A la familia real británica, pilar de unión, fortaleza y tradición para el pueblo británico. Su historia y legado son la razón por la que millones, como yo, nos sentimos atraídos por su singular mezcla de modernidad y protocolo. Sin su existencia, este libro no tendría propósito ni alma.

Y, sobre todo, a mi familia, el refugio donde siempre encuentro apoyo. Una vez más, me he volcado en el trabajo como un escape, evadiendo de esa forma lo negativo y enfocándome en una de las cosas que más amo: El trabajo periodístico. Aunque muchos no compartan mi postura, sigo defendiendo que no creo en el equilibrio entre la vida personal y el trabajo. Si algo te apasiona, si algo te hace vibrar, entonces merece ser perseguido con toda la intensidad posible.

Gracias por acompañarme en este viaje. Este libro es un testimonio de esa pasión que no conoce límites y de las historias que nos conectan con algo más grande que nosotros mismos.

Sin duda, he apreciado profundamente la paciencia y fortaleza de mi esposa, Claudia Milena.

PREFACIO

Este libro, *365 SHORTS*, es especial por muchas razones. En menos de 10 meses, más de 50,000 personas se han sumado a nuestra comunidad en YouTube, atraídas por una de las culturas más apasionantes e influyentes del mundo: la británica. Día a día, la monarquía genera un torrente de curiosidad y comentarios, convirtiéndose en el eje de debates sobre tradiciones, simbolismo y las historias humanas de sus integrantes.

La Casa Windsor despierta pasiones. Algunos seguidores se identifican profundamente con la resiliencia de Kate Middleton; otros admiran el espíritu rebelde de Harry y Meghan, mientras no faltan quienes elogian la elegancia y la tradición representadas por Carlos III y la reina Camila. Cada miembro, con su carácter y su papel, refleja aspectos de la sociedad moderna, logrando que miles se inclinen hacia su favorito o encuentren en ellos inspiración.

Este libro recopila, en el orden exacto en que fueron publicados los 365 shorts a lo largo de 2024, momentos históricos y curiosidades desconocidas. Algunos temas, como la evolución de la enfermedad de Kate Middleton y los mensajes que compartía mientras se recuperaba, están redactados en el contexto de su impacto mediático. Estos relatos pueden no ser atemporales, pero capturan la relevancia del momento en que ocurrieron. En cambio, la mayoría de las historias exploran aspectos curiosos y novedosos, invitando al lector a descubrir detalles inéditos de la familia real.

Las relaciones personales entre los miembros de la Familia Real británica siempre están envueltas en un halo de misterio. Aunque expertos y autores reales intenten descifrarlas, lo que ocurre detrás de las puertas del palacio sigue siendo un enigma. Sin embargo, pequeños gestos, como la entrega de títulos y distinciones, o las apariciones en público nos ofrecen valiosas pistas sobre las dinámicas internas de la monarquía.

Este libro recopila hechos basados en los shorts (videos de un minuto) publicados diariamente en mis redes sociales, desde el 6 de diciembre de 2023 hasta diciembre de 2024. Cada short ofrece una visión única de la familia real británica, con datos curiosos, hechos históricos y noticias relevantes que marcaron tendencias en su momento, como los mensajes de la princesa Kate sobre el tratamiento del cáncer. Para ver imágenes y videos relacionados, los invito a visitar mis redes sociales o mi sitio web: www.orlandomancini.com.

Gracias por sumergirte en estas páginas. Este libro es un reflejo de la conexión entre la realeza británica y sus admiradores en todo el mundo. Espero que disfrutes cada historia, y que encuentres en ellas la fascinación que nos une como amantes de la monarquía.

1 Short de diciembre de 2023

SHORT 1 Kate y Diana: dos princesas, una tiara

Kate Middleton, princesa de Gales, deslumbró en una velada real al lucir la emblemática tiara "Cambridge Lover's Knot", una pieza históricamente ligada a la difunta princesa Diana. El evento, una recepción de gala liderada por el rey Carlos III y la reina Camila, contó con la asistencia de 500 invitados, subrayando su importancia diplomática.

La "Cambridge Lover's Knot", creada en 1913 por la reina Mary de Teck, combina diamantes y perlas en diseño de gota. Kate complementó esta joya con pendientes de Cartier, pertenecientes a la difunta reina Isabel II, y un vestido rosa empolvado, logrando un equilibrio entre homenaje y sofisticación.

Este conjunto, que ya había sido utilizado en una boda jordana, destaca el enfoque sostenible de Kate en la moda, al reutilizar piezas clave de su guardarropa. Además, su elección refuerza su papel como princesa de Gales, título asumido tras la ascensión de Carlos III al trono.

En una noche que unió majestuosidad y tradición, Kate Middleton reafirmó su lugar como un ícono moderno de la realeza, continuando el legado de Diana y marcando su propio camino en la historia británica.

SHORT 2 Glamour real: La princesa Kate brilla como nunca en la alfombra roja

Explora la elegancia de la princesa real Kate en la mágica alfombra roja. Observa como deslumbró ante los flashes en este recorrido visual por sus momentos más radiantes y memorables desde que se unió a la familia real.

NOTA: Para ver las imágenes sugerimos escanear el código QR y ver el SHORT alojado en YouTube.

SHORT 3 Cartas a Papá Noel y villancicos: La encantadora visita de los galeses a la Abadía de Westminster

Los hijos de los príncipes de Gales, George, Charlotte y Louis han demostrado que incluso las familias reales mantienen tradiciones navideñas cargadas de encanto. Durante su reciente visita a la Abadía de Westminster en diciembre de 2023, los pequeños fueron captados escribiendo cartas a Papá Noel, un momento que resalta el espíritu festivo que envuelve a la familia real. Este acto tan común para cualquier niño adquiere un toque especial cuando se trata de los futuros herederos al trono.

Acompañados por sus padres, William y Kate, los niños participaron en un evento navideño donde se mezclaron tradiciones reales con gestos cotidianos. Charlotte, con su característico interés por las artes, fue vista organizando las decoraciones, mientras George y Louis disfrutaron cantando villancicos con otros niños.

La Abadía de Westminster, escenario de eventos históricos de la monarquía, cobró un tono cálido y familiar con la presencia de los galeses. Este tipo de actividades, según fuentes cercanas, reflejan el deseo de Kate y William de criar a sus hijos en un entorno lo más normal posible, a pesar de sus responsabilidades reales.

Estos momentos muestran un lado humano y accesible de la realeza británica, fortaleciendo su conexión con el público. Las imágenes de los pequeños escribiendo sus deseos para Papá Noel se han convertido en un símbolo de esperanza y unión en esta temporada festiva, un recordatorio de que incluso los futuros reyes tienen sueños y tradiciones que compartir.

SHORT 4 La inteligencia artificial nos muestra como lucirá la princesa Charlotte a los 20 años

La inteligencia artificial ha proyectado cómo se verá la princesa Charlotte en su adultez, fascinando a seguidores de la realeza británica. Charlotte, hija de los príncipes de Gales, William y Kate, y tercera en la línea de sucesión al trono británico, podría convertirse en una figura relevante para la monarquía en el futuro. Las imágenes creadas la muestran a sus 20 años, una visión que destaca su elegancia y porte, características que han marcado a las mujeres de su linaje.

En Instagram, una página dedicada a Charlotte compartió estas imágenes, sorprendiendo a sus seguidores. La IA no solo anticipa un notable parecido con su madre, sino que también sugiere un aire sofisticado que evoca a su abuela, la recordada princesa Diana. El interés es considerable, especialmente porque la princesa, con solo 8 años (en el momento de recrear su rostro con IA), es observada bajo la lupa pública desde su nacimiento.

Previamente, esta cuenta de Instagram ya había experimentado con imágenes de su hermano, el príncipe George, y la reacción fue igualmente efusiva. Sin embargo, la atención ahora se centra en Charlotte, quien, de acuerdo con las leyes británicas, también tiene posibilidades de heredar el título de princesa de Gales en el futuro.

Esta fascinación digital revela el interés global en la futura generación de la realeza.

NOTA: Para ver las imágenes sugerimos escanear el código QR y ver el SHORT alojado en YouTube.

SHORT 5 Bryan Adams revive su amistad con Lady Di: 'Conocerla fue de las mejores cosas que me han pasado'

En una reciente entrevista con *The Sunday Times*, el músico Bryan Adams, compartió detalles inéditos de su amistad con la princesa Diana, describiéndola como una de las experiencias más significativas de su vida.

Adams reveló que su vínculo con Lady Di surgió tras componer la canción *Diana*, inspirada en la princesa y lanzada tras su boda con el príncipe Carlos en 1981. En su primer encuentro, en un aeropuerto, Adams le confesó a Diana que la canción estaba dedicada a ella. La princesa, al tanto de esta inspiración, le pidió escuchar la pieza nuevamente.

La conexión fue instantánea, al punto de que Lady Di lo invitó a tomar el té en el Palacio de Kensington, dando inicio a una entrañable amistad. A partir de ese momento, Adams y Diana mantuvieron una relación marcada por encuentros discretos y una profunda confianza. Según el músico, su amistad evolucionó de manera gradual, lo que les permitió intercambiar confidencias que jamás compartieron con otros.

Para Adams, Diana fue siempre una fuente de inspiración, resaltando su calidez y autenticidad, cualidades que hicieron que su amistad con la princesa fuera única y duradera, incluso en medio de los reflectores.

SHORT 6 ¿Dedo borrado y más? los misterios detrás de la tarjeta navideña de la familia de Gales

La realeza británica ha desatado una ola de comentarios y controversias con su postal navideña anual. La imagen, compartida en diciembre de 2023 por el príncipe de Gales y Kate Middleton, ha generado debate en las redes sociales.

La familia real posa sonriente, vestida de blanco y negro. Sin embargo, algunos seguidores notaron detalles curiosos que desencadenaron una serie de teorías.

Aunque muchos elogiaron la elegancia del retrato, otros aseguran que se cometieron errores en la edición. ¿El más llamativo? La supuesta eliminación del dedo medio de Louis, el hijo menor de la pareja.

Usuarios expresan sorpresa y críticas. Algunos encuentran más detalles "editados" en la foto, desde piernas desaparecidas hasta tenis sin agujetas.

El responsable de la polémica fotografía es Josh Shinner, un fotógrafo reconocido. Agradeció a la corona británica por la oportunidad, pero la controversia ha llevado a algunos a especular sobre la presión que enfrentó durante la sesión.

Shinner describe la experiencia como "divertida y relajada", pero los resultados han provocado teorías sobre posibles dificultades durante la sesión.

¿Errores de edición o simple controversia navideña? La postal real sigue dando de qué hablar.

SHORT 7 Un vistazo al pasado y presente real

En el viaje a través de los recuerdos reales, exploramos dos momentos inolvidables que capturan la esencia de la familia real británica.

Comencemos con esta icónica foto de estudio de la antigua pareja real, el príncipe Carlos y la amada princesa Diana. En este retrato atemporal, los vimos compartiendo risas y ternura con sus pequeños recién llegados al mundo.

Esta imagen, llena de amor y calidez, nos transporta a un momento donde la familia real experimentaba la alegría de la paternidad.

Ahora, cambiemos la perspectiva y miremos al presente, a la familia del hijo mayor del actual monarca, el príncipe William, y su encantadora esposa Kate.

En esta foto actual que pueden ver en el short escaneando el código QR, vemos a la nueva generación real disfrutando de momentos similares de felicidad y complicidad. Una escena que refleja la continua tradición de amor y conexión familiar.

A través de estas imágenes, somos testigos de cómo el amor real trasciende el tiempo, conectando generaciones y creando recuerdos que perduran. ¡Acompáñanos en este emotivo viaje lleno de nostalgia y amor generacional!

NOTA: Para ver las imágenes sugerimos escanear el código QR y ver el SHORT alojado en YouTube.

SHORT 8 De confesiones impactantes a récords de ventas: ¿Cuál es el libro más leído del año?

Exploramos el fenómeno literario de 2023: las reveladoras memorias del príncipe Harry que se vendió en el mundo de habla hispana con el nombre: "En La Sombra". Desde historias íntimas hasta récords de ventas, este libro ha marcado un año de confesiones impactantes.

¿Alguna vez te preguntaste cómo perdió el príncipe Harry su virginidad? Todo esto y más lo descubrimos en su libro.

Pero eso no es todo. El libro "Spare" del príncipe Harry no solo encabezó las listas de ventas con 1.4 millones de copias vendidas en un día, sino que también se convirtió en el libro con más transacciones de todo el año.

Sin embargo, hay un giro interesante. Aunque "Spare" lidera en ventas, ¿te sorprendería saber que solo ocupa el sexto lugar en la lista de los libros más leídos?

Desde historias íntimas hasta récords de ventas, estos libros han dejado una marca imborrable en el año. ¿Cuál de estos relatos te intriga más? Más adelante exploraremos algunas de sus revelaciones.

SHORT 9 Explosivo fallo judicial: Príncipe Harry gana enorme suma por espionaje mediático

El príncipe Harry ha logrado una victoria judicial histórica al recibir una indemnización de 180.000 dólares por ser víctima de escuchas telefónicas y recolección ilegal de información por parte de medios británicos. La decisión del Tribunal Superior de Londres destapa prácticas ilegales que duraron 15 años.

Un revolucionario fallo judicial sacude el mundo de la realeza. El príncipe Harry ha ganado una indemnización masiva tras ser víctima de escuchas y recolección ilegal de información por parte de los medios. En un histórico testimonio, el príncipe Harry reveló cómo fue blanco de prácticas ilegales durante 15 años.

El tribunal dictaminó que más de 140 historias fueron resultado de este espionaje. Una victoria que revela oscuros secretos. Los detalles impactantes del caso del príncipe Harry contra los medios.

SHORT 10 Harry y sus confesiones: drogas, tensiones familiares y una juventud controvertida

En su autobiografía *Spare*, el príncipe Harry abre una puerta a su vida privada, revelando episodios desconocidos de su juventud que incluyen sus primeras experiencias con drogas y la compleja relación con su padre, el rey Carlos III.

Aunque algunos de estos actos rebeldes fueron capturados por la prensa en su momento, en esta obra el príncipe narra detalles nunca escuchados, consolidando una imagen cruda y vulnerable de su juventud.

Revelaciones impactantes del libro "Spare" de príncipe Harry

Perdida de la virginidad: Harry confiesa haber perdido su virginidad en un campo con una mujer mayor, generando un escándalo que ahora revela en su libro.

Historia de drogas: Desde cocaína a marihuana, el príncipe detalla su consumo de drogas desde la adolescencia hasta 2016, incluyendo experiencias surrealistas con hongos.

Tensa relación con el príncipe William: A pesar de la imagen de apoyo, Harry revela una relación competitiva y tensa con el príncipe William, describiéndolo como su "archienemigo".

Conflictos con el rey Carlos III: Detalles reveladores sobre la relación entre Harry y su padre, incluyendo comentarios insensibles de Carlos tras la muerte de Lady Di y bromas sobre la paternidad de Harry.

Incitación al disfraz Nazi: Impactante revelación sobre cómo el príncipe y la princesa de Gales alentaron a Harry a usar un disfraz nazi, evento que él califica como uno de los mayores errores de su vida.

Descubre estos y más secretos en el libro más vendido de 2023; Spare. ¡Harry se abre como nunca!

SHORT 11 PARTE 2: Más secretos revelados por el príncipe Harry en "Spare"

A lo largo de 416 páginas, el duque de Sussex recuerda un momento íntimo de su adolescencia, cuando perdió la virginidad en un campo con una mujer mayor que compartía su pasión por los caballos.

El lamento de Harry a Carlos sobre Camilla: El duque de Sussex suplicó a su padre que no se casara con Camilla, llamándola "la Otra Mujer de Repuesto". Aunque Harry y William le pidieron a Carlos que no cometiera ese error, la boda se llevó a cabo, desencadenando tensiones familiares y resentimientos.

La Controversia de las bajas en Afganistán: Harry confiesa haber sido responsable de la muerte de 25 combatientes talibanes durante su servicio militar. Esta revelación polémica presenta su perspectiva única sobre la guerra y cómo veía a los enemigos como "piezas de ajedrez retiradas del tablero".

La admiración de William y Kate por "Suits": Antes de que Harry conociera a Meghan, revela que el príncipe y la princesa de Gales, eran fanáticos de la serie "Suits".

La advertencia de William a Harry sobre Meghan: William advierte a Harry sobre avanzar demasiado rápido en su relación con Meghan, lo que provoca nuevas tensiones. A pesar de la advertencia, Harry y Meghan se comprometen rápidamente, exacerbando las fracturas en la relación entre los hermanos y sus esposas.

El osito de peluche de Carlos III: Confirmación de un antiguo rumor, Harry revela que su padre, el rey Carlos III, siempre viaja con su osito de peluche de la infancia. Aunque desgastado y con los brazos rotos, el osito ha sido compañero constante del monarca.

Descubre estos fascinantes secretos en "Spare", el libro más vendido del 2023.

SHORT 12 Los premios Earthshot pierden a Shakira y Danu Alves

La controversia alcanza al prestigioso premio Earthshot, impulsado por el príncipe William para premiar soluciones climáticas innovadoras. En 2023, el evento perdió a dos de sus figuras principales en el jurado: la cantante Shakira y el futbolista Dani Alves, quienes enfrentan serios problemas legales que impactan la credibilidad de la iniciativa.

Shakira, bajo investigación en España por presunto fraude fiscal, y Alves, acusado de agresión sexual, dejaron vacantes sus asientos en el consejo de selección de los galardones, comparados con los Oscar del medio ambiente.

Estas renuncias han generado un intenso debate sobre la idoneidad de las celebridades con problemas judiciales para representar causas globales.

Celebrado en 2023 en Singapur, el Earthshot ya había deslumbrado en sus ediciones previas, inauguradas en Londres en 2021 y continuadas en Boston en 2022. Durante el lanzamiento inicial, William destacó la participación de Shakira, quien incluso lo invitó a visitar Colombia, aportando un toque personal al proyecto.

Con el futuro del premio en entredicho, el escándalo pone de relieve las tensiones entre imagen pública y responsabilidad personal, dejando a los seguidores de la realeza atentos a la próxima jugada del príncipe de Gales en esta iniciativa.

SHORT 13 Subasta real: Vestido de la princesa Diana deslumbra al alcanzar un récord de 1,1 millones de dólares

En un evento histórico, un vestido de noche previamente usado por la difunta princesa Diana ha alcanzado un precio récord de 1,1 millones de dólares en una subasta de Julien's Auctions en Los Ángeles, superando ampliamente las expectativas iniciales de entre 100,000 y 200,000 dólares.

El deslumbrante vestido negro y azul, diseñado por Jacques Azagury y lucido por Diana por primera vez en Florencia en 1985, capturó la atención del mundo al ser vendido junto con una ilustración a juego por la asombrosa cifra de 1,148,080 dólares. Julien's Auctions, en un comunicado, declaró que este logro establece un nuevo récord mundial para el vestido más caro usado por la princesa Diana en una subasta, superando el anterior récord de 604,800 dólares.

El vestido, con su corpiño de terciopelo negro bordado con estrellas azules y su falda de organza azul de dos niveles con faja y lazo, se convierte así en una pieza invaluable de la historia de la moda y la realeza británica.

Este extraordinario logro se enmarca dentro de la venta de cuatro días "Hollywood Legends" de Julien's Auctions y Turner Classic Movies (TCM), que ofreció una amplia gama de recuerdos. Además del vestido, una blusa de gasa rosa usada por Diana en su retrato de compromiso en 1981 se vendió por 381,000 dólares, superando su estimación inicial de entre 80,000 y 100,000 dólares.

SHORT 14 El joven príncipe William: un encanto inesperado que cautivó como su madre Diana

Con el estreno de la última temporada de *The Crown*, el mundo revive el magnetismo que el joven príncipe William ejercía sin proponérselo. Su llegada a eventos oficiales desataba euforia en multitudes que, como hechizadas, veían en él la misma chispa que en su madre, la princesa Diana. Era una mezcla irresistible: la elegancia de la realeza y el atractivo de una estrella pop.

Sin embargo, William, lejos de la seguridad de su madre, parecía incómodo con tanta atención. Cada aparición pública se convertía en un evento mediático, una oportunidad para captar su expresión tímida y sus ojos azules, esos mismos ojos que reflejaban el carácter de Lady Di. Los medios, siempre presentes, capturaban un príncipe que, pese a su juventud, parecía llevar el peso de la fama con seriedad.

A diferencia de Diana, que se movía con naturalidad entre la multitud, William trataba de mantener distancia, visiblemente apenado y hasta sonrojado.

Él, quien debería sentirse como un joven en ascenso, parecía casi rehuir la cámara. Su rostro reservado y su timidez solo alimentaron el fervor de la prensa y el público. Así, William, sin buscarlo, pasó de príncipe a icono juvenil.

SHORT 15 Descubriendo al príncipe William: Más allá de la corona

Es posible que creamos conocer todos los detalles sobre el príncipe William, pero detrás de la corona hay facetas fascinantes que a menudo pasan desapercibidas. Aquí te presentamos cinco curiosidades que probablemente desconocías sobre el futuro rey.

Brillante trayectoria estudiantil: El príncipe William fue un estudiante destacado en Eton College, donde no solo se destacó académicamente, sino que también ocupó roles de liderazgo, como capitán de la casa y Prefecto.

Una cicatriz con historia: La frente del príncipe lleva una cicatriz permanente resultado de un incidente en Eton, donde fue golpeado accidentalmente con un palo de golf, sufriendo una fractura hundida del cráneo que requirió cirugía.

Año sabático lleno de aventuras: Antes de la universidad, William se tomó un año sabático. Participó en la Guardia Galesa en Belice, viajó por Kenia y fue voluntario en la Patagonia. Allí construyó senderos y enseñó inglés en un pueblo chileno.

De historia del arte a geografía: Inicialmente, estudió Historia del Arte en la Universidad de St. Andrews, pero pronto cambió a Geografía. Este cambio fue apreciado por Kate Middleton, quien también estudiaba Historia del Arte.

La mano izquierda real: Aunque miembro de la realeza, el príncipe William es zurdo, al igual que su hijo mayor, el príncipe George. Este detalle se reveló cuando William firmó con su mano izquierda en su primer día en Eton.

Estos aspectos menos conocidos nos ofrecen una visión más completa del príncipe William, y su vida más allá de los reflectores reales. ¿Conocías estas curiosidades?

SHORT 16 Parte 2: Curiosidades del príncipe William

El Príncipe William, futuro rey de Inglaterra, tiene una vida llena de curiosidades y logros impresionantes. Descubre seis datos fascinantes sobre su vida, desde su nombre completo hasta su carrera como piloto.

El nombre completo del príncipe William es: William Arthur Philip Louis Mountbatten-Windsor. Cada nombre rinde homenaje a figuras importantes en la historia real.

El príncipe William es un piloto de helicóptero calificado: Participó en más de 150 operaciones de rescate con la RAF y luego trabajó como piloto de ambulancia aérea.

En la universidad, William usó el nombre en clave "Steve": Esto, para mantener el anonimato. Este seudónimo le permitió vivir una experiencia universitaria más normal en St. Andrews.

Es el siguiente en la línea de sucesión al trono británico: Cuando asuma el trono, probablemente será conocido como el rey Guillermo V.

William se casó con Kate Middleton en 2011: La boda en la Abadía de Westminster fue vista por alrededor de 162 millones de personas en todo el mundo.

SHORT 17 Entre tradiciones y gala: así celebra la navidad la familia real británica

Cada Navidad, la familia real británica se reúne en Sandringham Estate para dar vida a tradiciones exclusivas que reflejan la mezcla entre lo familiar y lo ceremonial. Desde juegos de charadas y fútbol hasta elegantes cenas de gala, los Windsor transforman las fiestas en una celebración íntima y sofisticada.

La Cena de Gala en el Palacio de Buckingham: La realeza se reúne en el majestuoso Palacio de Buckingham para un almuerzo de navidad extendido, una tradición llena de elegancia y cercanía familiar.

Fiestas benéficas: Los miembros de la familia real despliegan su espíritu caritativo organizando fiestas navideñas, apoyando activamente las causas benéficas que resuenan con sus corazones.

Tarjetas navideñas globales: La reina Isabel enviaba anualmente alrededor de 750 tarjetas navideñas, compartiendo el espíritu festivo con simpatizantes de todo el mundo.

Celebración en Sandringham: Aunque tradicionalmente celebran en Sandringham, el lugar varió durante la pandemia. En 2023, se realizó una reunión en Sandringham con la familia de la reina Camilla.

Partido de fútbol real: Los príncipes William y Harry solían participar en un emocionante partido de fútbol americano en Sandringham Estate, creando momentos deportivos únicos junto con el personal.

Donaciones y árboles reales: La familia real contribuye a organizaciones benéficas locales y regala árboles navideños a lugares emblemáticos, destacando su generosidad.

SHORT 18 Parte 2: Entre fútbol y cenas de etiqueta: Un vistazo exclusivo a las navidades de la realeza

Cena de Gala en Nochebuena: La familia Windsor asiste a una elegante cena de etiqueta en nochebuena, y disfrutaban del cóctel favorito de la reina, el "Zaza".

Tradición de los árboles de navidad: La colocación de tres abetos en el Salón de Mármol del Palacio de Buckingham, una tradición centenaria, ilumina la residencia real.

Intercambio de regalos en nochebuena: Siguiendo su herencia alemana, los Windsor abren sus regalos después del té de la tarde en nochebuena, creando un momento especial.

Servicios navideños: La familia completa se reúne para servicios religiosos en St. Mary Magdalene en Sandringham Estate el día de navidad, resaltando la importancia de la tradición.

Juego anual de charadas: Después del almuerzo de navidad, los Windsor participan en un juego anual de charadas, ofreciendo una perspectiva divertida de su celebración.

Transmisión anual de navidad: Desde 1952, la reina realizaba una transmisión navideña a la Commonwealth, una tradición televisada que la familia real disfruta unida el día de navidad. En 2022, marcó la primera transmisión del rey Carlos III como monarca.

SHORT 19 Rey Carlos aboga por la paz mundial en su emotivo discurso navideño

Exploraremos el emotivo discurso de Navidad del rey Carlos, un llamado apasionado por la paz en un mundo marcado por conflictos trágicos.

El rey Carlos, en su segundo discurso navideño desde su coronación, no escatimó palabras al abordar la creciente tragedia global.

Rey Carlos dijo: "En un momento de conflictos cada vez más trágicos en todo el mundo, rezo para que también podamos hacer todo lo que esté a nuestro alcance para protegernos unos a otros."

Un llamado conmovedor a la acción y solidaridad. Pero ¿cuáles son las palabras clave que resonarán en todo el Reino Unido y la Commonwealth?

Rey Carlos añadió: "Las palabras de Jesús parecen más pertinentes que nunca: 'haz a los demás lo que te gustaría que te hicieran a ti'."

Rey Carlos indicó además: "Les deseo una navidad de 'paz en la tierra y buena voluntad para todos', hoy y siempre."

Un discurso que resuena en el corazón de la nación. La sala central del palacio de Buckingham fue testigo de estas palabras de esperanza.

SHORT 20 William y Kate comparten nueva foto de sus hijos para navidad

En una conmovedora muestra de espíritu navideño, el príncipe y la princesa de Gales, William y Kate, han compartido una nueva foto de sus tres hijos: el príncipe George, la princesa Charlotte y el príncipe Louis. La imagen, capturada en blanco y negro por el fotógrafo Josh Shinner, muestra a los niños sentados en un banco de madera, creando una escena familiar y cálida.

Esta no es la primera vez que Shinner inmortaliza a la familia real; la misma imagen fue utilizada en la tarjeta navideña oficial de los galeses en 2023. La pareja compartió la foto en sus redes sociales, acompañada de un mensaje navideño: "¡Les deseo a todos una muy feliz navidad, desde nuestra familia hasta la suya! W & C".

La imagen de la tarjeta navideña, revelada a principios de diciembre de 2023, muestra a la familia reunida en otra fotografía en blanco y negro alrededor de la princesa Charlotte, sentada en una silla. Todos visten camisas blancas, con Catherine, princesa de Gales, y su hija Charlotte, ataviadas con jeans, mientras que el príncipe de Gales lleva pantalones negros junto con su hijo mayor, el príncipe George y el pequeño príncipe Louis, que luce pantalones cortos.

En la imagen compartida en el día de Navidad, los tres niños parecen vestir la misma ropa y zapatos que en la tarjeta navideña. La familia real se encontraba por esas fechas en Sandringham, Norfolk, para celebrar el día de navidad y tuvieron programado asistir a un servicio religioso esa mañana.

Además, Catherine desempeñó un papel activo en la celebración navideña al organizar el evento de villancicos "Together At Christmas" en la Abadía de Westminster, transmitido en nochebuena. Un día lleno de tradición y unión para la familia real británica en temporada festiva.

SHORT 21 PARTE 1: Recuerdos reales de 2023: un año de transición para la monarquía británica

El 2023 marcó un punto de inflexión para la familia real británica. Tras el fallecimiento de la reina Isabel II en septiembre del año anterior, la monarquía ha asumido nuevos roles: Carlos III se ha consolidado como monarca, mientras que William y Kate han adoptado sus títulos de príncipe y princesa de Gales. Cada evento de 2023, desde la histórica coronación del 6 de mayo hasta los servicios navideños liderados por Kate, ha reflejado una familia en transición.

NOTA: Para ver las imágenes sugerimos escanear el código QR y ver el SHORT alojado en YouTube.

SHORT 22 PARTE 2: De transiciones y coronas, revive el año de cambios con las mejores fotos de la realeza

Mientras tanto, en EE.UU., el príncipe Harry y Meghan Markle continúan construyendo una vida post-monárquica. La publicación de las explosivas memorias de Harry, *Spare*, a inicios de 2023, puso nuevamente a la realeza en el centro de la atención mediática, aportando nuevas perspectivas sobre su experiencia en la institución.

Desde las imágenes solemnes de la coronación hasta los entrañables momentos navideños, 2023 ha dejado un conjunto único de recuerdos fotográficos que capturan la transformación de la familia real. Con el año llegando a su fin, estas imágenes que pueden ver escaneando el código QR quedarán como testimonio de un período de cambio e introspección en la monarquía británica.

NOTA: Para ver las imágenes sugerimos escanear el código QR y ver el SHORT alojado en YouTube.

SHORT 23 Kate patito feo impresionante transformación de kate

Estos son hechos sorprendentes de la princesa Kate Middleton. A los 29 años Catherine se unió a la familia real británica al contraer matrimonio. Los medios de comunicación no tardaron en etiquetarla como la novia de mayor edad en la familia real, demostrando que el amor no tiene límite de edad.

En su juventud Kate enfrentó desafíos que muchos desconocen, en una revelación sorprendente una compañera de clase compartió como los estudiantes solían calificar a las chicas según su atractivo en una escala de 10 puntos y Kate recibió solo 1.

La futura reina ha demostrado que con su gracia y estilo ha demostrado que el valor de una persona va más allá de lo superficial. Durante su juventud la princesa paso un año en Florencia en el instituto británico. En esta travesía en

Italia Catherine no solo aprendió italiano, sino que también se sumergió en la rica historia del arte.

Su historia es una inspiración para muchos recordándonos que detrás de la corona hay una mujer que ha labrado su propio camino hacia la grandeza.

SHORT 24 PARTE 3: De transiciones y coronas, revive el año de cambios con las mejores fotos de la realeza

Sumérgete en un viaje visual a través de las fotos reales más memorables del 2023, un año de transformaciones para la familia real británica. Desde la coronación del rey Carlos hasta el servicio de villancicos organizado por Kate Middleton, estas imágenes capturan los momentos más destacados del año real. En un año marcado por la transición y cambios de roles, estas fotos son testigos de la evolución de la realeza británica. Revive el esplendor, la emoción y las memorias que han definido el año para la familia real.

NOTA: Para ver las imágenes sugerimos escanear el código QR y ver el SHORT alojado en YouTube.

SHORT 25 PARTE 4: Un recorrido visual por las memorias fotográficas de la familia real en 2023

Fue un año decisivo para la familia real británica. Tras la muerte de la reina Isabel II, la monarquía ha redefinido sus roles, con Carlos III consolidándose como rey y William y Kate asumiendo oficialmente como príncipe y princesa de Gales. Este período también trajo atención mediática a Harry, cuyas memorias *Spare* dieron lugar a nuevos debates sobre la realeza.

La coronación del rey Carlos en mayo y los actos de caridad de Kate durante la temporada navideña capturaron algunos de los momentos más memorables de 2023, reflejando una familia en transición hacia una nueva era.

NOTA: Para ver las imágenes sugerimos escanear el código QR y ver el SHORT alojado en YouTube.

2 Short de enero

SHORT 26 Inesperada revelación en la foto real: El misterio del dedo perdido del príncipe Louis

En la última foto navideña de los príncipes de Gales, la atención se centró en un detalle inusual: el príncipe Louis parecía haber perdido un dedo medio, un descubrimiento que generó sorpresa entre los seguidores reales.

El brazo izquierdo de Louis descansa sobre una silla junto a su hermana, la princesa Charlotte. En un aparente error de Photoshop, su mano aparece sin el dedo medio. Aunque imperceptible para algunos, los fanáticos notaron el detalle, generando comentarios y especulaciones.

El error no fue corregido en la versión pública de la foto, lo que provocó elogios y risas entre los seguidores reales. A pesar de las bromas sobre posibles retoques digitales, una fuente real aseguró que la imagen no fue alterada y que Louis simplemente dobló el dedo, desmintiendo la teoría del dedo perdido.

En otro detalle curioso, la camisa de George mostraba el logo de Ralph Lauren Polo, diseñador favorito de la difunta princesa Diana. La fotografía, capturada por el fotógrafo Josh Shinner, marcó su primer encargo real y continúa la tradición de la familia de presentarse como una unidad joven y normal en las fotos de tarjetas navideñas.

A pesar de los pequeños detalles y las especulaciones, la imagen relajada de los príncipes de Gales en su retrato navideño refleja la continuidad de su tradición de mostrar una familia británica joven y auténtica.

SHORT 27 ¡Vaticinios reales! Sally Morgan revela impactantes predicciones para la familia real británica en 2024

La destacada astróloga y psíquica del Reino Unido, Sally Morgan, ha compartido sus visiones para el año 2024, ofreciendo fascinantes predicciones sobre los miembros clave de la realeza británica. Votada como la psíquica más querida del país, Morgan ha revelado detalles intrigantes sobre la salud del rey y dinámicas familiares.

Según Morgan, en mayo/junio de 2024, el rey experimentará un ligero problema de salud, marcando una noche hospitalaria. Aunque continuará sus funciones reales, se espera que el príncipe William tome un papel más destacado en ese año. Además, la astróloga sugiere una reconciliación entre el rey y el príncipe Harry.

En cuanto a la reina Camilla, Morgan predice un año 2024 lleno de sorpresas, incluso un cambio de imagen para la esposa de 76 años. Se espera que la reina ponga a sus hijos en primer plano y revele más de su hogar en Londres. Además, un cambio de peinado y un mini makeover estarán en el horizonte.

La astrología de Morgan también apunta a que la reina alentará al rey a relajarse más en 2024, fomentando su amor por el arte y la pintura como fuente de paz. Estas revelaciones ofrecen una perspectiva intrigante sobre el destino de la familia real británica en 2024.

NOTA: Este short se publico en enero de 2024 y Sally acertó en muchas cosas como en la salud del monarca británico.

SHORT 28 Plan maestro real: ¿Carole Middleton, la estratega detrás del matrimonio de Kate y William?

Desde su origen como una familia de clase media con aspiraciones, los Middleton han tenido una influencia significativa en el círculo de la realeza británica. Carole Middleton, madre de Kate, ha sido aclamada por algunos como la mente maestra detrás del enlace entre su hija y el príncipe William. A través de decisiones estratégicas, como enviar a Kate al prestigioso internado Marlborough College y más tarde a la Universidad de St. Andrews, donde conoció a William, Carole parece haber diseñado cuidadosamente un futuro brillante para su hija.

Los críticos argumentan que Kate no solo estaba bien posicionada, sino también preparada para el papel real. Carole, con su experiencia empresarial y habilidades sociales, habría inculcado en Kate una ética de discreción y resistencia que resultaron clave para conquistar el corazón del príncipe y mantenerse en su vida a pesar de los desafíos iniciales de la relación.

Sin embargo, algunos cuestionan si la influencia de Carole fue realmente tan calculada o si simplemente fue una madre dedicada que buscaba el mejor camino para su hija. Lo que es innegable es que Kate ha sabido integrarse perfectamente en "La Firma", y los valores familiares inculcados por Carole han sido fundamentales en esta transición.

La relación entre Kate y William ha sido sólida, en gran parte gracias al apoyo incondicional de los Middleton, un respaldo que se ha mantenido incluso en momentos de tensiones familiares dentro de la Casa Windsor.

SHORT 29 Príncipe Andrés bajo fuego: Documentos judiciales explosivos detallan supuesta orgía en isla privada

El príncipe Andrés ha sido vinculado a una supuesta orgía en la isla privada de Jeffrey Epstein, según documentos judiciales recién revelados. Los archivos mencionan al duque de York en 67 ocasiones y detallan eventos explícitos.

Los documentos, parte de una demanda contra Ghislaine Maxwell, revelan que una presunta víctima fue "obligada a tener relaciones sexuales con el príncipe cuando era menor de edad". Se menciona una orgía en la isla Little Saint James.

Virginia Giuffre, quien acordó un acuerdo extrajudicial con el príncipe Andrés en 2022, afirmó que Epstein la forzó a tener relaciones sexuales con él tres veces cuando tenía 17 años.

Este nuevo giro se suma a la creciente controversia en torno al príncipe Andrés, quien continúa negando cualquier conducta indebida. La historia se desprende de documentos de una demanda presentada por Giuffre en 2015.

SHORT 30 PARTE 2: El 2024 para Kate Middleton y lo que le espera a la princesa según astrólogos

El 2024 prometía ser significativo para la princesa de Gales, Kate Middleton. Implicada en obras benéficas, se esperaba que compartiera su lucha personal con migrañas y continuara respaldando organizaciones benéficas relacionadas. Aunque preocupada por su salud, abraza el próximo año con entusiasmo.

El príncipe William afronta un 2024 desafiante. Las tensiones con el príncipe

Harry persisten, y se predice una lesión en el brazo y la muñeca izquierdos. ¿Un accidente de polo? El próximo año podría ser un capítulo crucial en la vida de los galeses.

La frescura de la familia real reside en sus hijos. En 2024, el príncipe Louis mostrará su individualidad con un diente frontal faltante. La princesa Charlotte sorprenderá con discursos en solitario, mientras que el príncipe George expresará sus preferencias en ocasiones importantes.

Las predicciones de Sally Morgan para 2024 ofrecen una visión fascinante de la vida real. Desde la dedicación de Kate hasta las intrigas familiares de William y las travesuras de los niños, el próximo año promete ser un viaje cautivador.

NOTA: Este short se publicó en enero de 2024 y los problemas de salud de la princesa se llevaron toda su atención, al igual que su tratamiento.

SHORT 31 Kate Middleton 'desconsolada' por futuro de príncipe George en Eton, revela fuente real

La princesa Kate Middleton se encuentra "desconsolada" ante la decisión del príncipe William de enviar al príncipe George a Eton College a los 13 años, según revela una fuente real. Kate, quien sufrió intimidación en su internado, se opone a que su hijo pase por una experiencia similar.

El príncipe William y Kate fueron vistos visitando Marlborough College, la antigua escuela de Kate, alimentando especulaciones sobre una posible elección diferente para George. Kate, aparentemente, desaprueba las escuelas para un solo género, recordando su experiencia negativa en Downe House.

Según una fuente Kate está "desconsolada" ante la idea de enviar a George a un internado, ya que él podría enfrentar situaciones similares a las que ella experimentó. Aunque la pareja real discutió durante años, Kate finalmente cedió a la tradición de enviar a George a Eton, a pesar de sus esfuerzos por modernizar la monarquía.

SHORT 32 Predicciones reales para el 2024: ¿Qué le espera al príncipe Harry y Meghan?

El príncipe Harry y Meghan Markle, la duquesa de Sussex, enfrentaron un año desafiante en 2023 debido a tensiones raciales, pero ¿qué les depara el 2024 según las predicciones de la vidente real, Sally?

Según Sally, el 2024 será espectacular para Harry y Meghan. En la primera mitad del año, mantendrán un perfil bajo, pero junio y julio los verán nuevamente en la primera plana de la prensa, con Meghan abrazando el trabajo. Además, Nueva York jugará un papel destacado en sus vidas.

En el ámbito profesional, Sally predice que Meghan Markle mantendrá un perfil bajo, aceptando incluso nuevos proyectos laborales en algún momento del año. Esta revelación ha generado especulaciones sobre el regreso de Meghan al ámbito laboral y sus posibles proyectos.

Además, se rumorea que el príncipe Harry también experimentará cambios significativos en su vida profesional durante el 2024. Aunque no se revelan detalles específicos, las predicciones sugieren que Harry podría embarcarse en nuevas empresas o iniciativas que lo alejarán de la vida pública durante ciertos periodos del año. Estas incógnitas sobre el futuro laboral de la pareja real añaden un elemento de anticipación y misterio a su trayectoria en 2024.

NOTA: Este short se publicó en enero de 2024 y algunos vaticinios de Sally se confirmaron con las visitas a diferentes países como Nigeria y Colombia.

SHORT 33 La familia real de Gales deslumbra con un video de 2023

Los príncipes de Gales han compartido un emocionante video con los momentos más emblemáticos del 2023, ofreciendo una visión cercana de eventos oficiales y familiares.

NOTA: Para ver las imágenes sugerimos escanear el código QR y ver el SHORT alojado en YouTube.

SHORT 34 Cumpleaños real: Kate Middleton celebra sus 42 con regalos hechos a mano y un pastel familiar

Kate Middleton, la princesa de Gales, celebró su 42 cumpleaños con regalos hechos por sus hijos y un pastel cortesía de su madre Carole, según fuentes reales. Pasó el día con su familia en Bucklebury, Berkshire.

William, los Middleton y los niños la colmarán de obsequios artesanales. Este año, sin las tensiones del pasado, la celebración coincidió con el último día de las vacaciones y el cumpleaños de Catherine.

Después de un año con altibajos, desde acusaciones en el libro de Harry hasta tensiones familiares, Kate valora más que nunca regalos hechos a mano por sus hijos en su día especial.

A pesar de las adversidades, este cumpleaños marcó un momento más positivo para Kate y su familia, en contraste con el año pasado cuando las tensiones eran públicas debido al libro de Harry.

SHORT 35 Estas eran las joyas más preciadas de la princesa Diana

Exploramos las icónicas joyas de la princesa Diana. Muchas de estas piezas se han convertido en algunas de las joyas más famosas del mundo, en parte por su procedencia, pero también por la increíble persona que las usó y el efecto que tuvo en el mundo.

1. **Anillo de compromiso de zafiro y diamantes**: Si bien una generación más joven puede saber que este icónico anillo pertenece a Catalina, la actual princesa de Gales, primero perteneció a Diana.

2. **La tiara de Spencer**: Esta reliquia familiar perteneció al padre de Diana, John Spencer, el octavo conde Spencer,

3. **La gargantilla de esmeralda Durbar de Delhi**: Esta gargantilla Art Déco de diamantes y esmeraldas fue un regalo a la reina María.

4. **Pendientes Aguamarina**: Diana tenía predilección por las aguamarinas, que había engastado en anillos, pulseras y aretes.

5. **Broche de zafiro de la reina madre**: Este asombroso broche de gemas era realmente digno de una reina, ya que pertenecía a la reina madre.

6. **Tiara del nudo del amante de la reina María**: Esta reliquia real podría ser la pieza de joyería más magnífica jamás usada por la princesa. La tiara Lover's Knot

SHORT 36 Libro de Harry cumple 1 año

Ahora que se cumplió 1 año de las reveladoras historias que el príncipe

Harry cuenta en su libro, traemos a colación las palabras que William uso, 'hiriendo' a Harry cuando reveló que estaba saliendo con Meghan.

Se cree que la relación del príncipe William y el príncipe Harry está actualmente en su punto más bajo después de su pelea pública en los últimos años, pero los dos hermanos 'enemistados' alguna vez fueron muy cercanos. Anteriormente, los dos príncipes compartían un vínculo estrecho y el duque de Sussex solía pasar mucho tiempo con su hermano mayor y su cuñada Kate Middleton antes de conocer a su esposa Meghan Markle.

Sin embargo, cuando se armó de valor para contarle al príncipe y a la princesa de Gales sobre su nuevo interés amoroso, William aparentemente tuvo una reacción brutal de 12 palabras ante el anuncio de su hermano menor.

A pesar de que Harry está claramente enamorado de Meghan, alega que su hermano mayor le dijo que "bajara la velocidad" y que le advirtió: "Ella es una actriz estadounidense, después de todo, cualquier cosa puede pasar".

El encuentro inicial de Meghan con William y Kate fue en 2016. La formalidad y las diferencias de percepción llevaron a tensiones iniciales que Harry ahora comparte en sus memorias.

SHORT 37 Princesa Kate intimidada gravemente

Puede que la princesa de Gales esté viviendo la vida de sus sueños desde que se casó con un miembro de la familia real, pero parece que su vida no siempre ha sido tan envidiable.

Durante su tiempo en la escuela secundaria, la princesa se vio obligada a mudarse de su internado de 35 mil dólares por año a mitad del trimestre, ya que estaba siendo "gravemente intimidada", según afirmaron sus antiguos compañeros de escuela.

Dijeron que se burlaban de la esposa del príncipe William porque era "perfecta, bien vestida y una persona encantadora".

Kate dejó el internado de Downe House y se matriculó en Marlborough College. Sus hostigadoras supuestamente la insultaban y le robaban, mientras que otras estudiantes "cuando ella iba a almorzar todos se levantaban de la mesa y la dejaban sola".

Una antigua amiga dijo que "la molestaban porque era bien formada y una persona encantadora. Sostuvo además que había un grupo de chicas que la insultaban y le robaban sus libros.

Qué pensarán ahora esas chicas cuando la observan en todos los medios.

SHORT 38 Parte 2: Estas eran las joyas más preciadas de la princesa Diana

Esta es la segunda parte de las joyas más destacadas que lució la princesa Diana:

7. **El collar de perlas y diamantes de Garrard**: La princesa tuvo voz y voto en el diseño del elegante collar que usó en la producción de El lago de los cisnes en el Royal Albert Hall en 1997.

8. **Gargantilla de perlas de 11 hilos**: ésta, hecha con 900 perlas y columnas de diamantes y rubíes.

9. **El anillo de aguamarina Asprey**: Este glorioso anillo de aguamarina fue elaborado por Asprey tras el divorcio de Diana para que tuviera algo que usar en el dedo anular.

10. **Pendientes de perlas y diamantes**: Diana también tenía un par favorito de aretes de perlas de los Mares del Sur que la princesa Catalina también usó en ocasiones.

11. **La suite de joyería saudí de zafiros y diamantes**: Pocos momentos son más memorables en la historia de la joyería de Diana que cuando llevaba un impresionante collar de zafiros y diamantes que le regaló el príncipe de Arabia Saudita.

12. **Los pendientes de perlas de Collingwood**: Estos elegantes aretes de perlas y diamantes fueron un regalo de bodas del joyero londinense Collingwood y la princesa los usó en muchas ocasiones.

SHORT 39 El príncipe William odiaba esto de Diana

El príncipe William 'odiaba' a la princesa Diana por su acto público que lo involucró a él y a Harry.

Cuando eran niños pequeños que crecían en el centro de atención, los paparazzi fotografiaban regularmente a William y su hermano menor Harry mientras salían con su difunta madre, la princesa Diana.

El renombrado estilo personal de la ex princesa de Gales se replicó en gran medida en los atuendos de los jóvenes príncipes, pero según el príncipe Harry, su hermano mayor no estaba tan interesado en que combinaran sus atuendos en público.

En sus reveladoras memorias, publicadas a principios del año pasado, el duque de Sussex afirma que William sufrió un caso grave del síndrome del hermano mayor avergonzado cuando eran más jóvenes.

El príncipe de Gales tiene muchos buenos recuerdos con su madre, la princesa Diana, pero hubo una cosa que la difunta les hizo hacer a él y al príncipe Harry que no podía soportar.

Harry afirmó que William "detestaba" que Diana los vistiera con la misma ropa que los niños o que "cualquiera cometiera el error de pensar que éramos un paquete".

La vergüenza personal del príncipe William en su niñez usando trajes gemelos con su hermano en público parece haber quedado atrás.

Rara vez se ve a sus dos hijos, el príncipe Jorge y el príncipe Louis, usando los mismos atuendos en público, con la excepción de sus uniformes escolares, ya que ambos niños y su hermana, la princesa Charlotte, asisten a la misma Escuela Lambrook.

El gran sentido del estilo de Kate Middleton significa que los tres hijos reales de la pareja siempre están bien vestidos, pero George y Louis suelen vestir ropa diferente.

Una de las pocas veces en las que se vio a los dos príncipes con los mismos atuendos fue en Trooping the Colour del año pasado, donde ambos aparecieron con trajes elegantes y corbatas rojas.

SHORT 40 William y Kate una de las parejas más admiradas

El príncipe William y Kate Middleton han conquistado los corazones de millones como una de las parejas más admiradas de la realeza británica. Su historia de amor, que comenzó hace más de dos décadas, sigue siendo un ejemplo de compromiso y complicidad.

Desde su primer encuentro en la Universidad de St. Andrews hasta sus compromisos reales actuales, los momentos más dulces entre ambos son un recordatorio de que la magia puede persistir incluso bajo la presión del deber real.

El inicio de su relación estuvo marcado por la discreción, pero poco a poco salieron a la luz gestos románticos que emocionaron al público. Su boda en 2011 fue un evento histórico, seguido por millones en todo el mundo, consolidando su lugar como una pareja símbolo de la modernidad dentro de la monarquía.

Desde entonces, sus apariciones públicas han estado llenas de miradas cómplices y gestos de cariño que capturan la atención de los fanáticos.

Entre los momentos más conmovedores destacan sus viajes oficiales, como su visita a Bhutan en 2016, donde participaron en actividades tradicionales juntos, o su aparición en Wimbledon, donde disfrutan como pareja compartiendo su amor por el tenis.

En su vida privada, los retratos familiares difundidos durante las festividades revelan su compromiso como padres cariñosos con George, Charlotte y Louis.

En un contexto donde la monarquía británica busca adaptarse a los tiempos modernos, William y Kate representan una imagen de estabilidad y frescura. Su capacidad para conectar con el público, combinada con su amor palpable, asegura que sigan siendo una inspiración para generaciones futuras.

SHORT 41 Sinkie, el nuevo inquilino real: Harry y Meghan dan la bienvenida a la mascota de Ellen

En una encantadora noticia, los duques de Sussex, el príncipe Harry y Meghan Markle, han decidido extender su familia en Montecito, California. La pareja, conocida por su amor por los animales, ha dado la bienvenida a Sinkie, una gallina que anteriormente compartía hogar con la actriz y comediante Ellen Degeneres.

Sinkie, según informes había experimentado intimidación por parte de otras gallinas en la residencia de Degeneres y había sufrido una fractura de peroné. A pesar de su recuperación, seguía siendo objeto de molestias por parte de las demás aves. Ellen Degeneres, a través de su cuenta de Instagram, agradeció a los duques de Sussex por acoger a Sinkie en su hogar, destacando la diversidad de animales que forman parte de su vida familiar.

Con un toque de humor, Degeneres comentó que aún no estaba segura del título real que llevaría Sinkie como nueva integrante de la familia real. La pareja real ya comparte su hogar con tres adorables perros: Pula, Guy y Mia, quienes son considerados miembros esenciales de su vida diaria.

Los seguidores de Harry y Meghan celebran la noticia, elogiando su compromiso con el bienestar animal y su disposición para ofrecer un hogar amoroso a criaturas necesitadas. La pareja real, ya comprometida con diversas causas benéficas, continúa dejando huella con su solidaridad hacia los animales.

SHORT 42 La princesa Catalina Sometida a cirugía abdominal planificada

La princesa Catherine, sometida a cirugía abdominal, se recupera en un hospital londinense, alejándose de sus deberes reales por meses. El Palacio de Kensington destaca el éxito del procedimiento y solicita respeto a su privacidad médica.

Aunque se informa que la princesa está bien, se espera una recuperación de hasta dos semanas en el hospital, seguida de meses fuera de la vista pública. La seriedad del comunicado sugiere una condición significativa, pero se enfatiza que la cirugía fue planificada.

La privacidad médica de la princesa Catherine es prioritaria, y se pide comprensión durante este periodo de recuperación. La disculpa real por posponer compromisos destaca su esperanza de reintegrarse a sus deberes después de pascua.

El comunicado del Palacio de Kensington indica que el procedimiento fue un éxito y que la princesa ha solicitado mantener detalles médicos adicionales en privado. La comunidad espera su pronta mejoría y regreso a las responsabilidades reales.

NOTA: Este short se publicó en enero de 2024 y fue la noticia más destacada y que tomó por sorpresa a los seguidores de la monarquía británica.

SHORT 43 Rey Carlos de someterá a tratamiento

El Palacio de Buckingham confirmó que el Rey Carlos III se someterá a tratamiento por agrandamiento de próstata. La noticia surge poco después del anuncio sobre la cirugía abdominal de la princesa Catherine.

El monarca, asistió al hospital para un "procedimiento correctivo" por su condición benigna. Sus compromisos públicos se pospondrán temporalmente para permitir un breve período de recuperación. La revelación inusual de problemas de salud marca un cambio en la tradicional privacidad real.

Esta doble actualización médica sobre miembros de la familia real británica en un solo día sorprende al público y plantea preguntas sobre la transparencia en la comunicación real. Tanto la princesa como el rey enfrentarán períodos de convalecencia, afectando temporalmente sus deberes oficiales.

La salud de la realeza ahora está en el centro de la atención, destacando la fragilidad de los monarcas. Aunque ambos tratamientos son planeados y no emergencias, la decisión de hacer públicos estos problemas médicos subrayan una nueva apertura en el manejo de la salud real.

SHORT 44 Rey Carlos tiene esta afección y muchos la desconoce

El rey Carlos se enfrenta a un "procedimiento correctivo" por una afección benigna, pero la atención se centra en sus persistentes "dedos de salchicha".

Expertos explican que esta hinchazón es un síntoma de retención de agua, asociado con diversas condiciones de salud, como artritis, infecciones bacterianas y hasta tuberculosis.

La dactilitis, término técnico para esta inflamación grave en los dedos, ha sido motivo de bromas previas por parte del monarca, que fue evidente, incluso en un documental de la BBC llamado "El Año de la Coronación" donde el mismo monarca se burla de su afección.

La transparencia sobre esta condición resalta la humanidad detrás de la realeza y destaca la importancia de la conciencia sobre la salud.

SHORT 45 Diana en Angola: La princesa que marcó un legado contra las minas terrestres

La princesa Diana, en 1997, visitó Angola, marcando un hito en la conciencia global sobre las minas terrestres. Su influencia impulsó la financiación y catalizó la creación del Tratado de Ottawa en 1999.

Angola, con una devastadora posguerra, sufría por más de 15 millones de minas terrestres. Diana destacó la crisis, provocando la atención mundial y aumentando la financiación para proyectos de desminado.

La visita de Diana no solo generó conciencia, sino que también dejó un impacto duradero. Sus esfuerzos llevaron a la creación del Tratado de Ottawa en 1999, un paso significativo hacia la eliminación global de minas terrestres.

Aunque Diana no vio los frutos de su trabajo, su legado persiste. Sus hijos, William y Harry, continúan su obra, liderando esfuerzos contra minas terrestres. Organizaciones como Halo Trust y la Campaña Internacional para la Prohibición de las Minas Terrestres mantienen el compromiso global.

SHORT 46 El Rey Carlos III Inmortalizado: Retrato oficial para todo el Reino Unido

En un notable gesto, el Rey Carlos III ha revelado su retrato oficial en el Castillo de Windsor, imagen que será distribuida gratuitamente a instituciones públicas en todo el Reino Unido como parte de un plan gubernamental de 10 millones de dólares. La fotografía, capturada por Hugo Burnand, presenta al monarca en su uniforme de almirante de la flota en la Marina Real, simbolizando su compromiso con el servicio público.

Este acto, considerado un hito, permite a las instituciones públicas continuar la tradición de exhibir retratos oficiales, tal como se ha hecho con la reina Isabel II. La Oficina del Gabinete expresó su deseo de que este retrato sirva como un recordatorio del ejemplo establecido por el Rey como máximo servidor público.

La entrega de los retratos, prevista antes de abril, busca conmemorar el comienzo de una nueva era en la historia del Reino Unido bajo el reinado de Carlos III. Este acto refleja el compromiso del monarca con la tradición británica y su contribución al patrimonio cultural de la nación.

SHORT 47 Carlos III y tres figuras clave enfrentan graves problemas de salud

La fragilidad de la monarquía británica se ha puesto de manifiesto este año, con varios de sus miembros más destacados enfrentando serias complicaciones médicas. Desde enero, el rey Carlos III, la princesa de Gales y la princesa Ana han tenido que alejarse de sus funciones oficiales, sumiendo a la Casa de Windsor en una situación sin precedentes.

El rey Carlos III: una lucha inesperada

Apenas 16 meses después de asumir el trono, el rey Carlos fue diagnosticado con agrandamiento de la próstata, lo que requirió un procedimiento médico en enero. Días después, un segundo diagnóstico reveló una forma de cáncer, marcando un desafío significativo en su reinado. A pesar de su recuperación parcial, las restricciones médicas han limitado su participación en eventos oficiales.

Kate Middleton y su inesperado diagnóstico

La princesa de Gales también ha enfrentado un difícil 2024. Tras una cirugía abdominal en enero, fue diagnosticada con cáncer, llevando a una ausencia prolongada de sus funciones. En un gesto inusual, Kate compartió públicamente su batalla, recibiendo el apoyo masivo de seguidores y miembros de la realeza.

La princesa Ana y un accidente desafortunado

Conocida por su dedicación, la princesa Ana sufrió un accidente en su finca en Gloucestershire, resultando en una conmoción cerebral. Aunque sus heridas no fueron graves, la pausa en sus compromisos oficiales afectó la agenda real.

Sarah Ferguson: una lucha que trasciende los lazos familiares

La ex duquesa de York, Sarah Ferguson, ha enfrentado un diagnóstico doble: cáncer de mama y melanoma maligno. Aunque no es miembro activo de la realeza, su estado de salud ha resonado entre quienes siguen a la familia Windsor.

Un reinado a prueba de desafíos

La ausencia de estas figuras ha obligado al príncipe William y a la reina Camila a asumir un rol central, apoyados por miembros menos visibles de la familia real. Este año de desafíos médicos subraya la vulnerabilidad de una monarquía en   transición.

bacterianas y hasta tuberculosis.

La dactilitis, término técnico para esta inflamación grave en los dedos, ha sido motivo de bromas previas por parte del monarca, que fue evidente, incluso en un documento de la BBC llamado "El Año de la Coronación" donde el mismo monarca se burla de su afección.

La transparencia sobre esta condición resalta la humanidad detrás de la realeza y destaca la importancia de la conciencia sobre la salud.

SHORT 45 Diana en Angola: La princesa que marcó un legado contra las minas terrestres

La princesa Diana, en 1997, visitó Angola, marcando un hito en la conciencia global sobre las minas terrestres. Su influencia impulsó la financiación y catalizó la creación del Tratado de Ottawa en 1999.

Angola, con una devastadora posguerra, sufría por más de 15 millones de minas terrestres. Diana destacó la crisis, provocando la atención mundial y aumentando la financiación para proyectos de desminado.

La visita de Diana no solo generó conciencia, sino que también dejó un impacto duradero. Sus esfuerzos llevaron a la creación del Tratado de Ottawa en 1999, un paso significativo hacia la eliminación global de minas terrestres.

Aunque Diana no vio los frutos de su trabajo, su legado persiste. Sus hijos, William y Harry, continúan su obra, liderando esfuerzos contra minas terrestres. Organizaciones como Halo Trust y la Campaña Internacional para la Prohibición de las Minas Terrestres mantienen el compromiso global.

SHORT 46 El Rey Carlos III Inmortalizado: Retrato oficial para todo el Reino Unido

En un notable gesto, el Rey Carlos III ha revelado su retrato oficial en el Castillo de Windsor, imagen que será distribuida gratuitamente a instituciones públicas en todo el Reino Unido como parte de un plan gubernamental de 10 millones de dólares. La fotografía, capturada por Hugo Burnand, presenta al monarca en su uniforme de almirante de la flota en la Marina Real, simbolizando su compromiso con el servicio público.

Este acto, considerado un hito, permite a las instituciones públicas continuar la tradición de exhibir retratos oficiales, tal como se ha hecho con la reina Isabel II. La Oficina del Gabinete expresó su deseo de que este retrato sirva como un recordatorio del ejemplo establecido por el Rey como máximo servidor público.

La entrega de los retratos, prevista antes de abril, busca conmemorar el comienzo de una nueva era en la historia del Reino Unido bajo el reinado de Carlos III. Este acto refleja el compromiso del monarca con la tradición británica y su contribución al patrimonio cultural de la nación.

SHORT 47 Carlos III y tres figuras clave enfrentan graves problemas de salud

La fragilidad de la monarquía británica se ha puesto de manifiesto este año, con varios de sus miembros más destacados enfrentando serias complicaciones médicas. Desde enero, el rey Carlos III, la princesa de Gales y la princesa Ana han tenido que alejarse de sus funciones oficiales, sumiendo a la Casa de Windsor en una situación sin precedentes.

El rey Carlos III: una lucha inesperada

Apenas 16 meses después de asumir el trono, el rey Carlos fue diagnosticado con agrandamiento de la próstata, lo que requirió un procedimiento médico en enero. Días después, un segundo diagnóstico reveló una forma de cáncer, marcando un desafío significativo en su reinado. A pesar de su recuperación parcial, las restricciones médicas han limitado su participación en eventos oficiales.

Kate Middleton y su inesperado diagnóstico

La princesa de Gales también ha enfrentado un difícil 2024. Tras una cirugía abdominal en enero, fue diagnosticada con cáncer, llevando a una ausencia prolongada de sus funciones. En un gesto inusual, Kate compartió públicamente su batalla, recibiendo el apoyo masivo de seguidores y miembros de la realeza.

La princesa Ana y un accidente desafortunado

Conocida por su dedicación, la princesa Ana sufrió un accidente en su finca en Gloucestershire, resultando en una conmoción cerebral. Aunque sus heridas no fueron graves, la pausa en sus compromisos oficiales afectó la agenda real.

Sarah Ferguson: una lucha que trasciende los lazos familiares

La ex duquesa de York, Sarah Ferguson, ha enfrentado un diagnóstico doble: cáncer de mama y melanoma maligno. Aunque no es miembro activo de la realeza, su estado de salud ha resonado entre quienes siguen a la familia Windsor.

Un reinado a prueba de desafíos

La ausencia de estas figuras ha obligado al príncipe William y a la reina Camila a asumir un rol central, apoyados por miembros menos visibles de la familia real. Este año de desafíos médicos subraya la vulnerabilidad de una monarquía en   transición.

SHORT 48 Pronto nuevo documental, secretos revelados de la turbulenta relación de Harry y Camila

La esperada producción televisiva sobre la reina Camila arroja luz sobre la complicada relación entre ella y el príncipe Harry, explorando en detalle sus complejos sentimientos mutuos.

Aunque el documental abordará varios aspectos de Camila como la nueva reina, se centrará especialmente en la dinámica entre ella y el duque de Sussex.

La autobiografía de Harry, publicada hace un año, reveló su percepción de Camila como una figura "peligrosa", un tema que se explorará a fondo en la nueva emisión del Channel 4.

Expertos señalan que estos programas han desencadenado controversias en el pasado, anticipando posibles revelaciones impactantes y reacciones en cadena.

SHORT 49 Harry y Meghan han generado un malestar diplomático

El príncipe Harry y Meghan Markle generan tensiones diplomáticas al posar con líderes jamaicanos que buscan la independencia de la monarquía británica.

En la alfombra roja del estreno de "One Love" de Bob Marley, la pareja sonrió junto a Marlene Malahoo Forte, defensora de romper los lazos con la monarquía.

La ministra de Asuntos Legales de Jamaica, Marlene Malahoo Forte, ha prometido presentar un proyecto de ley en abril para destituir al rey.

Esta polémica aparición sigue a la participación del príncipe en una gala de Hollywood con celebridades como John Travolta.

SHORT 50 Histórico retorno: Reino Unido envía "joyas de la corona" de Ghana después de 150 años

El Reino Unido está devolviendo a Ghana algunas de las "joyas de la corona" saqueadas hace 150 años, incluyendo una pipa de oro de la paz, como parte de acuerdos de préstamo a largo plazo.

La restitución de 32 artículos, prestados por el Victoria & Albert Museum (V&A) y el Museo Británico, busca fomentar un nuevo sentido de cooperación cultural, según el principal negociador de Ghana.

La devolución de estos objetos de oro, que equivalen a las "Joyas de la Corona del Reino Unido", se realiza a través de acuerdos de préstamo, ya que los museos británicos tienen prohibido devolver permanentemente artículos en disputa de sus colecciones.

Los artículos, la mayoría tomados durante las guerras del siglo XIX, incluyen una espada de estado e insignias de oro, destacando una pipa ceremonial y un anillo de oro Asante.

SHORT 51 Los tomo por sorpresa: el anuncio de Kate sobre su diagnóstico

La cirugía abdominal planeada de Kate Middleton sorprendió incluso a sus allegados y a la realeza. La noticia llegó de manera repentina, con la princesa guardando estricto secreto.

Su última aparición antes del anuncio, fue en diciembre de 2023, aparentemente en buen estado de salud. Celebró su cumpleaños el 9 de enero sin indicios de problemas, pero su intervención quirúrgica fue anunciada días después, dejando perplejos a muchos.

Kate, se recuperó en casa tras una cirugía "importante" no relacionada con el cáncer. La pausa destaca la prioridad de la salud sobre las obligaciones laborales en la familia real británica.

SHORT 52 El ultimátum de Kate Middleton que sacudió los cimientos de su relación

Kate Middleton dio un furioso ultimátum a William durante sus veintitantos años tras su comportamiento inaceptable. Aunque ahora tienen una relación aparentemente perfecta, enfrentaron desafíos, incluida una breve separación causada por acciones humillantes de William en clubes nocturnos.

Se dice que Kate se sintió "humillada" y emitió el ultimátum después de que William fuera sorprendido en abrazos y bailes cercanos con otras mujeres en clubes nocturnos. Fue la primera vez que Kate adoptó una postura firme, indicando que su imagen y la de William estaban siendo menospreciadas.

El informe de 2007 en el Daily Mail reveló que el primer incidente ocurrió en el club nocturno Boujis de Londres, donde William fue visto en un "abrazo borracho con una linda rubia". Pocos días después, se publicaron fotos ampliamente difundidas de William bailando con otra mujer en Bournemouth.

Aunque la pareja superó este desafío y se casó en 2011, el episodio destaca las dificultades en su relación antes de llegar a la madurez y estabilidad que disfrutan hoy.

SHORT 53 Momentos divertidos: la cara juguetona del príncipe Louis

El príncipe Louis, el hijo menor de los príncipes de Gales, se robó nuevamente el corazón del público con su carisma y espontaneidad. Durante los recientes eventos oficiales, el pequeño protagonizó momentos que dejaron a todos fascinados, mostrando una faceta más relajada de la realeza.

Mientras sus hermanos mayores, el príncipe George y la princesa Charlotte, mantenían una conducta impecable acorde con el protocolo, Louis ofreció una dosis de alegría y autenticidad. Sus expresiones y gestos desbordaron naturalidad, recordándonos que incluso en el marco de la realeza, los niños siguen siendo niños.

Entre sus travesuras más comentadas, Louis sorprendió sacando la lengua a su progenitora en un momento de complicidad familiar. También imitó a un león, rugiendo con entusiasmo, y en un gesto enternecedor, dejó su asiento para sentarse en el regazo del abuelo, el rey Carlos, generando risas y ternura entre los presentes.

Estas escenas no solo han sido motivo de conversación, sino que también consolidan al príncipe Louis como una figura entrañable dentro de la familia real. Sus ocurrencias, lejos de romper el protocolo, aportan un aire de frescura que conecta emocionalmente a la monarquía con el público.

SHORT 54 Kate Middleton en casa después de cirugía abdominal, se espera recuperación

Después de 13 días en The London Clinic, Kate Middleton fue dada de alta y se dirigió a casa en Windsor para continuar su recuperación de la cirugía abdominal.

El comunicado del Palacio de Kensington destacaba que la princesa de

Gales, seguía progresando bien, agradeciendo al personal médico. La familia galesa aprecia los buenos deseos recibidos.

Fuentes reales indican que el regreso de Kate a sus funciones oficiales dependerá del consejo médico más cercano. El príncipe William ha cancelado compromisos para cuidar a sus hijos durante la hospitalización de Kate.

Kate, que había sido vista por última vez el día de Navidad, continuará su recuperación en Windsor, donde descansará. El Palacio de Kensington trabaja en la reprogramación de compromisos y garantizará que su trabajo continúe con la ayuda de su equipo.

SHORT 55 Kate en casa y príncipe William listo para reanudar deberes

Después de 13 días en el hospital, la princesa de Gales regresó a casa para continuar su recuperación tras la cirugía abdominal. Ahora, el príncipe William planea reanudar sus deberes reales, pero con condiciones, según fuentes cercanas.

El príncipe, que ajustó su agenda para apoyar a Kate durante su estadía hospitalaria, se embarcará nuevamente en sus deberes oficiales cuando la recuperación de la princesa se haya estabilizado, según informaron fuentes del Palacio de Kensington.

La futura reina, Kate, retomó sus deberes hasta después de Semana Santa. Mientras tanto, William continuó sus funciones una vez que la princesa estuvo estable. Los detalles exactos de la condición de Kate no han sido revelados, manteniendo su información médica en privado, según el Palacio.

Viviendo en Adelaide Cottage en Windsor, la familia cuenta con el apoyo de su personal y la niñera María Teresa Turrion Borrallo. Los padres de Kate y sus hermanos también estarán presentes para ayudar durante la recuperación de la princesa.

Entre los eventos que Kate se perdió se incluyen los Bafta en febrero y el servicio anual del Día de la Commonwealth en marzo. Aunque estuvo fuera de la vista, trabajó detrás de escena en proyectos.

Bajo la supervisión de médicos reales y cuidados de la Clínica de Londres, Kate se benefició de fisioterapeutas dedicados y un plan personalizado de recuperación. Según el NHS, después de una cirugía abdominal importante, se necesitan de dos a tres meses para una recuperación cómoda.

Mientras tanto, el rey Carlos también dejó el hospital después de someterse a una cirugía para corregir el agrandamiento de la próstata. Se espera que ambos miembros de la realeza sigan recuperándose en sus hogares, marcando una nueva fase después de los recientes problemas de salud real.

SHORT 56 Kate Middleton recibe el 'apodo distintivo' cuando el príncipe William 'está enojado'

En su último libro, "Juventud dorada: una historia íntima de crecer en la familia real", el autor real Tom Quinn destapa los apodos que el príncipe William y Kate Middleton se dan en momentos de tensión. Según Quinn, la relación de la pareja no es siempre tan dulce como parece en público.

En conversaciones con el personal del palacio y miembros de la realeza, Quinn revela que el príncipe William tiene un apodo distintivo para Kate cuando está enojado, llamándola "darling" con un cambio de tono distintivo. Aunque la pareja suele mostrar una imagen perfecta, el autor afirma que tienen peleas terribles en las que se lanzan cosas el uno al otro, siendo Kate la más tranquila y pacificadora por instinto.

Quinn también documenta otros apodos dentro de la familia real, desde términos cariñosos hasta algunos más controvertidos. El libro ofrece una visión íntima de la vida real detrás de los muros del palacio, explorando la dinámica y las tensiones que enfrenta la pareja real, que constantemente está rodeada por ayudantes de palacio.

En una entrevista con Fox News Digital, Quinn explicó que, aunque en público Kate y William pueden parecer calmados, la realidad incluye peleas y desacuerdos. La autenticidad de la pareja se revela en momentos de tensión, y Kate, siendo la más sensata, desempeña el papel de apaciguadora, evitando alborotos innecesarios.

Este nuevo vistazo a la vida de la realeza ofrece una perspectiva más humana de la pareja, recordando a todos que, a pesar de su estatus, son simplemente una pareja enfrentando los desafíos de cualquier matrimonio.

3 Shorts de febrero

SHORT 57 Abuelos ejemplares: los Middleton, pilares de apoyo durante la ausencia de Kate

Durante los 13 días que Kate Middleton pasó en el hospital tras su cirugía abdominal, el príncipe William y los abuelos Middleton se unieron para garantizar que la vida de los tres hijos de la pareja, George, Charlotte y Louis, continuara con normalidad. A pesar de los desafíos, los galeses fueron enviados a la escuela todos los días, con el príncipe William cancelando compromisos para cumplir con los recorridos escolares y las rutinas de acostarse.

En un esfuerzo por mantener la vida cotidiana de los niños lo más normal posible, los abuelos Carole y Michael Middleton se destacaron como pilares de apoyo. Además de la rutina escolar, los abuelos llevaron a los niños a disfrutar de fines de semana llenos de actividades divertidas. Fuentes confiables revelan que los Middleton fueron vistos llevando a los pequeños a almorzar en un pub local y disfrutando de un día en un parque rural para observar ciervos.

La implicación activa de los abuelos Middleton no solo proporcionó a los niños un entorno estable y familiar durante la ausencia de su madre, sino que también demostró el fuerte lazo familiar. Los detalles de las actividades familiares muestran la importancia de mantener una apariencia normal para los niños, incluso en circunstancias difíciles.

Este período de cuidado y apoyo por parte de los abuelos Middleton destaca la unidad familiar y el papel crucial que desempeñan en el equilibrio de las vidas de los jóvenes príncipes en ausencia de sus padres. El gesto también enfatiza la importancia de la familia extendida en la vida de la realeza, proporcionando estabilidad y amor en momentos de necesidad.

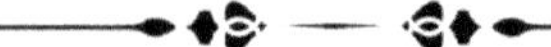

SHORT 58 Se revela posible enfermedad de la princesa de Gales

La princesa de Gales, Kate Middleton, ha sido sometida a una cirugía abdominal en The London Clinic. Aunque no se han proporcionado detalles sobre la operación, esta no es la primera vez que la princesa enfrenta complicaciones de salud. En el pasado, Kate lidió con náuseas matutinas agudas durante el embarazo, una experiencia que compartió públicamente y que afectó sus deberes reales.

El comunicado del Palacio de Kensington confirmó que la cirugía fue exitosa y que Kate pasó dos semanas recuperándose en el hospital antes de regresar a casa en Windsor. La princesa, no retomó sus deberes reales hasta después de Pascua tal y como ocurrió. La declaración subraya la importancia de respetar la privacidad de Kate, proporcionando solo actualizaciones necesarias sobre su salud.

Kate ha sido transparente sobre sus experiencias previas con náuseas matutinas agudas, una condición que afectó sus embarazos anteriores. La princesa compartió su comprensión con otros padres que enfrentan desafíos similares durante una visita al Orchards Center en Kent. A través de sus experiencias, Kate busca normalizar y apoyar a aquellos que enfrentan dificultades relacionadas con la salud.

La princesa de Gales utilizó técnicas de hipnoparto y meditación para enfrentar las náuseas matutinas en sus embarazos anteriores. Al hablar sobre su experiencia en el podcast Happy Mum, Happy Baby, destacó el impacto emocional y cómo el hipnoparto le brindó control en momentos difíciles. A medida que se recupera, se espera que la princesa continúe siendo un faro de apoyo y comprensión para otros.

SHORT 59 Reina Isabel "más enojada que nunca por nombres de Sussex, revela explosivo libro

La reina Isabel expresó furia tras las afirmaciones de Meghan y Harry sobre su supuesta bendición para el nombre de Lilibet, según revela un libro explosivo.

Su Majestad tenía un aprecio especial por el nombre 'Lilibet', usado por familiares cercanos, incluido el difunto príncipe Felipe.

Sin embargo, los Sussex nombraron a su hija Lilibet "Lili" Diana

Mountbatten-Windsor sin, según afirmaron, pedir permiso a la reina.

Aunque los Sussex sostuvieron que la reina respaldó la elección, el libro revela tensiones y la negativa del Palacio a respaldar su versión.

SHORT 60 Degradación real: Harry y Meghan relegados en el sitio web oficial de la familia real

Harry y Meghan, el duque y la duquesa de Sussex, parecen haber sido "degradados" en el sitio web de la Familia Real. Ahora, se ubican cerca del final de la página, incluso por debajo del príncipe Andrés, cuya reputación se ha visto afectada por acusaciones de delitos sexuales.

El sitio web oficial de la Familia Real ha experimentado recientes actualizaciones y cambios. Las páginas de William y Kate, el príncipe y la princesa de Gales, destacan su reciente trabajo caritativo y medioambiental. Sin embargo, las páginas de los Sussex parecen estar estancadas desde que "retrocedieron como miembros de alto rango de la Familia Real" en 2020.

La página del príncipe Harry menciona su papel en los Juegos Invictus para el personal militar herido, pero parece tener varios años de antigüedad. La información sobre los próximos juegos no ha sido actualizada, ya que menciona eventos programados para 2021 y 2022, que han sido pospuestos debido a la pandemia.

SHORT 61 Rey Carlos de vuelta en casa para recuperarse después de superar procedimiento en la próstata

Después de tres noches en la Clínica de Londres, el rey Carlos se le vio sonriendo al abandonar el hospital, respaldado por la reina Camilla, luego de someterse a un procedimiento para corregir el agrandamiento de la próstata.

El monarca, elegantemente vestido, dejó la Clínica de Londres después del procedimiento realizado debido a una condición benigna diagnosticada a principios de este enero de 2023. Se espera que Carlos tome aproximadamente un mes para recuperarse antes de retomar sus funciones públicas.

El Palacio de Buckingham emitió un comunicado expresando el agradecimiento del rey por el apoyo médico y los mensajes amables. La reina Camilla había mencionado previamente que Carlos está "bien" y ansioso por volver al trabajo.

El comunicado oficial del Palacio señala: "El rey fue dado de alta después del tratamiento médico planeado y ha reprogramado sus próximos compromisos públicos para permitir un período de recuperación privada".

Carlos fue tratado en el mismo hospital donde la princesa Kate recibió atención después de su cirugía abdominal. El monarca después de ser ingresado visitó a Kate, quien también fue dada de alta la misma semana que Carlos para continuar su recuperación en Windsor.

Un portavoz de Buckingham agradeció los buenos deseos y afirmó que el diagnóstico del rey tiene un impacto positivo en la conciencia de la salud pública.

Carlos, canceló deberes oficiales y animó a otros a hacerse chequeos. El rey se encuentra en recuperación, mientras Kate, después de su cirugía, también se tomó un descanso oficial hasta después de Semana Santa.

SHORT 62 De camarera a maestra de celebraciones y pianista, secretos y curiosidades de la princesa de Gales

Justo cuando pensábamos que conocíamos a la princesa de Gales, Kate Middleton, nuevos detalles sorprendentes emergen sobre la futura reina consorte. Más allá de su elegancia real, Kate ha llevado una vida fascinante:

Actuación temprana: A los 11 años, Kate interpretó a Eliza Doolittle en *My Fair Lady* en la escuela primaria, mostrando su habilidad para la actuación.

Nombre real: Su segundo nombre, Elizabeth, coincide con el de la difunta reina Isabel, un detalle menos conocido de su identidad.

Carrera antes de la realeza: Después de la universidad, trabajó como compradora de accesorios y modeló para la empresa de sus padres, *Party Pieces*.

Emprendedora social: Fundó una sociedad de bebidas en la universidad para desafiar la exclusión de mujeres en los clubes sociales.

Conexiones de la infancia: Asistió al mismo internado que la Princesa Eugenia, y su apodo de infancia era "Squeak".

Independencia en la boda real: Se maquilló ella misma para su boda con la ayuda de la maquilladora Arabella Preston.

Habilidades deportivas: Formó parte del equipo de hockey sobre césped de St. Andrews y demostró sus habilidades incluso en tacones.

Fan de *reality shows*: Es una entusiasta del programa de competencia de baile "*Strictly Come Dancing*", compartiendo este gusto con la difunta reina Isabel.

SHORT 63 El príncipe Harry brinda apoyo a su padre, el rey Carlos, diagnosticado con cáncer

En un emotivo gesto de solidaridad familiar, el príncipe Harry regresó a Londres para acompañar a su padre, el rey Carlos, en un momento particularmente difícil. El monarca británico fue recientemente diagnosticado con cáncer, desatando una oleada de preocupación y apoyo por parte de la familia real y el público en general.

Harry, quien reside actualmente en los Estados Unidos con su esposa Meghan Markle y sus hijos Archie y Lilibeth, ha dejado de lado sus compromisos y responsabilidades para estar al lado de su progenitor durante este desafiante episodio de salud. La visita del príncipe destaca la unión familiar y el apoyo incondicional que caracteriza a la realeza británica en tiempos de adversidad.

El rey Carlos, quien ha estado recibiendo tratamiento médico desde que se reveló su diagnóstico, ha expresado su agradecimiento por la presencia de su hijo. La visita de Harry no solo simbolizó el apoyo físico, sino también un gesto de fortaleza y unidad frente a la enfermedad.

La llegada del príncipe Harry a Londres generó un gran interés mediático, con numerosos periodistas y fotógrafos esperando captar imágenes de este encuentro familiar. Las redes sociales se han llenado de mensajes de solidaridad y deseos de pronta recuperación para el rey Carlos, consolidando la atención mundial en este momento delicado.

La familia real británica, conocida por enfrentar desafíos públicos y privados con gracia y determinación, se une una vez más en torno a uno de sus miembros más destacados. Mientras el rey Carlos continúa su tratamiento, la presencia del príncipe Harry en Londres añade un capítulo conmovedor a la historia de la monarquía, destacando la importancia de la familia en medio de las complicaciones de salud.

SHORT 64 Popularidad de Harry y Meghan se desploma

La popularidad del príncipe Harry y Meghan Markle se desploma, según encuesta reciente. Desde su renuncia en 2020, su imagen ha caído en picado, incluso en Estados Unidos. Ipsos revela mínimos históricos en su encuesta, con el 47% desfavorable hacia Harry y el 54% hacia Meghan.

Los Sussex, luchando por reconstruir su marca en 2024, enfrentan un escenario desafiante tras un tumultuoso 2023. Desde las explosivas memorias de Harry hasta controversias con Spotify y el polémico libro "Endgame", su imagen pública ha sufrido constantes golpes.

El príncipe Harry y Meghan han intentado mantenerse relevantes, pero las cifras de la encuesta Ipsos señalan su clasificación más baja en cinco años. El público muestra desinterés significativo, con solo el 23% y el 18% de opiniones positivas para Harry y Meghan, respectivamente.

La pareja, lejos de su tiempo como miembros destacados de la realeza, enfrenta una creciente impopularidad. Su mudanza a Estados Unidos no ha sido suficiente para preservar su imagen, y el 2024 se presentó como un desafío para revertir su situación pública.

SHORT 65 Harry gana en los tribunales contra *Mirror Group Newspapers*

El príncipe Harry ha alcanzado un acuerdo "sustancial" en su caso de piratería telefónica contra *Mirror Group Newspapers* (MGN), poniendo fin a una batalla legal que reveló años de prácticas deshonestas en el periodismo británico.

Su abogado confirmó que el duque de Sussex recibirá una suma adicional significativa, junto con la cobertura de sus costos legales, tras la sentencia de diciembre pasado que le otorgó 140,600 libras esterlinas (177,000 dólares) por daños.

La sentencia dejó claro que Harry fue víctima de escuchas telefónicas y otras tácticas ilegales durante más de 15 años. El caso también arrojó luz sobre las prácticas cuestionables de figuras como Piers Morgan, exeditor del Daily Mirror, aunque este negó cualquier implicación.

El príncipe, en un comunicado contundente, afirmó que este fallo es solo el inicio de su misión para reformar los medios británicos y proteger a futuras generaciones.

El caso marca un momento histórico en la relación entre la monarquía y la prensa, mientras Harry continúa desafiando las dinámicas tradicionales desde que se separó de la familia real en 2020.

SHORT 66 Parte 2: Otras curiosidades de la princesa de Gales

Estos fascinantes aspectos de la vida de Kate demuestran que hay más detrás de la corona de lo que parece.

Fanática del Curry: La princesa de Gales revelo que es una gran fanática del

Curry y agrego que es uno de los platos preferidos del príncipe William.

En la gran final de Eurovisión: La princesa hizo una gran aparición en la gran final de Eurovisión de 2023 e interpreto Estefanía.

Desfile benéfico: La futura reina participó en un desfile benéfico en la Universidad de St. Andrews donde camino por la pasarela con un vestido transparente.

Trabajo como camarera: La princesa en su época de estudiante reveló que era camarera y admitió que sirviendo tragos era terrible.

Habilidades deportivas: Mientras acudía a la escuela en St. Andrews estableció un salto de altura de 1,5 metros, un récord que aún no se ha superado.

SHORT 67 Rey Carlos desafía protocolo real, al revelar su diagnóstico de cáncer

El rey Carlos III ha desafiado el protocolo real al compartir abiertamente su diagnóstico de cáncer, marcando un hito en la tradición de la realeza británica. Esta decisión busca impulsar la "comprensión pública" sobre la experiencia de los pacientes con cáncer, según el comunicado del Palacio de Buckingham. La revelación destaca la voluntad del rey de contribuir a la destigmatización de la enfermedad y brindar apoyo a aquellos afectados.

La iniciativa de Carlos se presenta como un paso hacia adelante en la modernización de la imagen de la monarquía británica, desafiando las normas establecidas y arrojando luz sobre la importancia de la transparencia. La noticia también ha revivido la memoria del diagnóstico oculto de Jorge VI, subrayando la evolución en la actitud de la realeza hacia la divulgación de asuntos de salud.

El anuncio ha generado un debate público sobre la relevancia de la salud de los miembros de la realeza en la sociedad contemporánea. Los seguidores expresan apoyo, mientras que otros cuestionan la necesidad de compartir información médica de esta índole. La atención se centra ahora en cómo esta revelación podría afectar la percepción del rey Carlos III y en cómo la monarquía enfrentará este nuevo capítulo.

SHORT 68 Joya de la princesa Diana a precio accesible

Los aretes de zafiro que la princesa Diana lucio en varias de sus salidas nocturnas y que en los años 80 tenían un valor de 36.000 dolares, ahora pueden ser suyos por una fracción de ese precio.

La tienda *Mark And Spencer* los tiene en una versión económica. Los aretes azul platino tiene un centro de piedra y están rodeados por gemas plateadas al igual que los aretes legendarios de Diana y son perfectas para cualquier ocasión.

Los aretes de zafiro de Diana fueron un regalo del rey Carlos para marcar su compromiso en 1981.

Lady Di mostro los aretes en varias ocasiones, incluso en el baile icónico que compartió con John Travolta, en la casa blanca.

El príncipe de Gales hizo remodelar los aretes de un estilo de perno a un arete colgante y se los regalo a Kate Middleton poco después de su compromiso. A lo largo de los años Kate a honrado a Diana luciendo sus joyas y ahora los compradores pueden adquirir versiones más económicas de estilo majestuoso gracias a *Mark and Spencer* por 28 dólares.

SHORT 69 Reina prohibió 'SussexRoyal', pero la pareja desafía con el lanzamiento de Sussex.com

La pareja real Harry y Meghan ha lanzado Sussex.com para consolidar su presencia digital, reemplazando Archewell.com. Aunque abandonaron Archewell, su fundación aún sigue activa. El nuevo sitio, autodenominado "La Oficina del príncipe Harry y Meghan", compartirá actualizaciones personales y actuará como una "ventanilla única" para sus actividades, desvinculándose de Archewell.

El cambio a Sussex.com se produce después de que la reina prohibiera el uso de 'SussexRoyal' en 2020. El nuevo sitio enlaza con Sussex Royal, que establece los flujos de trabajo previos a su mudanza a los Estados Unidos.

Este cambio de marca es el primero desde el lanzamiento de Archewell en 2020.

A pesar de los términos de Megxit, Harry y Meghan han sido acusados de "sacar provecho" de sus conexiones reales, utilizando su escudo real, algo que previamente prometieron no hacer. Expertos reales sugieren que esto podría generar descontento en el entorno del rey Carlos.

SHORT 70 A Canadá viaja Harry y Meghan luego de desatar la ira de la monarquía

Harry y Meghan aprovecharon el día de San Valentín para anunciar que esperaban un segundo bebe. Esta vez en el día romántico de 2024 la pareja estuvo reunida en uno de sus lugares favoritos del mundo: Vancouver en Canadá.

Allí hicieron una fiesta para organizar los juegos Invictus del 2025. En ese lugar pasaron 2 meses en esa mansión de 14 millones de dólares, mientras tomaban la decisión de abandonar la monarquía británica.

En su libro Harry señala que la casa estaba justo en el borde de un bosque verde brillante con grandes jardines donde Archie y los perros podían jugar, y estaba casi rodeado por el mar limpio y frio.

En sus memorias el duque sostiene que podía tomar un baño vigorizante por la mañana y lo mejor de todo según el, es que nadie sabía que estaban allí.

Este viaje se da justo después de lanzar su página web Sussex.com que puede ser cerrada por la familia real por sacar provecho de títulos y el escudo que la reina les pidió no utilizar si se alejaban de la familia.

SHORT 71 Harry y Meghan revelan cambio sorprendente en los nombres de Archie y Lilibeth

El príncipe Harry y Meghan Markle han decidido modificar los nombres de sus hijos, Archie y Lilibet. Originalmente, los niños llevaban los apellidos Mountbatten-Windsor, en honor a la difunta reina y al príncipe Felipe.

Tras la coronación del rey, los niños ahora responden a los nombres de Archie y Lilibet Sussex. La noticia coincide con el lanzamiento de su sitio web, Sussex.com, que, según fuentes, busca "unificar" a la familia.

Sin embargo, críticas severas han surgido, acusando a Harry y Meghan de aprovecharse de sus lazos reales.

El año pasado se reveló que los duques tenían la intención de usar príncipe y princesa para ambos niños en entornos formales, ya que Carlos ahora era rey, lo que se conoce como "derecho de nacimiento" de los niños.

Un portavoz de los Sussex dijo: "Los títulos de los niños han sido un derecho desde que su abuelo se convirtió en monarca.

SHORT 72 Sabia que la princesa Kate luce 3 anillos en vez de uno

Descubre los enigmáticos anillos de la princesa de Gales, que encierran misterios y simbolismos reales. Desde el icónico zafiro de Diana hasta el oro galés y el anillo de eternidad, la historia se teje con secretos. Y es que la negativa del príncipe William a usar joyas masculinas agrega un toque de intriga. Una mirada a la vida detrás de estas joyas revela conexiones sentimentales y momentos especiales. Estos tres anillos cuentan una historia única.

La Princesa Catalina de Gales, conocida por su elegancia, lleva tres misteriosos anillos en su dedo anular. El primero, un deslumbrante zafiro de 12 quilates rodeado por 14 diamantes, es el anillo de compromiso del príncipe William, heredado de su difunta madre, la princesa Diana.

El segundo, un exclusivo anillo de bodas de oro galés, y el tercero, un anillo de eternidad con diamantes, un regalo del príncipe después del nacimiento del príncipe George.

Mientras la princesa luce estas joyas con gracia, el príncipe William, curiosamente, se opone a usar cualquier joyería masculina, excepto relojes, añadiendo un toque de misterio a su elección. ¿Qué secretos ocultan estos anillos? El simbolismo se entrelaza con la historia real, dejando a todos intrigados hasta el último detalle.

SHORT 73 Joyas Reales: El Legado centenario de Isabel II que resplandece en la elegancia de la princesa Catherine

Estas son las joyas que una vez adornaron a la reina Isabel y que ahora, con una gracia renovada, resplandecen en la elegancia de la princesa Kate.

Collar del Nizam de Hyderabad: Isabel II donó esta obra maestra a Kate como regalo de bodas. Este collar, considerado la joya real más cara del mundo, ha cautivado a dos generaciones reales.

Gargantilla de perlas japonesas: Este collar de cuatro hebras, regalo del gobierno japonés en la década de 1980, fue una elección favorita de Isabel II. La princesa Diana también lo llevó, añadiendo su propio encanto a esta joya única.

Pendiente colgante de perlas de Bahréin: Un regalo de bodas del Jeque de Bahréin a Isabel II, estos delicados pendientes, con incrustaciones de tachuelas de diamantes, son ahora un símbolo de elegancia en la princesa Catherine.

Tiara del nudo del amante de Cambridge: Creada por la Casa Garrard en la década de 1910 para la reina María, esta tiara de perlas y diamantes ha pasado de generación en generación. La princesa Diana la consideraba una de sus favoritas y ahora adorna la frente de la princesa Catherine.

Descubre la rica historia y el esplendor contemporáneo detrás de estas joyas que continúan su viaje a través del tiempo y la realeza.

SHORT 74 El día que atentaron contra el rey Carlos

El 26 de enero de 1994, el entonces príncipe de Gales, Carlos, vivió un incidente crítico mientras daba un discurso en el parque Tumbalong de Sídney, Australia.

Durante la celebración del Día de Australia, David Kang, un joven estudiante de 23 años, irrumpió en el escenario con una pistola, disparando dos tiros antes de ser reducido por la policía. Aunque el atril fue impactado, el príncipe salió ileso, demostrando una calma sorprendente bajo la presión del ataque.

Los asistentes, incluidos sus guardaespaldas, rápidamente protegieron al príncipe, quien incluso tuvo tiempo de ajustarse los gemelos mientras el atacante era sometido.

Ian Kiernan, quien ayudó a neutralizar a Kang, describió a Carlos como "tranquilo como una lechuga". Este gesto de serenidad fue reconocido por figuras como el entonces primer ministro australiano, Paul Keating, quien elogió la profesionalidad del príncipe.

El ataque no fue considerado un intento de asesinato, sino una protesta política. Kang, posteriormente condenado a 500 horas de servicio comunitario, explicó que su acción buscaba visibilizar el trato a los solicitantes de asilo camboyanos en campos de detención australianos. Hoy, David Kang vive en Sídney y ejerce como abogado.

SHORT 75 La primera gran ausencia de Kate Middleton en uno de sus eventos preferidos

Solo se le vio al príncipe William en la noche de los premios cinematográficos Bafta en Londres, mientras su esposa Catherine se recupera de una cirugía abdominal en casa.

A pesar de ser la gran ausencia de Kate en un evento postcirugía retomó sus compromisos reales tras semana santa. William elegantemente vestido ese día con corbata negra hizo una ligera broma sobre la salud de Kate, admitiendo que no habían tenido tiempo de ver muchas películas nominada debido a sus responsabilidades en casa.

Durante el evento el heredero al trono charlo con fanáticos y celebridades incluido David Beckham y expreso que Kate lamento perderse los Bafta que, según él, le encantan y mostró interés en ver la película Barbie.

Después de la ceremonia compartió su entusiasmo en redes sociales manifestando que era un honor asistir al evento. Durante la ceremonia William se sentó junto a la actriz Cate Blanchett mientras Catherine continuaba recuperándose en casa.

SHORT 76 El enigma de la reina Isabel: ¿Por qué nunca la vimos embarazada?

El contraste entre las generaciones reales queda en evidencia cuando observamos a Kate Middleton y Meghan Markle exhibiendo orgullosamente sus embarazos frente a las cámaras. Sin embargo, un detalle histórico sigue sorprendiendo a los fanáticos de la realeza: no existe ni una sola imagen de la reina Isabel II embarazada, a pesar de haber tenido cuatro hijos. Este vacío fotográfico se debe a una estricta combinación de tabúes sociales y protocolos reales.

Durante el reinado de Isabel II, las normas de la monarquía británica dictaban que las mujeres embarazadas no debían aparecer en público. La idea de que la reina fuera vista en estado de gestación era considerada inapropiada e incluso indecente en la sociedad de la época. Para garantizar su privacidad, el Palacio de Buckingham anunciaba la suspensión de sus actividades oficiales por "razones de salud", sin dar detalles hasta mucho después del nacimiento.

Esta práctica no solo protegía la intimidad de Isabel, sino que también evitaba que se tomaran fotografías clandestinas. Según las costumbres de la época, mostrar un embarazo era visto como un acto demasiado íntimo para la figura de una monarca. En contraste, hoy en día, las imágenes de Kate y Meghan luciendo sus barrigas son celebradas como símbolos de modernidad y cercanía de la monarquía con el pueblo.

Isabel II y su esposo, el príncipe Felipe, dieron la bienvenida al rey Carlos III, la princesa Ana, el príncipe Andrés y el príncipe Eduardo sin que ninguna imagen documentara sus embarazos. Este misterio se ha convertido en una peculiaridad histórica que resalta cómo han cambiado los tiempos dentro de la realeza.

Mientras que las generaciones actuales rompen con las barreras del pasado, el enigma de las ausentes fotografías de Isabel embarazada sigue capturando la curiosidad del público. Este detalle no solo refleja los estrictos protocolos de su época, sino también cómo la realeza se ha adaptado a las demandas de transparencia y conexión emocional con su pueblo en la actualidad.

SHORT 77 Esto odiaba la reina Isabel II de Kate Middleton

Antes de que la princesa Kate se uniera a la familia real británica, había algo que le molestaba mucho a la reina Isabel II. Según informes del libro "William and Harry" de Katie Nicholl, la reina no estaba contenta con la reputación de Kate como la "reina de Mustique" debido a sus frecuentes vacaciones en la isla privada de las Antillas Menores. La experta real reveló que la reina consideraba estas demostraciones frívolas de riqueza desagradables.

La reina incluso sugirió retrasar el anuncio de compromiso hasta que Kate tuviera una carrera establecida, creyendo que pasar de un centro vacacional a otro no era adecuado para una futura reina. La monarca consideraba importante que Kate tuviera un trabajo adecuado antes de asumir su papel como consorte de William. Aunque Kate trabajó en marketing, diseño web y fotografía para la empresa de artículos para fiestas de sus padres, *Party Pieces*, la reina insistía en que necesitaba un trabajo más formal.

A pesar de las preocupaciones iniciales, la princesa Kate logró establecer su carrera antes de casarse con el príncipe William en 2011. Trabajó en varios roles, incluyendo compradora de accesorios para la marca de ropa del Reino Unido, *Jigsaw Junior*. Sin embargo, poco antes de la boda, Kate renunció a su trabajo para concentrarse a tiempo completo en su preparación para convertirse en miembro de la familia real.

SHORT 78 La dieta secreta de Kate Middleton para lucir esplendida

¿Cuál es el secreto detrás de la impecable figura de Kate Middleton a sus 42 años? Un misterio que suscita la curiosidad de todos. La duquesa, un ícono de elegancia, mantiene una envidiable vitalidad que nos invita a explorar su dieta secreta y descubrir cómo logra mantenerse en tan excelente forma.

Con sus cuatro décadas, Kate Middleton desafía el paso del tiempo, y su fórmula parece residir en una combinación de actividad física y una dieta rica en fibra. Los secretos culinarios de la duquesa han sido desentrañados por ex miembros del personal de cocina de la Casa Real.

Cada mañana, la duquesa inicia su día con una mezcla meticulosamente seleccionada: col rizada, espirulina, matcha, espinacas, lechuga romana, cilantro y arándanos. Una sinfonía de nutrientes que revela su compromiso con una alimentación consciente y saludable.

Aunque Kate Middleton no se declara vegetariana, opta por platos sin carne durante el almuerzo. Durante una gira real por la India, el chef Raghu Deora compartió que la pareja real se deleitó con kebabs de verduras y sopa de curry y lentejas, resaltando su equilibrio entre gusto y bienestar.

Las noches de la princesa están marcadas por una refrescante ensalada de sandía, aguacate, cebolla, pepino y un toque de queso feta. Sin embargo, el enigma persiste en su elección para la cena: filetes a la parrilla, pasta y curry. Cada elección parece ser un paso calculado hacia el mantenimiento de su impecable figura.

La dieta de Kate Middleton no solo alimenta su cuerpo sino también la intriga y el interés del público. Cada elección culinaria esconde un enigma que nos mantiene expectantes, deseando descubrir más secretos de la rutina que respalda la impecable apariencia de la duquesa.

SHORT 79 Emotiva lección de Meghan a Archie: 'Esa es tu abuela Diana'

Meghan Markle comparte una lección con el príncipe Archie sobre su difunta abuela, la princesa Diana, en un emotivo segmento de la serie documental "Harry & Meghan" en Netflix.

La duquesa muestra a Archie una foto de Diana, diciendo: "Hola abuela, sí, esa es tu abuela Diana". Harry destaca la similitud entre Meghan y su madre, mencionando la compasión, empatía y calidez compartidas.

Meghan también reveló a Oprah su lucha con pensamientos suicidas durante el embarazo de Archie. El príncipe Harry, aludiendo a su decisión de dejar el palacio, expresó su determinación en proteger a su familia, aprendiendo de la trágica historia de su madre.

SHORT 80 El teniente coronel Jonny Thompson cambia su papel en el palacio de Buckingham

El teniente coronel Jonny Thompson, reconocido escudero del rey Carlos, ha experimentado un cambio en su papel en el Palacio de Buckingham, alejándose de los reflectores públicos junto al monarca y la reina Camilla. Si bien fue un compañero constante del rey Carlos desde su ascenso al trono, su ausencia en la audiencia semanal del rey con el anterior primer ministro Rishi Sunak ha generado especulaciones sobre su nueva función.

Este cambio en la dinámica se da después de que el teniente coronel Thompson, a menudo visto vistiendo una falda escocesa, recibiera un significativo ascenso por parte del monarca. Fuentes indican que ahora desempeña un "papel más ejecutivo y menos de cara al público", sugiriendo que pudo haberse sentido incómodo luego de convertirse en el centro de atención en eventos importantes, como la coronación.

Los escuderos, provenientes de las fuerzas armadas, cumplen roles cruciales para la realeza, tanto en sus residencias como en compromisos públicos.

Thompson, quien comenzó su servicio bajo el mandato de la difunta reina, ha sido un acompañante habitual en eventos destacados y en los recientes viajes al extranjero de Carlos y Camilla a Alemania y Francia.

SHORT 81 Kate Middleton se niega cortésmente a firmar un autógrafo como 'una de esas reglas': este es el motivo

La princesa de Gales, Kate Middleton, ha revelado una vez más su adhesión a las reglas reales al abstenerse de firmar autógrafos durante una visita sorpresa al *Chelsea Flower Show* en Londres. Mientras disfrutaba del evento con niños de diversas escuelas, los pequeños entusiastas le pidieron a la princesa que autografiara sus bocetos. Con su característica elegancia, Kate respondió: "No puedo escribir mi nombre, pero puedo dibujar".

En un emotivo encuentro en el jardín de la *Royal Entomological Society*, la madre real compartió momentos especiales con alumnos de varias escuelas primarias. La princesa, al explicar su negativa a firmar, dijo: "Mi nombre es Catherine. No puedo escribir mi firma, es solo una de esas reglas".

Según el *Daily Express*, los miembros de la familia real evitan la firma de autógrafos debido al riesgo de falsificación. A pesar de esta precaución, la princesa Kate y el príncipe William han demostrado su disposición a conectarse con simpatizantes a través de selfies, rompiendo con la tradicional reserva de la realeza.

La actitud de Kate refleja su compromiso con el protocolo real y su deseo de preservar la autenticidad en un mundo donde la falsificación podría comprometer la integridad de sus interacciones con el público. Su enfoque encantador y respetuoso continúa destacando en cada aparición oficial, dejando una impresión duradera en quienes tienen la fortuna de encontrarse con la princesa de Gales.

SHORT 82 7,000 cartas recibió el rey Carlos, conmovedoras muestras de apoyo durante su tratamiento contra el cáncer

El rey Carlos de Gran Bretaña ha sido receptor de un impresionante gesto de apoyo, con más de 7,000 cartas que llegaron desde que se dio a conocer su diagnóstico de cáncer.

Estas tarjetas y misivas, enviadas por simpatizantes de todo el mundo, ofrecen palabras conmovedoras, experiencias personales y oraciones para la pronta recuperación del monarca.

En un emotivo gesto, el Palacio de Buckingham compartió imágenes del rey leyendo y riéndose de algunas de estas tarjetas, demostrando la fortaleza y agradecimiento ante este torrente de afecto.

Entre las cartas, se destacan mensajes alentadores y expresiones de solidaridad, brindando un rayo de esperanza durante este período desafiante para el monarca.

Con humor, el rey se divirtió con tarjetas cómicas, evidenciando una conexión genuina con las muestras de cariño. Mientras continúa su tratamiento, el rey Carlos sigue comprometido con sus responsabilidades oficiales, aunque algunos eventos públicos han sido pospuestos.

SHORT 83 Las veces que Kate se vistió como la princesa Diana

Aunque Kate Middleton y la Princesa Diana nunca llegaron a conocerse, tienen más en común que su matrimonio con miembros de la familia real británica. El estilo de Diana sigue siendo una referencia para la princesa de Gales, quien no solo ha rescatado looks icónicos de su difunta suegra, sino que también ha logrado darles una nueva vida y un toque moderno.

1. En febrero de 2023, Kate usó un abrigo de pata de gallo rojo y blanco que recordó a un diseño similar que Diana había lucido en 1991, demostrando cómo la princesa de Gales mantiene vigente el legado de la moda real.

2. Para el campeonato de tenis de Wimbledon de 2022, Kate eligió un vestido de lunares que evocaba uno que Diana había usado en los 80, mostrando su admiración por el estilo clásico de su suegra.

3. En 2021, Kate replicó un look de Diana de 1992 con una chaqueta cobalto y falda plisada, marcando la diferencia solo en los zapatos, pero manteniendo el mismo aire sofisticado.

4. Kate también recordó a Diana en 2019 cuando eligió un vestido floral rosa para llevar a la princesa Charlotte a su primer día de clases, similar al atuendo que Diana eligió para llevar a Harry a la escuela en 1992.

A lo largo de los años, Kate ha logrado hacer suyo el estilo de Diana, adaptándolo a las tendencias actuales sin perder la esencia de la elegancia atemporal que ambas comparten. Este tributo sutil no solo reafirma la influencia de Diana, sino que demuestra el profundo vínculo entre las dos figuras, más allá de los lazos familiares.

Diana usó un conjunto de tweed con un topper a juego durante su luna de miel en Escocia en 1981. Kate, por su parte, eligió una chaqueta de tweed de Dubarry Bracken para una aparición en 2019 en *King Henry's Walk Garden*, demostrando su habilidad para actualizar un estilo clásico.

5. En 1981, Diana asistió a un evento en el Goldsmith's Hall de Londres con un vestido negro sin tirantes, adornado con volantes en el corpiño. Kate, en 2011, lució un look similar en terciopelo negro en los *Sun Military Awards*, evocando la elegancia atemporal de su suegra.

6. Diana usó un traje naranja con cinturón negro durante una visita a Liverpool en 1995, mientras que Kate eligió un traje rojo con cinturón negro en 2011, haciendo eco del estilo audaz de Diana, pero con un giro contemporáneo.

7. Para un estreno en 1993, Diana eligió un vestido tipo blazer estructurado. En 2015, Kate optó por un vestido Alexander McQueen en color crema para el bautizo de la princesa Charlotte, con una silueta similar que exudaba sofisticación y formalidad.

8. Diana apareció en los Juegos de *Bute Highland* en 1987 con un conjunto de tartán azul y verde, con cuello y puños de encaje. En 2012, Kate usó un conjunto similar en tartán verde y azul de Alexander McQueen, manteniendo el toque tradicional pero con un aire moderno.

9. En 1986, Diana deslumbró en el Derby de Epsom con un vestido blanco con lunares negros diseñado por Victor Edelstein. Kate hizo lo propio en Wimbledon en 2017, con un vestido similar de Dolce & Gabbana, homenajeando el estilo clásico de su suegra mientras mantenía su propio estilo.

10. Cada uno de estos atuendos muestra cómo Kate ha rendido homenaje a la Princesa Diana, tomando inspiración de sus looks más icónicos, al mismo tiempo que los adapta a su propia imagen y la evolución de la moda real.

SHORT 84 El desafío de Kate con la joya real: El anillo de zafiro de compromiso

Kate Middleton enfrenta desafíos al poseer el icónico anillo de compromiso de la princesa Diana, valorado en 490,000 dólares. Antes de su muerte, Diana expresó en una carta de deseos su intención de que sus hijos lo regalaran a sus futuras esposas.

En 2010, el príncipe William cumplió ese deseo al proponerle matrimonio a Kate con este precioso anillo de zafiro de 12 quilates, rodeado por 14 diamantes solitarios y engastado en oro blanco de 18 quilates.

El mantenimiento del anillo se revela como un desafío por la necesidad de su cuidado, inspecciones periódicas, evaluaciones en profundidad y reparaciones expertas para garantizar la longevidad del anillo.

En un evento en Gales en 2023, Kate desmintió los ajustes en el tamaño del anillo, enfatizando su honor al usarlo y su lamento por no haber conocido a Diana. La conexión constante con el pasado a través de esta joya implica no solo la responsabilidad del mantenimiento físico sino también la preservación de su significado emocional.

Kate, como miembro destacado de la Familia Real, enfrenta el desafío de equilibrar la tradición con la modernidad al mantener viva la historia detrás de este valioso anillo.

SHORT 85 Todo lo que dijo Kate Midddleton sobre la reina Isabel

Desde que se unió a la monarquía Kate Middleton ha mantenido una discreción excepcional y rara vez ha hablado públicamente sobre sus relaciones con otros miembros de la familia real.

Hizo una excepción notoria cuando hablo en un documental sobre la reina Isabel II, revelando aspectos íntimos con su conexión con la monarca.

En su primera reunión en la boda de Peter Phillips Kate describe a Isabel como muy amigable. En el documental de 2016 Kate resaltó la emoción de Isabel a convertirse en bisabuela, mostrando su cariño hacia el príncipe George y la princesa Charlotte.

La reina siempre fue una guía y apoyo constante en la familia real brindando animo incluso en sus primeros compromisos. Kate admiro la apreciación de Isabel por las cosas simples de la vida, revelando la sorpresa ante su enfoque realista.

En 2016 Kate elogio el sentido del deber de Isabel y su especial relación con el príncipe Felipe. Tras la muerte de Isabel en 2022 Kate expresa gratitud recordando su apoyo y sus valiosos consejos.

4 Shorts de marzo

SHORT 86 Datos Insólitos: El rey Carlos, antes de Diana, salió con su hermana mayor

Hace poco salió a la luz un dato poco conocido sobre el rey Carlos, revelando un capítulo inusual en su vida amorosa que precedió a su relación con la princesa Diana. Antes de cortejar a Diana, el monarca tuvo un breve romance con la hermana mayor de la princesa, Lady Sarah Spencer, un hecho sorprendente que muchos desconocían.

Lady Sarah Spencer compartió detalles de su breve relación con Carlos, destacando que disfrutaba de su compañía, pero dejó claro que no había posibilidad de un matrimonio, ya que no estaba enamorada de él. Esta revelación arroja una nueva luz sobre la vida amorosa del rey antes de encontrar a su futura esposa.

La historia toma un giro interesante cuando años más tarde, Lady Sarah presentó a Carlos a su hermana menor, Diana. Sarah, con un toque de humor, se atribuyó el mérito de ser el "Cupido Real" al crear la conexión entre Carlos y Diana, que finalmente llevaría al compromiso real en 1981.

Este episodio poco conocido de la vida amorosa del rey Carlos destaca las intrigas y giros sorprendentes en las relaciones reales, revelando detalles fascinantes sobre los caminos que condujeron a uno de los matrimonios más icónicos de la realeza.

SHORT 87 El fenómeno 'Efecto Charlotte': La moda real se rinde ante la influencia de la pequeña princesa

La moda real encuentra en Charlotte un nuevo ícono, con su impacto inmediato en el mundo de la moda desde sus primeros días. Cuando los duques de Cambridge presentaron a su hija recién nacida, envuelta en un delicado chal, los diseñadores del accesorio experimentaron una avalancha de pedidos. Gillian Taylor, directora de *GH Hurt & Sons*, recuerda cómo más de 10,000 personas de 183 países inundaron su sitio web en minutos, creando lo que ahora conocemos como "el efecto princesa Charlotte".

Cada aparición pública de Charlotte despierta un frenesí de compras, ya que padres ansiosos buscan replicar el encanto de la joven princesa. La elección de moda de la actúal princesade Gales para su hija ha consolidado el estatus de Charlotte como una influyente de estilo en constante ascenso. Rachel Riley, diseñadora infantil, destaca la habilidad de Kate para combinar moda de calle con diseñadores, respaldando la creencia de que la princesa seguirá los pasos de su madre como un ícono de estilo.

Con cada atuendo, Charlotte deja una marca en la industria de la moda, y su evolución estilística promete mantenernos cautivados a medida que crece y madura. La influencia de esta joven princesa no se limita a la realeza, sino que trasciende fronteras y se consolida como una figura central en el fascinante universo de la moda.

SHORT 88 El palacio de Kensington ha publicado una actualización sobre la salud de kate

El palacio de Kensington publicó una actualización sobre la salud de la princesa Kate Middleton después de que no ha sido vista en público durante dos meses.

Kate había sido vista por última vez asistiendo un servicio en la iglesia Santa María Magdalena en Norfolk el día de navidad en 2023.

La princesa de Gales fue sometida a una cirugía abdominal en enero de 2023 y regreso a su casa en Windsor ese mismo mes.

Catherine no había sido vista en público desde entonces lo que genero crecientes preocupaciones sobre su salud, pero el palacio de Kensington publico una actualización para tranquilizar a sus simpatizantes.

El palacio sostuvo que había dejado claro el cronograma desde enero de la recuperación de la princesa y solo brindarían actualizaciones significativas y esa orientación se mantiene. Agregaron que ella continúa mejorando en su recuperación.

SHORT 89 Apareció Kate Middleton captada por una cámara de TMZ

La princesa de Gales, Kate Middleton, fue captada en cámara e hizo su primera aparición pública desde su hospitalización a principios de año, rompiendo su perfil bajo desde diciembre. La esposa del príncipe William fue vista como pasajera en un vehículo conducido por su madre, Carole, cerca del Castillo de Windsor en el Reino Unido, marcando un importante avistamiento después de semanas de especulaciones sobre su paradero.

Vestida con gafas de sol, Kate lucía una especie de sonrisa en este avistamiento, sin la presencia de otros familiares ni medidas de seguridad notables. Este momento es significativo, ya que Internet había estado inundado de especulaciones y bromas sobre su paradero.

La condición de Kate se ha mantenido en secreto, con el Palacio de Buckingham revelando solo que se sometió a una cirugía abdominal y que permanecería hospitalizada durante aproximadamente dos semanas. Aunque los funcionarios reales aseguraron que estaba progresando en su recuperación, las conjeturas virales persistieron.

A diferencia de su esposo, el príncipe William, quien continuó con sus deberes en solitario, Kate ha mantenido un perfil bajo. Su aparición tranquilizó a aquellos que se preguntaban sobre su estado de salud, mientras la familia real enfrenta también la reciente noticia del diagnóstico de cáncer del rey Carlos.

La princesa de Gales demuestra que está viva y bien, brindando un respiro a aquellos preocupados por su salud y disipando las especulaciones en torno a su ausencia. La familia real continúa enfrentando desafíos de salud, pero esta aparición ofrece cierto alivio y certeza sobre la situación de Kate Middleton. La espera ha concluido, confirmando que la princesa está de vuelta en la escena pública.

SHORT 90 La familia real británica responde a 100,000 cartas anuales

La familia real británica recibe un impresionante número de cartas al año: alrededor de 100,000. Estas misivas incluyen felicitaciones, invitaciones, solicitudes de apoyo, opiniones y preguntas sobre la vida y el trabajo de los miembros de la monarquía. Es evidente el fuerte interés del público por la familia real y su deseo de establecer una conexión directa con ella.

La oficina de correspondencia del Palacio de Buckingham se encarga de gestionar esta vasta cantidad de cartas. Cada misiva es leída y, en su mayoría, respondida en nombre de la familia real. Este proceso muestra el compromiso de la monarquía con sus seguidores y su disposición para mantener una comunicación abierta y constante.

El volumen de correspondencia refleja no solo la popularidad de la realeza británica, sino también el respeto y la admiración que despierta alrededor del mundo. Las cartas recibidas abarcan una amplia variedad de temas, desde felicitaciones por logros reales hasta consultas sobre la vida privada de los miembros de la familia.

La monarquía británica sigue siendo una institución profundamente conectada con el público, utilizando las cartas como una forma importante de interactuar con sus seguidores.

SHORT 91 Los vestidos de novia reales más caros de todos los tiempos en la realeza británica

La alta sociedad británica ha sido testigo de deslumbrantes bodas reales a lo largo de los años, marcadas por vestidos de novia deslumbrantes que se han convertido en íconos de la moda nupcial. Desde tiaras de diamantes hasta detalles meticulosos, estos eventos se han inmortalizado en la memoria colectiva, especialmente por la televisión que ha llevado estas celebraciones a millones de espectadores en todo el mundo.

Exploraremos las elecciones de vestimenta más costosas de la familia real británica, comenzando con el vestido de Sara Ferguson, la duquesa de York, en 1986. Diseñado por Lindka Cierach, el vestido de mangas largas, corte A y bordado con símbolos especiales, como anclas y olas, tuvo un precio estimado de 45,000 dólares.

La princesa Diana sigue en la lista con su icónico vestido de 115,000 dólares, diseñado por David y Elizabeth Emanuel en 1981. Hecho de seda, tafetán y adornado con encaje, perlas y una cola de 25 pies con encaje antiguo, el vestido se ha convertido en un referente.

La princesa Eugenia, en 2018, optó por un vestido personalizado de Peter Pilotto que costó alrededor de 260,000 dólares. Su diseño fuera del hombro, con simbolismo sentimental, capturó la atención del público.

Meghan Markle, con un vestido de Givenchy en 2018, sigue en la lista con un costo de aproximadamente 265,000 dólares. Clare Waight Keller diseñó un vestido sencillo pero sofisticado con mangas largas, escote barco y un velo bordado con flores de los países de la Commonwealth.

Kate Middleton se encuentra en el tercer lugar con su deslumbrante vestido de Alexander McQueen en 2011, valuado en 434,000 dólares. Diseñado por Sarah Burton, presentaba un corpiño victoriano de encaje con un escote pronunciado y una falda de organza.

la reina Isabel ocupa un lugar destacado. En 1947, su majestad lució un vestido diseñado por Norman Hartnell, que costó 42,000 dólares en esa época. Ajustado a la inflación, este conjunto real se estima en asombrosos 1.6 millones de dólares hoy en día.

Sin duda, estos vestidos reales no solo han dejado una marca en la historia de la moda nupcial, sino que también han creado momentos inolvidables en la rica tradición de la realeza británica.

SHORT 92 Recuerdos tiernos: La foto jamás vista que conmueve a los seguidores de Lady Di

Charles Spencer, hermano de la recordada princesa Diana, ha compartido conmovedoras memorias de su infancia al publicar una fotografía inédita en su cuenta de Instagram. La imagen en blanco y negro, tomada alrededor de 1967, muestra a un joven Charles de 3 años, junto a su hermana Diana de 5 o 6 años, y su madre. La escena captura un momento de pura felicidad y complicidad familiar.

En la descripción de la publicación, Spencer compartió detalles sobre el apodo que le otorgó su madre en ese tiempo, llamándolo "Buzz" debido a su energía inagotable, comparable a la de una abeja feliz. La publicación ha suscitado una abrumadora respuesta, con miles de 'Me gusta' y comentarios conmovedores de admiradores de Lady Di, quienes expresan nostalgia y admiración por la princesa.

Este no es el primer recuerdo fotográfico compartido por Charles. En mayo de 2022, sorprendió a sus seguidores al resaltar el parecido entre Diana y su nieta, la princesa Charlotte. En una entrevista reciente, Spencer reveló la dificultad que enfrenta cada 31 de agosto, fecha del trágico accidente que se llevó la vida de Diana. Confesó que se prepara mentalmente, pero aun así se ve conmovido por la pérdida de su hermana, destacando el impacto duradero que Diana tiene en el corazón de las personas en todo el mundo.

SHORT 93 Kate Middleton: Fotografías inéditas revelan su compromiso con modelos a seguir en el día internacional de la mujer

Fotos nunca antes vistas de la princesa Kate Middleton han sido publicadas en las redes sociales en conmemoración del Día Internacional de la Mujer. Las instantáneas destacan el compromiso de la princesa con modelos "brillantes" a seguir y su contribución a diversas causas sociales.

Estas imágenes inéditas fueron compartidas pocos días después de que la princesa de Gales fuera vista por primera vez desde su cirugía abdominal, en la que se sometió a principios de este año. La publicación en las redes sociales, realizada por el príncipe y la princesa de Gales, expresó: "¡Feliz Día Internacional de la Mujer! Celebrando el impacto de mujeres increíbles hoy y todos los días. Estas son solo algunas de las mujeres brillantes que nos han inspirado durante los últimos 12 meses".

Las fotografías incluyeron a Kate Middleton interactuando con el equipo de recogepelotas en Wimbledon, resaltando la labor de Sarah Goldson, quien ha dirigido el entrenamiento desde el campeonato de 2012. Además, se mostró a la princesa caminando por una tienda benéfica junto a Bianca Sakol, fundadora de Sebbys Corner, un banco para bebés que aboga por el acceso a elementos esenciales.

El Palacio de Kensington había anunciado previamente en enero que Kate Middleton no regresaría a sus deberes públicos hasta después de la temporada de Pascua. Las nuevas fotos refuerzan su compromiso continuo con causas sociales y su papel como un modelo a seguir inspirador para mujeres de todo el mundo.

SHORT 94 Parte 1: Las tiaras más deslumbrantes de la familia real británica

Diamantes, aguamarinas, rubíes. Las joyas de la corona británica acumulan algunas de las tiaras más espectaculares del mundo. Estas piezas, cargadas de historia y elegancia, han pasado de generación en generación, protagonizando eventos reales y dejando una huella imborrable.

La tiara de las chicas de Gran Bretaña e Irlanda: Regalo de bodas para la reina Mary en 1893, esta tiara se distingue por su aparición en billetes y sellos. Un tesoro que ha pasado de la reina Mary a la reina Isabel II, es un símbolo perdurable de elegancia real.

La diadema estatal de George IV: Creada para la coronación de Jorge IV en

1821, la llevó la reina Isabel II en su coronación. Con 1,333 diamantes, sigue siendo un emblema de la realeza británica.

La tiara de rubíes de Birmania: Con casi 100 rubíes birmanos convertidos en tiara en 1973, esta joya fusiona la tradición con la modernidad, destacando el esplendor de la reina en su boda.

La tiara Halo: Firmada por Cartier en 1936, esta tiara ha adornado a la reina Madre, la princesa Margarita y Kate Middleton. Con 739 brillantes y 149 baguettes, es un símbolo de sofisticación.

La corona oriental: Diseñada por el príncipe Alberto para la reina Victoria, esta tiara ha cautivado a la reina Madre y, finalmente, a la reina Isabel II.

La tiara del juego de joyas brasileño: Un regalo de Brasil para la coronación de la reina Isabel II, esta tiara de aguamarinas refleja la generosidad real y su crecimiento constante.

La tiara de la reina Mary: Creada en 1919, esta tiara ha sido llevada por la reina Isabel y sus hijas en sus bodas, consolidándose como un ícono de la elegancia real.

SHORT 95 Kate Middleton reaparece sonriente y en buena forma en nuevo vídeo captado por el Sun

El periódico Sun reveló el primer vídeo de Kate, la princesa de Gales británica, desde su cirugía. La grabación, publicada en el sitio web del periódico, muestra a Kate en buena forma y saludable, marcando su primera aparición pública desde que se sometió a la cirugía. La princesa, pasó dos semanas en el hospital en enero para una cirugía programada relacionada con una condición no cancerosa, pero aún no especificada. Desde entonces, ha habido especulaciones sobre su salud, generando titulares y rumores en las redes sociales.

En el vídeo, Kate aparece sonriente y relajada, vestida de manera informal y caminando junto a su esposo, el príncipe William. Se les ve comprando en una tienda agrícola en Windsor, cerca de su hogar. Nelson Silva, quien grabó el video, describió a Kate como feliz y aliviada, disfrutando de un momento natural y relajado con su esposo.

A pesar de las imágenes, la oficina de la pareja en el Palacio de Kensington no ha realizado comentarios sobre el video. Sin embargo, su portavoz anteriormente mencionó que Kate se estaba recuperando bien, pero no se esperaba que regresara a sus deberes oficiales hasta después de la Pascua, programada para el 31 de marzo. La oficina también ha solicitado respeto por la privacidad de la princesa y solo proporcionará información en caso de actualizaciones significativas.

El video marca un punto de interés para los seguidores de la realeza, que han estado ansiosos por obtener noticias sobre la salud de Kate desde su cirugía. Aunque la princesa parece estar recuperándose bien, su regreso a las funciones oficiales aún está en espera, y la privacidad de la familia real continúa siendo una prioridad para su oficina.

SHORT 96 Escándalo real: La polémica edición de Kate Middleton desata rumores y críticas

La princesa de Gales, Kate Middleton, se encuentra en el ojo de la tormenta después de que admitiera ser la responsable de los retoques digitales en la fotografía familiar que compartió el Palacio de Kensington en el Día de la Madre.

La imagen, destinada a ser su gran reaparición pública tras su cirugía abdominal en enero, generó más controversia y especulación sobre su salud en lugar de disipar los rumores. Más de seis agencias de prensa retiraron la foto debido a más de diez alteraciones detectadas por inteligencia artificial y expertos en medios audiovisuales.

Kate se disculpó públicamente, alegando ser una aficionada en edición y reconociendo errores en el proceso. Sin embargo, las críticas y teorías descabelladas sobre su paradero continuaron. Ante la presión, el príncipe William fue visto con la princesa en un automóvil, captando una instantánea para poner fin a la avalancha de comentarios y confirmar su recuperación.

La Casa Real británica enfrentaba demandas para revelar la fotografía original, ya que la edición sugiere la posibilidad de ocultar algo. La controversia destacaba la dificultad de la princesa para retomar su vida pública tras la cirugía, alimentando aún más las especulaciones sobre su salud lo que desató una nueva ola de críticas hacia la familia real.

SHORT 97 Parte 2: Descubre las tiaras más espectaculares del mundo que resplandecen la realeza británica

Estas joyas no solo son símbolos de la realeza, sino también tesoros que encierran historias de épocas pasadas, transmitidas de generación en generación.

8. **La tiara de la Gran duquesa de Vladimir**: Esta majestuosa tiara perteneció originalmente a la Gran duquesa Vladimir de Rusia. Fue adquirida por la reina Mary, quien luego la legó a su nieta, la reina Isabel II. El número total de tiaras que poseía la reina sigue siendo un misterio.

9. **La tiara Kokoshnik de la reina Alexandra**: Un regalo de las Damas de la Sociedad en la boda del rey Eduardo VII y la reina Alexandra en 1888. Posteriormente perteneció a la reina Isabel II, quien la lucia con gracia en diversas ocasiones.

10. **La tiara nudo del amante de Cambridge**: Asociada a la princesa Diana, esta tiara fue creada para la reina Mary a principios de 1900. Pasó posteriormente a la reina Isabel II, quien la regaló a la princesa Diana en su boda. Kate Middleton también ha llevado esta emblemática tiara.

11. **La tiara de la flor de loto**: Lucida por Kate Middleton, esta tiara tiene un origen ligado a la reina Madre y fue confeccionada a partir de un collar regalado por su esposo. Ha sido usada por la reina Isabel, la princesa Margarita y prestada a Serena Stanhope en su boda.

SHORT 98 El príncipe Louis: el maestro involuntario de los gestos controversiales en las fotos de la realeza

A pesar de su corta edad, el príncipe Louis parece ser el maestro involuntario de enviar mensajes subliminales y divertirse en las fotos que su familia comparte en las redes sociales, sin percatarse totalmente de la repercusión que sus acciones tienen en su entorno real.

En una imagen publicada en diciembre pasado, los galeses compartieron una fotografía en blanco y negro que avivó teorías conspirativas debido a la ausencia del dedo del pequeño príncipe, simplemente porque él tiene una manera peculiar de posar sus manos.

Ahora, en la última publicación, el travieso príncipe Louis, como lo conocen en los círculos cercanos a la realeza, aparece cruzando los dedos, lo cual para muchos sugiere un gesto de burla o desafío, desatando nuevos comentarios y especulaciones.

Ya sea por inocencia o no, este pequeño que ha conquistado el corazón del pueblo británico con sus travesuras y apariciones públicas, ha vuelto a llamar la atención con este nuevo gesto, siendo catalogado por algunos como una muestra de rebeldía incipiente y delineando así la personalidad de un niño que promete generar conversaciones a medida que crece.

SHORT 99 Esto dice de Kate la princesa Ana

La princesa Ana, quien ha enfrentado su cuota de desafíos como miembro de la Familia Real, reconoce las dificultades únicas que enfrenta Kate Middleton en el escenario moderno.

Nacida como la única hija de la difunta reina Isabel y el príncipe Felipe, Ana comprende bien las presiones de vivir bajo el escrutinio público. Sin embargo, en un documental lanzado en su 70 cumpleaños, titulado *'Anne: The Princess Royal at 70'*, Ana reflexiona sobre cómo la vida como miembro de la realeza ha evolucionado para la generación más joven.

Ana enfatiza que la edad y la llegada de las redes sociales han transformado la experiencia real, haciendo que la vida sea especialmente desafiante para Kate Middleton. En una era donde cada movimiento está bajo la lupa, Ana sugiere que los miembros más jóvenes enfrentan una presión aún mayor.

Para Kate, la exposición mediática ha sido constante, desde su relación con el príncipe William hasta su matrimonio y su papel como futura reina consorte.

La observación de Ana sobre el impacto de las redes sociales destaca la intensificación del escrutinio al que se enfrentan los miembros de la realeza en la era digital.

Este comentario resuena especialmente en un momento en que otros miembros de la familia real, como el príncipe Harry y Meghan Markle, han expresado preocupaciones similares sobre el papel de los medios de comunicación y las redes sociales en su vida.

SHORT 100 El día que la princesa Ana sobrevivió a un dramático intento de secuestro

Mientras la princesa Ana celebró su cumpleaños número 73, exploramos la extraordinaria historia de cómo escapó ilesa de un secuestrador.

En 1974, la entonces joven princesa Ana, de 23 años, experimentó un evento aterrador cuando regresaba al Palacio de Buckingham con su esposo, el capitán Mark Phillips. Un automóvil bloqueó su paso, y su conductor, Ian Ball, sacó un arma. Ball disparó, hiriendo al chofer de Anne y su oficial de seguridad, Jim Beaton, quien intentó defenderla.

A pesar de haber sido herido en el hombro, Beaton intentó devolver el fuego, pero su arma se trabó. Ball, con la intención de secuestrar a la princesa por un rescate de 2,5 millones de dólares, trató de sacarla del automóvil. Con notoria calma, Ana respondió: "No es muy probable". Un boxeador que pasaba, Ronnie Russell, intervino y golpeó a Ball, deteniendo el ataque.

Beaton y Russell fueron honrados por su valentía y recibieron la George Cross, el mayor honor civil por valentía. Beaton, entonces inspector de 31 años, reflexionó sobre los eventos, compartiendo su perspectiva con The Times.

El incidente, que ocurrió el 20 de marzo de 1974, marcó un cambio significativo en la forma en que se protege a la Familia Real. Se reforzaron las medidas de seguridad, y la valentía de Beaton y Russell se convirtió en un testimonio duradero de su compromiso con el servicio y la protección real.

SHORT 101 El misterio del anillo: Meghan Markle reaparece con su preciado tesoro y despierta la curiosidad de sus seguidores

Meghan Markle reapareció luciendo su emblemático anillo de compromiso valorado en 223,000 dólares, una pieza que no había exhibido en nueve meses.

Durante un viaje a Canadá junto al príncipe Harry para promover los Juegos Invictus, la duquesa mostró la joya que captó la atención de los seguidores de la realeza.

Diseñado por Cleave & Company y el propio Harry, el anillo presenta un diamante de tres quilates de Botswana y dos gemas de la colección personal de la princesa Diana.

La última vez que Meghan fue vista con el anillo fue en mayo de 2023, lo que generó especulaciones sobre su paradero. Según People, el anillo había requerido una reparación debido a un engaste suelto, lo que explica su ausencia prolongada. Su reaparición en Whistler, Canadá, dejó claro que la joya estaba en perfecto estado.

Meghan eligió un abrigo acolchado de Calvin Klein y un jersey de cachemira crema, mientras Harry en esa aparición captada por la prensa, optó por un look informal con gorro gris y abrigo negro. El frío no fue impedimento para que ambos disfrutaran de las pistas de esquí y captaran las miradas de los presentes.

Este regreso del icónico anillo reaviva el interés en la simbología y los recuerdos que une a Meghan, Harry y la princesa Diana.

SHORT 102 Parte 3: descubre las tiaras que resplandecen en la monarquía británica

Descubre las tiaras más espectaculares del mundo que resplandecen la realeza británica que adornan la nobleza de la monarquía.

11. **Tiara de la flor de loto**: Lucida por Kate Middleton, perteneció a la reina madre.

12. **Tiara Greville**: Antigua propiedad de la Dama Margaret Helen Greville, prestada a la duquesa de Cornualles.

13. **Tiara Delhi Durbar**: Comisionada para la reina Mary en 1911, prestada a la Duquesa de Cornualles.

14. **Tiara Meander**: Regalo de la suegra de la reina Isabel II, pasada a la princesa Anne y luego a Zara Phillips.

15. **Tiara de la Familia Spencer**: Una reliquia familiar usada por la princesa Diana y otras novias Spencer.

16. **Tiara Poltimore**: Adquirida por la reina madre para la princesa Margarita, vendida en una subasta en 2006.

17. **Tiara de zafiros de Jorge VI**: Diseñada por la reina Isabel con joyas de zafiro regaladas por su padre.

SHORT 103 Kate Middleton luce feliz y relajada en su primer video posoperatorio

La princesa Kate fue captada en un video por primera vez desde su cirugía, mostrando una actitud feliz y relajada en un paseo de compras junto a su esposo, William. Vestida con una sudadera con capucha y calzas, se la vio llevando sus propias compras mientras caminaban por el estacionamiento de una tienda agrícola.

Estas imágenes llegan después de semanas de especulaciones y comportamiento desagradable en línea, incluidas teorías de conspiración sin fundamento.

Aunque la pareja real ha sido vista públicamente, algunos se negaron a creer en su aparición reciente, incluso después de que se difundieran imágenes de ellos. El Palacio ha calificado este fenómeno como la "locura de las redes sociales". La decisión de compartir estas imágenes tiene como objetivo poner fin a la especulación y proporcionar tranquilidad a los seguidores de la familia real.

Aunque Kate parece estar en forma y saludable, se informa que aún está bajo supervisión médica y no regresará al trabajo público hasta el próximo mes.

No se ha anunciado una fecha específica para su regreso, pero se espera que lo haga una vez que esté completamente recuperada de su cirugía abdominal.

SHORT 104 Supuesta amante del príncipe William Rose Hanbury

La marquesa de Cholmondeley, Rose Hanbury, ha emitido un comunicado a través de su equipo legal en respuesta a los rumores que la señalaban como la supuesta amante del príncipe William. Estos rumores, que han circulado durante algún tiempo, llevaron a especulaciones sobre la desaparición mediática de Kate Middleton, quien, según algunos, estaría inmersa en un proceso de divorcio con el príncipe. Sin embargo, la marquesa ha negado categóricamente cualquier relación romántica con el heredero al trono británico.

Los rumores sobre una supuesta aventura entre William y Hanbury surgieron por primera vez en 2019, lo que llevó al palacio a emitir una declaración desmintiendo tales acusaciones. Aunque los Cholmondeley estuvieron presentes en eventos de la realeza, como la coronación de Carlos III, su relación con los príncipes de Gales ha sido objeto de especulación persistente.

La reaparición de Hanbury y la negación pública de las acusaciones de romance con William parecen buscar poner fin a la creciente especulación en torno a la relación entre los miembros de la realeza. Mientras tanto, Kate Middleton ha vuelto a la atención pública, sonriendo en un evento después de meses de ausencia.

SHORT 105 Lo que ordenaba la reina Isabel al príncipe William en la época universitaria

La reina Isabel estableció un conjunto de reglas estrictas para su nieto, el príncipe William, durante su tiempo en la Universidad de St Andrews. Mientras estudiaba allí, William estaba sujeto a restricciones cuidadosamente impuestas por su abuela, incluida la prohibición de ciertos comportamientos en público.

Entre estas restricciones se encontraba la prohibición de fumar, el consumo excesivo de alcohol y la demostración de muestras de afecto en público.

Estas reglas eran parte de un esfuerzo concertado para que William mantuviera un perfil bajo y evitara atraer la atención no deseada de los medios de comunicación. La reina deseaba que su nieto se comportara discretamente en el campus y no llamara la atención innecesaria.

Además, se le prohibió discutir asuntos familiares con otros estudiantes y se advirtió a sus compañeros sobre las consecuencias de filtrar información a la prensa.

A pesar de estas medidas, la presencia de William en la universidad atrajo una gran atención de los medios. Los periodistas abrumaron literalmente el campus en un intento por capturar cualquier detalle sobre la vida del príncipe, a pesar de las estrictas directrices establecidas por la monarca.

SHORT 106 Decisión final en el vestido de novia recae en el monarca

En la monarquía británica, incluso el vestido de novia es un asunto de estado. Según las normas reales, el monarca reinante debe aprobar el diseño del vestido de la futura novia real antes de su presentación pública. Estas estrictas regulaciones exigen que los vestidos sean blancos o crema, con mangas largas, y evitar cortes que expongan los hombros o el escote.

Esta tradición, que ha permanecido vigente por generaciones, se remonta a la reina Victoria, quien popularizó el uso de vestidos blancos para las bodas reales. Su decisión, en un principio considerada inusual, marcó un hito que redefinió las convenciones nupciales en todo el mundo, según el Museo Victoria & Albert.

Más allá de la estética, este protocolo simboliza el respeto por las tradiciones y el decoro que representan a la realeza británica. Sin embargo, con cada boda, los diseñadores enfrentan el desafío de mantener la elegancia clásica mientras introducen elementos modernos que reflejen la personalidad de la novia.

Desde Lady Diana hasta Kate Middleton y Meghan Markle, los vestidos de novia han generado admiración y debate, pero todos comparten un denominador común: la aprobación real que garantiza su lugar en la historia.

SHORT 107 Princesa Catherine inspira con mensaje de esperanza a los luchadores contra el cáncer

La princesa Kate, de 42 años, compartió un conmovedor mensaje en video, revelando que está recibiendo tratamiento contra el cáncer. En un valiente testimonio, dijo: "Estoy bien y me estoy fortaleciendo cada día". Kate, quien ha estado fuera del ojo público desde una cirugía abdominal en enero, expresó que el diagnóstico fue un "gran shock", pero está enfrentando la situación con determinación.

Agradeció el apoyo de su esposo, el príncipe William, y se emocionó al mencionar cómo explicó la situación a sus hijos. La princesa optó por no revelar el tipo específico de cáncer que está enfrentando, pero confirmó que está en las primeras etapas del tratamiento de quimioterapia preventiva, siguiendo las pruebas postoperatorias que revelaron la presencia de la enfermedad.

En un gesto de gratitud hacia aquellos que la han apoyado, Kate enfatizó la importancia del amor y el apoyo de su familia y la comunidad. "Significa mucho para ambos", expresó. La familia real ha pedido "tiempo, espacio y privacidad" mientras Kate completa su tratamiento y no se espera que regrese a sus deberes públicos en el futuro cercano.

Su mensaje concluyó con palabras de aliento para todos los afectados por el cáncer, instándoles a mantener la fe y la esperanza. La princesa de Gales añadió: "Esto, por supuesto, fue un gran shock. William y yo hemos estado haciendo todo lo posible para procesar esto en privado por el bien de nuestra joven familia. Como puedes imaginar, esto ha llevado tiempo. Ha llevado tiempo. recuperarme de una cirugía mayor para poder iniciar mi tratamiento.

"Lo más importante es que nos ha tomado tiempo explicarles todo a George, Charlotte y Louis de una manera apropiada para ellos y asegurarles que voy a estar bien. "Como les he dicho, estoy bien y me estoy fortaleciendo cada día al concentrarme en las cosas que me ayudarán a sanar en mi mente, cuerpo y espíritu. "Tener a William a mi lado también es una gran fuente de consuelo y tranquilidad. Al igual que el amor, el apoyo y la amabilidad que han mostrado muchos de ustedes. Significa mucho para ambos". Kate dijo que la familia ahora necesita "tiempo, espacio y privacidad" mientras ella completa su tratamiento.

La princesa añadió: "Mi trabajo siempre me ha traído una profunda sensación de alegría y espero volver cuando pueda, pero por ahora debo concentrarme en recuperarme por completo. "En este momento también estoy pensando en todas aquellas vidas afectadas por el cáncer. Para todos aquellos que enfrentan esta enfermedad en cualquier forma, por favor no pierdan la fe ni la esperanza. No están solos".

NOTA: Esta misiva de Kate se compartió en marzo de 2023 en parte, para calmar los rumores sobre su enfermedad.

SHORT 108 Familia de Kate Middleton comparte mensaje de apoyo tras su diagnóstico de cáncer

La familia de Kate Middleton ha decidido romper el silencio luego del impactante diagnóstico de cáncer que ha afectado a la princesa. En una emotiva publicación en Instagram, compartieron una foto de su infancia junto con un mensaje de apoyo: "A lo largo de los años, hemos escalado muchas montañas juntos. Como familia, escalaremos está contigo también".

Kate, reveló en un valiente mensaje en vídeo que está recibiendo tratamiento contra el cáncer. Este diagnóstico ha sido un duro golpe para la familia real, especialmente después de que el rey Carlos también revelara estar bajo tratamiento meses atrás.

El palacio de Buckingham ha expresado su orgullo por la valentía de Kate al compartir su lucha, mientras que ella pide tiempo, espacio y privacidad para completar su tratamiento.

Las muestras de apoyo y solidaridad han inundado las redes sociales, mostrando el cariño y afecto hacia la princesa en estos momentos difíciles. Su familia y seres queridos continúan siendo su mayor apoyo durante este difícil camino hacia la recuperación.

SHORT 109 Sabias que Kate repite sus atuendos de ropa

El impecable código de vestimenta que caracteriza a las princesas y duquesas en la última década es de admirar: Desde las medias siempre presentes hasta los dobladillos de longitud precisa, los colores respetables y la sastrería inmaculada, cada prenda humilde debe cumplir múltiples requisitos para obtener el deseado sello real de aprobación.

Pero ¿qué sucede cuando una pieza cumple todos esos requisitos? La princesa de Gales, Catherine, o Kate, como muchos la conocen, no duda en sacarle el máximo provecho. Conocida por su tendencia a reutilizar sus conjuntos favoritos, a menudo la vemos recurriendo a piezas de atuendos pasados, ya sea de manera leal o tras una sutil transformación.

Sin embargo, ¿qué sucede cuando simplemente ama tanto una pieza que decide comprarla en varios colores? Esa es una lección de estilo que solo Kate Middleton puede enseñarnos. Desde zapatos de Gianvito Rossi en seis tonalidades diferentes hasta abrigos-vestidos de Catherine Walker reproducidos en varios colores, Kate nos muestra cómo la constancia y la elegancia van de la mano.

SHORT 110 La princesa Ana explica por qué evita estrechar la mano de sus fans

La princesa Ana, hija de la reina Isabel II, causa sorpresa al evitar estrechar la mano de sus seguidores durante los eventos "*walkabouts*". En un documental, explicó que esta decisión se basa en antiguas tradiciones reales que prohíben saludar a todos de esta manera. Su postura contrasta con otros miembros de la realeza que sí participan en esta interacción física con el público. Ana también critica el fenómeno de las selfies durante estos encuentros, destacando la importancia de vivir el momento y mantener la autenticidad en la comunicación.

En el documental "*Queen of the World*" de HBO, Anne explicó que esta práctica se remonta a viejas tradiciones reales: "Nunca nos hemos dado la mano. Y en teoría, si no puedes darle la mano a todo el mundo, entonces ni siquiera empieces a hacerlo".

Los "*walkabouts*" son una tradición en la familia real británica donde los miembros interactúan libremente con el público, pero la princesa Ana prefiere mantener su distancia física. En palabras de la misma Anne, "La teoría era que no se podía dar la mano a todo el mundo, así que no empezar". Este enfoque contrasta con otros miembros de la realeza que sí estrechan manos y se toman *selfies* con los fans.

Anne también criticó la tendencia de tomarse *selfies* durante estos eventos, argumentando que distraen de la experiencia real y pueden ser una barrera para la comunicación auténtica. Su enfoque en vivir el momento y mantenerse fiel a las tradiciones reales ha generado debate sobre la etiqueta y el protocolo en la era digital.

SHORT 111 El estrecho vínculo entre la difunta reina Isabel II y la duquesa Sophie: ¿Por qué era su nuera favorita?

La duquesa de Edimburgo, Sophie, ha sido descrita como la "favorita" de su difunta suegra, la reina Isabel II. El estrecho vínculo entre ambas mujeres siempre fue evidente, y los observadores reales han destacado la admiración y el respeto mutuo que compartían.

En una reciente entrevista, Ingrid Seward, editora en jefe de la revista Majesty, señaló la autenticidad y la discreción de Sophie como una de las razones por las cuales la reina la apreciaba tanto. Además, el matrimonio entre Sophie y el príncipe Eduardo ha sido elogiado por su solidez y dedicación a la vida familiar, con ambos mostrando un profundo apoyo mutuo y un compromiso inquebrantable a lo largo de los años.

Sophie y Edward, padres de Lady Louise Windsor y James, conde de Wessex, celebraron su 25 aniversario de bodas, un hito poco común en la familia real británica. A diferencia de otros matrimonios reales que han enfrentado divorcios, el de Sophie y Edward se destaca como un ejemplo de estabilidad y durabilidad.

En una rara entrevista, Edward elogió a Sophie como su guía y mejor amiga, mientras que Sophie destacó el orgullo que siente por su esposo y su papel como padre amoroso. La pareja ha logrado mantener un equilibrio entre sus responsabilidades reales y su vida familiar, algo que ha sido clave para su éxito matrimonial.

El aniversario de bodas de Sophie y Edward representa tanto un logro personal como un hito notable en la historia reciente de la monarquía británica. Su unión ha sido una asociación sólida y brillante, basada en el amor, la lealtad y el apoyo mutuo a lo largo de los años.

Mientras se acerca esta celebración, el reconocimiento de su compromiso y dedicación continúa resonando en el mundo real y más allá, demostrando que el matrimonio real puede perdurar incluso en los desafíos más grandes.

SHORT 112 Curiosidades de la boda de Kate y William: del costo de las flores hasta el maquillaje de kate

La boda del príncipe William y Kate Middleton en 2011 fue un evento real que capturó la atención del mundo entero. Además de la pompa y la ceremonia, hubo detalles fascinantes y curiosidades poco conocidas que agregaron un toque único a esta ocasión histórica.

Desde los trajes a prueba de sudor de los príncipes hasta los significados detrás del ramo de la novia, estos detalles revelan aspectos interesantes sobre uno de los eventos más destacados de la monarquía británica.

Primeros 5 detalles desconocidos sobre la boda del príncipe William y Kate Middleton

1. Los príncipes William y Harry usaron conjuntos a prueba de sudor para combatir el calor sofocante de la Abadía de Westminster.
2. El ramo de la novia incluía cinco tipos diferentes de flores, cada una con un significado especial, como el mirto, una tradición real.
3. Kate Middleton optó por maquillarse ella misma en su gran día después de recibir lecciones previas de una maquilladora profesional.
4. La princesa honró a sus padres usando un par de aretes colgantes de bellota con pavé de diamantes, un regalo de ellos.
5. Se estima que la pareja gastó alrededor de 1 millón de dolares solo en arreglos florales, incluyendo mirto, una tradición real desde 1840.

SHORT 113 Elevación de la etiqueta: La importancia de los sombreros en la vestimenta real

Los llamativos y elaborados sombreros que lucen las mujeres en eventos reales son una marca distintiva. Aunque la reina Isabel era famosa por su asombrosa colección de sombreros, su uso va más allá de una mera preferencia personal; constituye una arraigada tradición en la realeza.

Según Diana Mather, tutora principal de la consultora de etiqueta The English Manner, hasta los años 50, era raro ver a mujeres sin sombrero en público, ya que mostrar el cabello se consideraba poco apropiado. Sin embargo, con el tiempo, esta norma ha evolucionado y los sombreros ahora se reservan para eventos de alta etiqueta.

Hoy en día, se espera que las mujeres reales luzcan sombreros en todas las ocasiones formales. Más que meros accesorios, los sombreros se perciben como símbolos de estatus y pertenencia a la élite.

Esta práctica no solo complementa el atuendo, sino que también fortalece la imagen de la realeza como guardianes de una tradición distinguida y arraigada.

SHORT 114 Regalos para Kate recibió la reina Camila

Durante una visita reciente al mercado de granjeros de Shrewsbury, en Shropshire, la reina Camilla recibió de parte del público varios carteles que expresaban cariño por la princesa de Gales, Kate Middleton. Las hermanas Harriet y Lois Waterson, dos jóvenes locales, sostuvieron carteles que decían: "Enviad nuestro amor a Kate", en un gesto que conmocionó a la reina.

Al recibir los carteles, la reina Camilla respondió: "Le enviaré esto a Catherine, estará encantada", confirmando que los llevaría consigo y se aseguraría de que llegaran a Kate. Este gesto fue parte de un esfuerzo más amplio de la reina Camilla para mantener informada a la princesa sobre el cariño del público durante este período difícil, tras el anuncio de su diagnóstico de cáncer.

Aunque la noticia sobre el diagnóstico de Kate ha captado la atención del público, este gesto de los ciudadanos de Shropshire refuerza el apoyo y el cariño que la princesa de Gales sigue recibiendo. Los carteles con mensajes de amor son solo una de las muestras de afecto que Kate ha recibido, y Camilla se comprometió a asegurarse de que llegaran a su destino.

Este intercambio subraya la cercanía y el apoyo que los miembros de la realeza continúan experimentando de su pueblo, incluso en tiempos difíciles. Camilla, al estar al tanto de la situación de Kate, reafirma su papel como un pilar de apoyo dentro de la familia real.

SHORT 115 Parte 2: Desde vestidos a pruebas de sudor: Los detalles más curiosos de la Boda Real de William y Kate

La boda del príncipe William y Kate Middleton en 2011 fue un evento real que capturó la atención del mundo entero. Además de la pompa y la ceremonia, hubo detalles fascinantes y curiosidades poco conocidas que agregaron un toque único a esta ocasión histórica. Desde los trajes a prueba de sudor de los príncipes hasta los significados detrás del ramo de la novia, estos detalles revelan aspectos interesantes sobre uno de los eventos más destacados de la monarquía británica.

Otros 5 detalle desconocidos sobre la boda del príncipe William y Kate Middleton

6. Los árboles utilizados en la decoración fueron replantados en la casa de vacaciones del rey Carlos en Gales después de la ceremonia.

7. Los pendientes de Kate Middleton contenían hojas de roble y bellotas, simbolizando la conexión con Berkshire donde vive su familia.

8. Las coronas de flores para las damas de honor se asemejaban a las que usó Carole Middleton en su boda.

9. La tiara de Kate Middleton, prestada por la reina Isabel, fue un regalo de cumpleaños de su madre, quien la recibió de su esposo, el rey Jorge VI.

10. Kate usó un segundo vestido diseñado por Sarah Burton para Alexander McQueen en la recepción de la noche, con un estilo más relajado y una cola más corta.

SHORT 116 Por qué algunos miembros de la familia real no utilizan apellidos

Hasta el año 1917, los miembros de la familia real británica carecían de apellidos. En lugar de utilizar apellidos, se identificaban por el nombre de la casa o dinastía a la que pertenecían, marcando una tradición que perduró durante siglos.

La asignación de apellidos a los miembros de la familia real se produjo en 1917, cuando Jorge V adoptó el apellido Windsor oficialmente. Este cambio se implementó a través de un decreto real, estableciendo Windsor como el apellido de la familia real, como se registra en el sitio web oficial de la familia real británica. Posteriormente, se acordó que los descendientes de la reina Isabel utilizarían el nombre Mountbatten-Windsor.

A pesar de esta formalidad, la mayoría de los miembros de la familia real no hacen uso regular de apellidos. La práctica de prescindir del apellido se extiende a aquellos miembros que ostentan títulos nobiliarios y se debe a que los miembros de la realeza suelen ser tan populares que no requieren un apellido para ser reconocidos.

No obstante, algunos miembros de la familia real utilizan apellidos derivados de sus títulos oficiales. Por ejemplo, el príncipe George, en su etapa escolar, adoptó el apellido Cambridge, vinculado al título de su padre, el duque de Cambridge, también conocido como el príncipe William.

5 Short de abril

SHORT 117 William y Kate enfrentan estrictas normas reales, los desafíos de los futuros monarcas

El príncipe William y Kate Middleton, destinados a ser los futuros monarcas de Inglaterra, están sometidos a rigurosas reglas que no se aplican a otros miembros de la familia real. Uno de estos mandatos, heredado de tiempos antiguos, es la necesidad de buscar la aprobación del rey en varios aspectos de su vida, incluyendo asuntos personales como el vestuario y los planes de vacaciones.

La vida de un futuro rey o reina está marcada por una serie de normas y protocolos estrictos, algunos de los cuales datan de siglos atrás. Una de estas reglas es la Ley de Matrimonios Reales de 1772, que requería que todos los miembros de la familia real británica obtuvieran el consentimiento del soberano antes de casarse.

Aunque esta ley fue derogada y reemplazada en 2013 por la Ley de Sucesión a la Corona, que exige el consentimiento solo para los primeros seis en la línea de sucesión, el príncipe William, como segundo en la fila, todavía está sujeto a esta norma.

Al ser el primogénito del príncipe Carlos y el heredero directo al trono, William tuvo que cumplir con este requisito antes de casarse con Kate Middleton. Afortunadamente, la reina Isabel II otorgó su aprobación sin ningún problema, lo que permitió que el matrimonio real se llevara a cabo según lo planeado.

SHORT 118 Las calves del bolso de la reina Isabel y la princesa Diana

En los círculos reales el bolso de mano es una herramienta de comunicación sutil. Desde la reina Isabel hasta la princesa Diana, las mujeres de la realeza lo han utilizado para enviar mensajes discretos a su personal y evitar situaciones incomodas.

Por ejemplo, la reina Isabel cambiaba su bolso de una mano a otra para indicar que estaba lista para culminar una conversación. Una señal que no pasaba desapercibida para quienes conocían los protocolos reales.

El historiador real Hugo Ralph Vickers explicó que este gesto era un indicador claro, de que la conversación había llegado a su fin.

Además de su función practica el bolso de mano también fue utilizado como una herramienta de moda por la princesa Diana. La princesa solía utilizar su bolso de mano para ocultar su escote al salir del auto, evitando cualquier mal funcionamiento del vestuario ante los paparazis.

SHORT 119 La realeza y el esmalte de uñas: Un detalle impecable

Entre las reglas no escritas que siguen los miembros de la familia real británica, una de las más estrictas es la prohibición de usar esmaltes de uñas brillantes o de colores llamativos. Esta práctica busca mantener una imagen sobria, elegante y sofisticada, alineada con la formalidad que caracteriza a la monarquía.

Estilo clásico y natural: Las damas reales prefieren tonos neutros o transparentes, con uñas cortas y con forma cuadrada. Este enfoque simple y atemporal es parte de la imagen cuidadosamente cultivada de la familia real.

Ejemplo de la reina Isabel: Un caso icónico es el esmalte Ballet Slipper de Essie, un tono rosa pálido que la reina Isabel utilizó consistentemente desde 1989. Esta elección refleja su predilección por mantener un estilo discreto y de buen gusto.

La importancia de los detalles: Aunque el esmalte de uñas pueda parecer un detalle menor, refleja los altos estándares de elegancia y pulcritud que definen la imagen pública de la familia real.

Este pequeño aspecto de la realeza demuestra cómo cada elemento de su apariencia está diseñado para proyectar dignidad y sobriedad, elementos clave de su imagen pública.

SHORT 120 El príncipe Louis y la regla real de los pantalones cortos

El príncipe Louis sigue una estricta regla del código de vestimenta real, una que puede parecer peculiar para muchos: no usa pantalones largos. Según los expertos en etiqueta, los niños de la realeza, como él, son vestidos con pantalones cortos, un símbolo de su posición en la jerarquía social británica. Aunque parece un detalle insignificante, es una tradición profundamente arraigada en la realeza.

William Hanson, experto en etiqueta, explica que los pantalones largos son vistos como un signo de madurez, reservado para los hombres y niños mayores. Los pantalones cortos, por otro lado, son considerados apropiados solo para los niños pequeños, y se asocian con la aristocracia inglesa. Hanson señala que vestir a un niño con pantalones largos es una práctica más común entre la clase media y los suburbios, lo cual, según las normas de la realeza, es algo a evitar a toda costa.

Este código de vestimenta tiene una profunda conexión con las normas de clase social en Inglaterra. Tradicionalmente, los miembros de la realeza han mantenido una distancia simbólica de las costumbres asociadas con la clase media. En ese contexto, el uso de pantalones cortos para los niños es una manera de señalar su posición en la jerarquía social, diferenciándose de los "suburbanos" y manteniendo la apariencia de un estilo de vida más elevado.

A pesar de que los tiempos están cambiando y las normas de vestimenta se están flexibilizando, esta tradición de la realeza británica sigue siendo un marcador distintivo. La decisión de mantener al príncipe Louis con pantalones cortos, como su hermano George y otros niños reales antes que él, es un ejemplo más de cómo cada detalle de su vida está cuidadosamente gestionado para reflejar la imagen impecable de la monarquía británica.

SHORT 121 Parte 1: Celebridades sorprenden al descubrir su linaje nobiliario

Hablar de conexiones con la realeza en una conversación puede ser un verdadero as bajo la manga. Aunque para la mayoría es un tema lejano, varias celebridades tienen vínculos que sorprenden y fascinan.

El más reciente en captar la atención por un parentesco inesperado es Bob Odenkirk, conocido por su papel en Better Call Saul. Durante un episodio del programa de *PBS Finding Your Roots*, presentado por el académico de Harvard Henry Louis Gates Jr., se reveló que Odenkirk es primo undécimo del rey Carlos III. El actor, sorprendido por la revelación, es solo uno de los famosos que descubren su herencia familiar en este formato similar al británico Who Do You Think You Are.

Madonna, ícono del pop y símbolo de la cultura estadounidense, no solo reina en los escenarios. También tiene un lazo directo con la realeza británica. Según datos de ancestry.co.uk, Madonna y la reina Camilla comparten un antepasado común: el carpintero francés Zacharie Cloutier. Esto las convierte en primas décimas, un hecho que, según Simon Harper, portavoz del sitio, demuestra lo impredecible y fascinante que puede ser la genealogía.

Otra estrella con vínculos reales es Angelina Jolie. La actriz de Maléfica resulta ser la prima número 26 de la reina Isabel II, según confirma findmypast.com. Su conexión proviene de su madre, Marcheline Bertrand, cuya genealogía se remonta al siglo XII y la enlaza también con el rey Felipe II de Francia.

Estas sorprendentes revelaciones subrayan cómo la genealogía puede revelar historias tan asombrosas como los propios famosos que las protagonizan.

SHORT 122 Los extraños secretos de los ositos de peluche del príncipe Andrés en nuevo documental de Netflix

En el reciente thriller de Netflix, "Scoop", dirigido por Philip Martin, se revela una fascinante historia detrás de la histórica entrevista del príncipe Andrés en *Newsnight*. Entre los momentos asombrosos, surge un detalle peculiar sobre la obsesión del príncipe con los ositos de peluche, un hecho que, según algunas fuentes, no es tan ficticio como parece.

Durante años, los rumores sobre la colección de ositos de peluche del príncipe Andrés han circulado en los círculos reales, pero recientes testimonios y reportajes parecen confirmar la existencia y la magnitud de esta peculiar afición.

Según relatos de ex sirvientes del Palacio de Buckingham y otros testigos, el príncipe tenía una colección de 72 ositos de peluche, cada uno con un lugar específico y un orden riguroso en su dormitorio. Este comportamiento excéntrico no solo era conocido por el personal del palacio, sino que también fue confirmado por el propio príncipe en entrevistas pasadas.

Aunque el príncipe Andrés abandonó su suite en el Palacio de Buckingham en 2023, se informa que su colección de ositos de peluche ha sido trasladada a su residencia en la Royal Lodge en Windsor. A pesar de los cambios, las demandas del príncipe sobre la organización de sus peluches siguen siendo tan estrictas como siempre, según fuentes cercanas.

SHORT 123 Parte 2: Estrellas de Hollywood descubren sus vínculos reales: Hugh Grant, Richard Gere y más

En la constelación de Hollywood, las estrellas brillan no solo en la pantalla, sino también en su árbol genealógico, revelando sorprendentes conexiones con la realeza británica. Hugh Grant, el encantador británico conocido por sus papeles en *Notting Hill* y *Love Actually*, es primo noveno de la reina Isabel II.

Richard Gere, el icónico protagonista de Pretty Woman, comparte lazos como primo número 22 de la monarca. Hilary Duff, reconocida por su trayectoria en la actuación y la música, se encuentra relacionada con la realeza a través de Alexander Spotswood, un oficial del ejército británico, y posiblemente como descendiente de la hija ilegítima de Enrique VIII.

Tilda Swinton, ganadora del Oscar, comparte sangre con el rey escocés Robert the Bruce, mientras que Guy Ritchie, el célebre cineasta británico, tiene vínculos con Eduardo I de Gran Bretaña.

SHORT 124 Así destacaba la reina ante los demás: el arte de vestir de Isabell II

La reina Isabel II, conocida por su elegancia y estilo, tenía una razón específica para vestir ropa de colores brillantes: quería destacar en cualquier multitud. Según su biógrafo Robert Hardman, citado por The Telegraph, la monarca británica consideraba que el uso de colores vivos era una manera efectiva de asegurarse de que la gente la reconociera como la reina.

Esta estrategia resultaba especialmente útil en grandes multitudes, donde su distintivo atuendo permitía a las personas ubicarla fácilmente, incluso en medio de densas aglomeraciones.

La necesidad de sobresalir en medio de la multitud fue confirmada por su nuera, Sophie, duquesa de Edimburgo, durante el documental "La reina a los 90". Sophie explicó que cuando la reina se encontraba en un evento público, rodeada de una gran cantidad de personas, era crucial que su presencia fuera claramente identificable. En tales situaciones, incluso el más mínimo destello de color brillante en su atuendo permitía a la gente afirmar con certeza que habían visto a la reina pasar.

Este enfoque consciente en la vestimenta colorida no solo sirvió para satisfacer el gusto personal de la reina, sino que también cumplió con el propósito práctico de garantizar su reconocimiento en cualquier ocasión pública. A través de su elección de prendas vibrantes y llamativas, la reina Isabel II logró proyectar una imagen distintiva y fácilmente identificable en todo momento.

SHORT 125 Antes de los romances con Diana y Camila, el príncipe Carlos tuvo un amor menos conocido Lucía Santa Cruz, una chilena

Antes de los romances emblemáticos con Diana y Camila, hubo un capítulo significativo en la vida amorosa del príncipe Carlos que a menudo se pasa por alto: su relación con Lucía Santa Cruz. Esta mujer chilena, destacada por su inteligencia y encanto, ocupó un lugar destacado en la vida del futuro rey, no solo como amiga cercana, sino como la figura que allanó el camino para uno de los matrimonios más importantes de la realeza británica.

La relación entre Carlos y Lucía fue más que un simple romance universitario; marcó el inicio de una serie de eventos que eventualmente darían forma al destino de la monarquía británica.

Durante sus años de estudiante en Cambridge, el príncipe Carlos, conocido por su timidez y reserva, encontró en Lucía a una compañera afable y comprensiva. A pesar de la brevedad de su romance, la influencia de Santa Cruz en la vida del príncipe fue profunda y perdurable. Se dice que fue ella quien le presentó a Camilla Shand, un encuentro que cambiaría el curso de la historia real británica.

El primer encuentro entre Carlos y Lucía ocurrió en Oxford, donde ambos estudiaban en instituciones académicas prestigiosas. Según relatos históricos, la joven chilena cautivó al príncipe con su inteligencia y sofisticación, estableciendo una conexión que trascendió los límites de una simple amistad.

A medida que su relación se desarrollaba, Lucía no solo se convirtió en una confidente de Carlos, sino también en una figura influyente en su círculo social.

Sin embargo, a pesar de la profunda impresión que dejó en la vida del príncipe, la relación entre Carlos y Lucía llegó a su fin cuando los compromisos reales y las expectativas familiares intervinieron. Aunque su romance no perduró, el legado de Lucía Santa Cruz en la vida del príncipe Carlos sigue siendo innegable, pues su papel en la presentación de Camilla al príncipe sentó las bases para una de las uniones más significativas en la historia de la monarquía británica.

SHORT 126 Kate Middleton: Un recorrido por sus joyas prestadas y regaladas

La princesa Kate, reconocida por su estilo impecable, ha cautivado al público en numerosas ocasiones con las joyas prestadas o regaladas por la familia real. Desde tiaras hasta broches, aquí hay un resumen de diez piezas notables en esta primera entrega:

Gargantilla de esmeraldas y diamantes: En los premios Earthshot, Kate complementó su vestido verde con una gargantilla de esmeraldas y diamantes que una vez perteneció a la princesa Diana.

Tiara del nudo del amante de Cambridge: Kate ha usado esta tiara, una pieza adornada con diamantes y perlas, que solía lucir la princesa Diana con frecuencia.

Broche de la orden de la familia real: Una pieza con incrustaciones de diamantes y una pintura de la monarca, otorgada a Kate en 2017 por la reina.

Tiara Cartier halo: Lucida en su boda, esta tiara, originalmente regalada por el rey Jorge VI a la reina madre, es una de las joyas más emblemáticas de Kate.

Reloj Ballon Bleu de Cartier: Un regalo del príncipe William en su tercer aniversario de bodas, similar al que solía usar la princesa Diana.

SHORT 127 La reina y la barba: ¿Por qué Isabel II desaprobaba la barba de algunos miembros de la realeza?

La reina Isabel II había dejado claro su punto de vista sobre el vello facial en la familia real británica, revelando su aversión hacia las barbas en general.

La reina Isabel II, que era conocida por sus opiniones firmes sobre el protocolo real y la apariencia, había expresado públicamente su desaprobación hacia el vello facial, particularmente en el ámbito de la realeza.

Aunque reconocía excepciones, como la aceptación de las barbas durante despliegues militares o expediciones en la naturaleza, la monarca esperaba que los miembros de la familia real mantengan una apariencia impecable y bien afeitada en la vida cotidiana. Esta postura de la reina generó debate en el pasado, especialmente en relación con su nieto, el príncipe Harry, cuya barba pelirroja ha sido objeto de atención mediática y críticas por parte de algunos sectores.

SHORT 128 El protocolo de las tiaras: restricciones y significados en la realeza británica

El uso de tiaras está restringido a eventos de gala y solo está permitido para mujeres casadas y miembros de la familia real. Antes de su matrimonio con miembros de la realeza, ni Middleton ni Markle usaron tiaras.

Según el experto en etiqueta Grant Harrold, también conocido como el mayordomo real, existe una regla antigua que dicta que después de las 6 de la tarde no se usan sombreros en el interior, ya que es cuando las damas lucen trajes de noche y tiaras.

Harrold señaló que, para las mujeres casadas, usar una tiara era una forma de mostrar estatus y compromiso, mientras que para los caballeros era una señal de respeto hacia ellas, evitando cualquier insinuación.

SHORT 129 Parte 2 Estilo real: El legado de Kate Middleton a través de las joyas de la familia real

Esta son otras joyas reales que Kate Middleton ha lucido de forma esplendorosa en múltiples eventos de la realeza., Segunda entrega donde el glamur de la princesa de Gales sobresale a través de las joyas de la Corona:

Tiara de flor de loto: Un regalo de bodas para la reina madre en 1923, transformado en tiara desde un collar.
Broche del trébol: Usado en el día de San Patricio, prestado por la guardia Irlandesa, y lucido en múltiples ocasiones por Kate.
Pendientes de zafiro de la reina de Dubai: Parte de una colección regalada a la reina por el jeque Rashid en 1979, lucidos por Kate durante una gira real.
Gargantilla de perlas de la reina: Usada en el funeral del príncipe Felipe, una pieza heredada por la reina y anteriormente usada por la princesa Diana.
Pendientes colgantes de perlas y diamantes: Un regalo de bodas para la princesa Diana, lucido por Kate desde su debut en 2017.

SHORT 130 Los Sussex recrean histórico beso real en partido de polo

Los Sussex revivieron un momento icónico de la historia de la realeza británica durante un partido de polo benéfico. Después del juego, el príncipe Harry y Meghan compartieron un emotivo beso, recordando el gesto histórico entre la princesa Diana y el príncipe Carlos hace 39 años. Este homenaje a la tradición real fue aún más especial cuando Meghan obsequió a Harry una taza, siguiendo la misma línea de la historia familiar. El evento se convirtió en un tributo conmovedor a la realeza y sus momentos simbólicos.

El beso entre Harry y Meghan tras el partido de polo evocó la magia de la realeza británica y sus gestos cargados de significado. Al replicar el histórico gesto entre Carlos y Diana, los Sussex honraron el legado de la familia real. Este momento emotivo resalta la importancia de las tradiciones en la monarquía británica, manteniendo viva la memoria de momentos pasados.

El gesto de los Sussex no solo recreó la historia, sino que también demostró su conexión con las tradiciones reales. Al compartir este momento con el público, Harry y Meghan subrayaron su compromiso con el legado de la familia real y su deseo de mantener viva su historia. En un día de polo lleno de emoción, los Sussex recordaron la grandeza y el romance que caracterizan a la realeza británica.

SHORT 131 Camilla elige un sombrero en su boda con Carlos, desafiando las tradiciones reales

La boda real de Camilla y Carlos III ha sido objeto de escrutinio y admiración, especialmente en lo que respecta a las joyas. Aunque las tiaras suelen ser el centro de atención en tales eventos, Camilla optó por un enfoque diferente en su gran día. En lugar de lucir una tiara, la novia real optó por un sombrero de ala ancha, evitando así una tradición real común. Esta elección refleja tanto su estilo personal como las circunstancias únicas que rodearon su matrimonio.

El sombrero, diseñado por Philip Treacy, añadió un toque de elegancia a su atuendo, complementando su vestido de gasa de seda color crema. Esta decisión de estilo puede interpretarse como un gesto audaz y moderno por parte de Camilla, quien ha enfrentado el escrutinio público desde que se convirtió en miembro de la realeza.

Aunque la ausencia de una tiara puede parecer inusual, tiene raíces en el protocolo real, que dicta que las novias que se casan por segunda vez deben evitar el uso de joyas formales. La princesa Ana, en su segunda boda con Sir Timothy Laurence, también optó por no usar una tiara, respaldando así esta práctica real.

La elección de Camilla de usar un sombrero en lugar de una tiara no solo agregó un toque distintivo a su apariencia nupcial, sino que también marcó una desviación notable de las expectativas reales establecidas. Esta decisión refleja su estilo único y su determinación para seguir su propio camino en medio de la tradición real.

SHORT 132 Kate Middleton: Secretos de estilo de la realeza: Kate Middleton y la táctica de Diana con su bolso de mano

Kate Middleton, la princesa de Gales, continúa deslumbrando en sus apariciones públicas con su impecable sentido del estilo. Sin embargo, más allá de la elegancia de sus atuendos, hay un detalle clave que no pasa desapercibido: su elección de bolso de mano. A diferencia de optar por bolsos de hombro, Kate siempre prefiere llevar un bolso de mano, y no es simplemente una cuestión de moda.

Según los expertos en etiqueta real, esta elección estratégica cumple un propósito importante: evitar interacciones incómodas. Cuando Kate estrecha la mano de alguien y siente que la situación se torna incómoda, utiliza su bolso como una barrera sutil al sostenerlo frente a ella con ambas manos. Esta táctica, que recuerda a la utilizada por la difunta princesa Diana, muestra cómo la moda puede ser tanto una declaración de estilo como una herramienta de manejo de situaciones sociales.

La estrategia de Kate con su bolso de mano es un reflejo de cómo la moda y la etiqueta se entrelazan en la vida de la realeza británica. Al igual que Diana, quien tenía su propio truco para cubrir sus escotes al salir de un automóvil, Kate utiliza su bolso como una forma de gestionar con elegancia diversas situaciones en eventos públicos. Además, la reina Isabel II también utilizó su bolso de mano de manera ingeniosa para comunicarse discretamente con su personal durante eventos sociales.

Detrás de la aparente sofisticación y glamur de la moda real, se esconden estos astutos trucos que demuestran cómo la ropa y los accesorios no solo son expresiones de estilo, sino también herramientas para navegar en el complejo mundo de la etiqueta y el protocolo real. Con cada aparición pública, Kate Middleton no solo deslumbra con su elegancia, sino que también muestra cómo la moda puede ser una forma de empoderamiento y control en situaciones sociales.

SHORT 133 El día que Kate salvó al príncipe William de situación comprometedoras

Durante sus años universitarios en la universidad de St. Andrews en Escocia, Kate Middleton desplego un ingenioso truco para proteger a su amigo cercano el príncipe William de situaciones incomodas de mujeres que se le abalanzaban.

Si bien su relación estaba en un estado puramente amistoso en ese momento Kate siempre estaba dispuesta a ayudar a William cuando las conversaciones coquetas se volvían demasiado abrumadoras para él.

Como centro de atención debido a su estatus real y atractivo William a menudo se encontraba en situaciones incomodas. Según relatos de la época universitaria, William siendo demasiado educado no sabía cómo manejar las insinuaciones románticas de mujeres que no le interesaban.

En una ocasión mientras estaba siendo coqueteado por una chica en una fiesta, William se vio incapaz de deshacerse de ella, lo que provocó una situación incómoda.

En un acto de amistad Kate intervino para rescatar a William rodeándolo con sus brazos y fingiendo ser su novia, Kate ayudo a William a salir elegantemente de la situación, lo que provoco risas entre ellos y alivio la tensión.

SHORT 134 Los emojis revelados: Kate Middleton comparte sus favoritos en un inesperado vistazo a su cuenta de Twitter

La princesa Kate Middleton sorprendió a los seguidores con un inesperado vistazo a sus emojis más utilizados en su cuenta de X (antes Twitter) durante un video sobre la infancia. ¿Qué revelan estos íconos sobre el lado juguetón de la princesa de Gales?

Y es que durante un video sobre su campaña *Early Years*, Kate reveló accidentalmente algunos de sus emojis favoritos. En un momento espontáneo, mostró su iPhone 10 a la cámara mientras agradecía a los seguidores que enviaron preguntas, dando un vistazo a los símbolos utilizados en su cuenta de Twitter del Palacio de Kensington.

Entre los emojis más destacados se incluyen corazones, caritas sonrientes y otros íconos que reflejan su estilo cálido y accesible en las redes sociales. La revelación de estos detalles íntimos sobre su comunicación en línea ofrece una visión fascinante de la personalidad de la princesa y su enfoque moderno de la realeza.

Este desliz accidental de Kate revela su lado más humano y cercano, mostrando que incluso los miembros de la realeza utilizan emojis en su comunicación diaria. Su habilidad para conectar con el público a través de las redes sociales sigue siendo una de sus cualidades más encantadoras y admiradas.

Los seguidores con ojos de águila no pasaron por alto los emojis utilizados recientemente por Kate. Entre los más destacados se encuentran dos chicas tomadas de la mano, una piña, un pepino en rodajas y hasta un monstruo alienígena morado. Sorprendentemente, también se incluyen emojis como la cara de vómito y la cara de malas palabras, revelando un lado juguetón y poco convencional de la princesa.

SHORT 135 Parte 3: Las mejores joyas de Kate Middleton, algunas prestadas y otras regaladas

La princesa Kate, reconocida por su estilo impecable, ha cautivado al público en numerosas ocasiones con las joyas prestadas o regaladas por la familia real. Desde tiaras hasta broches.

Kate deslumbra con sus últimas joyas de este recuento elegidas con gracia: **Anillo de oro rosa**: Un regalo del príncipe William durante sus días universitarios, completo con granates y perlas, las piedras de nacimiento de ambos.

Collar Nizam de Hyderabad: Un lujoso collar de diamantes, regalo de bodas del Nizam de Hyderabad a la reina Isabel, que Kate lució con gracia en un evento en la Galería Nacional de Retratos.

Broche de helecho de Nueva Zelanda: Una joya cargada de historia, regalo de un grupo de mujeres neozelandesas a la reina Isabel en 1953, que Kate ha llevado en varias ocasiones.

Pendientes de zafiro y diamantes: Un par de aretes regalados por el príncipe William, provenientes de la colección personal de la princesa Diana, que Kate ha personalizado con estilo.

Pulsera de perlas de tres vueltas de la princesa Diana: Una pieza prestada de la princesa Diana, lucida por Kate en eventos importantes como muestra de su conexión con la realeza.

Pendientes con flecos de zafiro y diamantes: Una elección real que resalta el amor por los zafiros en la realeza, que Kate llevó en la cena *Women in Hedge Funds* en 2015.

Pendientes de amatista: Un regalo especial del príncipe William en su primera navidad juntos, diseñados por Kiki McDonough, que Kate ha lucido con elegancia en servicios religiosos.

SHORT 136 El secreto de Kate Middleton para lucir impecable después de un vuelo: ¡sus vestidos tienen su propio asiento!

Entre los misterios de la elegancia real, uno que ha dejado perplejos a muchos es el impecable aspecto de Kate Middleton cada vez que desciende de un avión. A lo largo de los años, la princesa ha dominado el arte de lucir perfecta incluso después de vuelos largos y agotadores. Pero ¿cuál es su secreto? ¿Cómo logra mantener su impecable apariencia después de horas de vuelo?

Al parecer, la respuesta radica en un privilegio poco conocido: los vestidos de Middleton tienen un tratamiento especial en los vuelos reales. Según fuentes internas, sus prendas aparentemente tienen su propio asiento en el avión, lo que evita que se arruguen o se dañen durante el viaje. Esta atención meticulosa a los detalles asegura que Middleton pueda salir del avión luciendo tan fresca y elegante como siempre.

Aunque para muchos viajeros comunes mantener una apariencia impecable después de un vuelo largo es todo un desafío, para Middleton parece ser algo natural. Los observadores reales han quedado fascinados por este aspecto de su estilo de viaje, que revela cómo la princesa logra mantener su elegancia incluso en las circunstancias más desafiantes.

SHORT 137 La regla real que el príncipe William y Kate Middleton desafían constantemente: viajar juntos en avión

La monarquía británica está llena de tradiciones y protocolos, y uno de los más destacados es la regla que prohíbe que los herederos al trono viajen juntos en el mismo avión. Esta medida, diseñada para evitar el riesgo de una tragedia que afecte a la línea de sucesión, ha sido desafiada en ocasiones especiales por el príncipe William y Kate Middleton. Aunque la regla no está escrita, se considera una precaución necesaria para garantizar la continuidad de la monarquía en caso de emergencia.

Sin embargo, en 2014, durante su gira por Australia, William y Kate solicitaron un permiso especial a la reina para viajar juntos con su primer hijo, el príncipe George. La reina concedió este permiso, reconociendo la importancia de la unidad familiar en ciertos contextos. Aunque la seguridad aérea ha mejorado con el tiempo, esta regla sigue siendo relevante en la planificación de los viajes de la familia real británica.

A pesar de los desafíos logísticos, William y Kate han optado por viajar juntos en varias ocasiones, incluso con sus tres hijos. Esta decisión ha suscitado debates sobre la necesidad de mantener o modificar esta regla en el futuro, especialmente en un mundo donde la seguridad aérea es cada vez más sofisticada. En última instancia, la regla sigue siendo un recordatorio de las precauciones que la monarquía británica toma para proteger su continuidad y estabilidad en tiempos de crisis.

SHORT 138 La princesa Kate Middleton ha desafiado las reglas de la realeza en varias ocasiones

La princesa Kate Middleton, conocida por su estilo impecable y su compromiso con las reglas reales, ha sorprendido en varias ocasiones al romper el protocolo establecido. Desde elecciones de moda aventureras hasta gestos más personales, aquí hay un resumen de las veces que la princesa de Gales desafió las normas de palacio.

Usando un moño desordenado: En septiembre de 2023, Middleton desafió las expectativas al presentar un moño bajo y desordenado en un evento público. Este peinado, fuera de lo común para la realeza, rompió la norma de mantener el cabello limpio y ordenado en todo momento.

Hablar sobre el embarazo: Durante un compromiso real, Middleton compartió abiertamente algunas de las luchas que enfrentó durante el embarazo, incluida su batalla contra la hiperémesis gravídica. Esta revelación, aunque personal, contradice la preferencia histórica de la realeza de mantener la privacidad en asuntos de salud.

Selfies: En múltiples ocasiones, Middleton desafió las convenciones reales al posar para selfies con sus seguidores. Aunque no está prohibido explícitamente, este acto desafía la etiqueta real al fomentar un comportamiento informal frente a la corona.

Mostrando sus piernas desnudas o descubiertas: Durante la visita del presidente surcoreano a Gran Bretaña en 2023, Middleton mostró sus piernas desnudas al salir del automóvil, una violación percibida del protocolo real que exige un vestuario más conservador para eventos formales.

Usar esmalte de uñas de colores: En un evento real formal durante la Pascua de 2023, Middleton usó esmalte de uñas rojo brillante, desviándose de la norma no escrita que sugiere tonos de uñas naturales y neutros. Aunque no es una violación oficial, este movimiento desafía las convenciones de moda real.

SHORT 139 Familia de Kate Middleton comparte mensaje de apoyo tras su diagnóstico de cáncer

La familia de Kate Middleton ha decidido romper el silencio luego del impactante diagnóstico de cáncer que ha afectado a la princesa.

En una emotiva publicación en Instagram, compartieron una foto de su infancia junto con un mensaje de apoyo: "A lo largo de los años, hemos escalado muchas montañas juntos. Como familia, escalaremos está contigo también".

Kate reveló en un valiente mensaje en vídeo que estaba recibiendo tratamiento contra el cáncer. Este diagnóstico ha sido un duro golpe para la familia real, especialmente después de que el rey Carlos también revelara estar bajo tratamiento meses atrás.

El palacio de Buckingham ha expresado su orgullo por la valentía de Kate al compartir su lucha, mientras que ella pide tiempo, espacio y privacidad para completar su tratamiento.

Las muestras de apoyo y solidaridad han inundado las redes sociales, mostrando el cariño y afecto hacia la princesa en estos momentos difíciles. Su familia y seres queridos continúan siendo su mayor apoyo durante este difícil camino hacia la recuperación.

SHORT 140 Sorprendente Parecido: El príncipe Louis Revela su lado descarado y el reflejo de William en su infancia

El parecido entre el príncipe Luis y su padre, el príncipe William, en sus rasgos faciales es sorprendente, y ambos comparten una personalidad juguetona y traviesa.

El príncipe Louis, el hijo menor de los galeses ha cumplido seis años, y la última foto compartida por el príncipe William y la princesa Kate revela un sorprendente parecido con su padre a esa edad. La imagen muestra a Louis sonriendo y relajado en el césped, lo que ha llamado la atención de los fanáticos reales, quienes no han dejado de notar su semejanza con el príncipe William en sus años más jóvenes.

A pesar de estar lejos del foco público en los últimos meses, la tradición de compartir fotografías familiares en ocasiones especiales continúa. Aunque Kate está recibiendo tratamiento de quimioterapia en este momento, ella y William no dudaron en compartir esta dulce imagen de su hijo.

El parecido entre el joven príncipe Louis y su padre se hace evidente en sus gestos y expresiones, recordando a William cuando era niño, quien también era conocido por su descaro y su naturaleza traviesa durante las apariciones públicas. Ambos han mostrado una familiaridad con el protocolo real desde una edad temprana, pero también han demostrado ser niños llenos de energía y alegría.

La imagen no solo muestra la alegría del cumpleaños de Louis, sino que también nos recuerda las similitudes entre generaciones en la familia real, destacando el vínculo especial entre padres e hijos y cómo se transmiten ciertas características a lo largo de los años.

SHORT 141 Kate Middleton es honrada con un nuevo titulo

La princesa Kate, en tratamiento contra el cáncer, es honrada con el título real de Compañera Real de la Orden de los Compañeros de Honor por el rey Carlos, destacando su dedicación al servicio público y su importancia creciente en la familia real.

La ceremonia, que tuvo lugar en el Castillo de Windsor, refleja el profundo aprecio del rey por Kate y simboliza la evolución de la monarquía británica hacia una mayor cercanía y modernización.

El reconocimiento a Kate resalta su compromiso con causas benéficas y sociales, destacando su papel crucial en la promoción del servicio público en el siglo XXI.

Además del honor a Kate, el rey Carlos también ha conferido títulos a otros miembros destacados de la realeza, como el príncipe William, subrayando el compromiso continuo de la familia real con la unidad y la estabilidad en el Reino Unido.

SHORT 142 La bebida de la reina antes de dormir

La reina tenía una tradición especial antes de acostarse: disfrutaba de una bebida alcohólica para relajarse después de un largo día de compromisos reales, según reveló su prima Margaret Rhodes. Entre sus opciones, se decía que le gustaba brindar con champán, aunque no se ha especificado qué marca prefería. Sin embargo, es probable que haya sido una de las ocho marcas de champán con autorización real, como Bollinger, Krug, Lanson y Pol Roger.

Aunque el champán era una opción, el cóctel favorito de su majestad era el 'Zaza', también conocido como Gin and Dubonnet. Según el ex chef real Darren McGrady, quien trabajó para la Familia Real durante 11 años, este glamuroso aperitivo francés era su bebida absoluta preferida. El Zaza consistía en dos partes de Dubonnet por una parte de ginebra, una combinación que también disfrutaba la reina madre.

Además de sus preferencias nocturnas, la reina también ocasionalmente disfrutaba de un vino dulce alemán con la cena, aunque Darren aclaró que esto era solo por la noche y no formaba parte de su rutina diaria. Este detalle revela un aspecto más íntimo de las costumbres y gustos de la monarca británica, que solía mantenerse reservada sobre aspectos de su vida privada.

El legado de la reina, tanto en sus deberes reales como en sus gustos personales, sigue siendo objeto de interés y admiración, y su elección de bebidas antes de acostarse agrega un toque de familiaridad y humanidad a la figura majestuosa que gobernó durante más de seis décadas.

SHORT 143 Incidente real: La tiara de la reina Isabel se rompe horas antes de su boda

La reina Isabel II vivió un momento de tensión justo antes de su boda con el príncipe Felipe el 20 de noviembre de 1947. Dos horas antes de caminar hacia el altar, la tiara que estaba destinada a adornar su cabeza, la tiara *Queen Mary's Fringe,* se rompió en dos pedazos, causando un revuelo en los preparativos de la novia. A pesar del contratiempo, la casa de joyería real Garrard intervino rápidamente y logró reparar la tiara a tiempo para la ceremonia.

La mañana de su boda, la reina Isabel estaba lista para vestirse para la ocasión. Sin embargo, cuando su peluquero colocó la tiara en su velo, el accesorio de diamantes se partió, generando preocupación entre la novia y su círculo íntimo. Afortunadamente, la reina madre pudo tranquilizar a su hija, asegurándole que tenían alternativas y tiempo suficiente para solucionar el problema antes del enlace, según informó Vogue.

Los expertos en diamantes de la casa Garrard se movilizaron rápidamente para reparar la tiara dañada, mientras la policía escoltaba la valiosa pieza hacia el taller. Con un trabajo rápido y preciso, lograron restaurar la tiara justo a tiempo para que la reina Isabel la luciera durante su boda. Este incidente destaca la importancia de las tradiciones y la meticulosidad en los preparativos reales, incluso en los momentos más inesperados.

La tiara con flecos de la reina María, prestada por la madre de Isabel para la ocasión, ha seguido siendo un símbolo de la familia real británica. Además de ser utilizada por la reina Isabel en su boda, la princesa Beatriz también honró a su abuela al usar esta tiara en su propia boda en 2020. Este gesto refleja la conexión histórica y emocional entre las generaciones de la familia real británica.

SHORT 144 ¿Por qué Catherine siempre besaba a la reina en la mejilla mientras que Meghan nunca?

Cuando Isabel II llegaba a un evento, ella y Catherine siempre compartían un momento que demostraba el alto estatus que tiene la princesa dentro de la firma. Catherine saludó a la reina y se inclinó para besarla en la mejilla en varias ocasiones.

Y es que en ocasiones los miembros de la realeza suelen romper el protocolo en público, como cuando Kate saludo a la reina con un beso en la mejilla antes de la reverencia en una exhibición en el *Chelsea Flower show*, algo que no se le vio nunca a Meghan Markle.

Los fanáticos reales han recordado como en ocasiones anteriores en las que la reina había sido saludada con beso en la mejilla por parte de otros miembros de la familia, entre los ejemplos citados se encuentran los gestos cariñosos entre el príncipe William, la reina Máxima de Holanda y la exniñera Tegy Leak.

La diferencia entre el tratamiento protocolar entre Meghan Markle y Kate Middleton también ha sido objeto de discusión, mientras Kate se sintió cómoda dándole un beso a la reina, algunos observadores recordaron que Meghan nunca tuvo la oportunidad de realizar un gesto similar durante sus años en la realeza.

Pero para muchos de nosotros como seguidores de la monarquía británica, parte del encanto de la familia real, está en su formalidad y cuando esta se pierde también se pierde su mística.

SHORT 145 Kate Middleton comparte una foto inédita de su boda en su 13º aniversario

Para celebrar su 13º aniversario de bodas, el príncipe William y Kate Middleton compartieron una conmovedora imagen en blanco y negro nunca antes vista de su boda en 2011. La pareja real decidió compartir esta fotografía inédita desde su álbum privado como un gesto especial en medio de los desafíos de la salud de Kate, quien se encuentra en tratamiento contra el cáncer.

La foto muestra a la pareja sonriendo a la cámara, capturando el momento de su matrimonio en la Abadía de Westminster. Kate luce su icónico vestido de novia de Alexander McQueen, mientras que William viste su uniforme militar. Esta imagen se suma a la historia de amor de la pareja y resalta su fuerte vínculo durante los buenos y malos momentos.

Kate ha elogiado públicamente el apoyo de William durante su batalla contra el cáncer, describiéndolo como una fuente de consuelo y tranquilidad. A pesar de los desafíos de salud, la pareja ha encontrado fuerza en su relación y en su dedicación a su familia.

A medida que William y Kate celebran este hito, también continúan con sus deberes reales. Su amor duradero y su compromiso con el servicio público continúan inspirando a muchos.

SHORT 146 De estudiante universitaria a icono real: Los momentos clave de Kate Middleton antes de la realeza

A pesar de no haber nacido en la realeza, Kate Middleton ha dejado una huella imborrable en la historia real británica. Desde sus días universitarios hasta su boda con el príncipe William, aquí hay algunos momentos destacados:

Universidad de St Andrews (2001-2005): Kate y William se conocen mientras estudian en la Universidad de St Andrews en Escocia, donde su amistad se convierte en romance.

Famoso desfile de moda (2003): Kate captura la atención de William con un icónico vestido en un desfile benéfico, marcando el comienzo de su relación amorosa.

Esquí en Klosters (2004): La pareja confirma su romance durante unas vacaciones de esquí en Suiza, donde son fotografiados juntos por primera vez.

Primera foto oficial (2005): Kate y William comparten una foto abrazados el día de su graduación en la Universidad de St Andrews, revelando su amor al mundo.

Botas hasta la rodilla (2005): Kate muestra su estilo en unas botas de montar durante una visita al Palacio de Blenheim, un regalo de William.

Recados con papá (2005): Kate se muestra relajada y casual mientras hace compras con su padre en Windsor.

Noche en la ciudad (2007): Kate disfruta de la vida nocturna londinense con su hermana Pippa, frecuentando clubes como Mahiki.

Fiesta de discoteca roller (2008): Kate sorprende con un atrevido atuendo en una fiesta benéfica de discoteca, mostrando su lado más divertido.

La boda real (2011): Kate deslumbra al mundo con su elegante vestido de novia diseñado por Sarah Burton de Alexander McQueen, marcando su entrada a la realeza británica.

Estos momentos que pueden apreciar en las redes de orlandomancini.com ofrecen una visión única de la vida de Kate Middleton antes de convertirse en parte de la familia real británica, destacando su estilo, su relación con William y su transición a la vida real.

6 Short de mayo

SHORT 147 Carole Middleton: el título real que se perderá cuando Kate se convierta en reina

Carole Middleton, madre de Kate Middleton, enfrenta una realidad especial en el contexto de la monarquía británica. Aunque su hija se convertirá en reina cuando el príncipe William ascienda al trono, Carole no tendrá el título de reina madre.

Este título se reserva para la madre del monarca actual y viuda del anterior rey. Aunque Carole será madre de una reina, al no ser miembro de la familia real, no podrá ostentar este título. Este hecho subraya la distinción entre ser parte de la realeza por nacimiento y por matrimonio.

A pesar de esto, Carole Middleton seguirá desempeñando un papel destacado en la vida de su hija Kate, su yerno el príncipe William y sus tres nietos.

En el escenario en que el príncipe William asuma el trono, la reina Camilla no será conocida como reina madre si enviuda. En lugar de ello, llevará el título de reina viuda, reservado para la consorte del rey fallecido.

No solo eso, la reina Camilla tampoco ostentará el título de reina madre si enviuda cuando el príncipe William se convierta en rey. En ese caso, será reconocida como reina viuda, un título concedido a la consorte del rey fallecido.

A pesar de que Carole Middleton, ha ocupado un lugar destacado en la atención pública debido al matrimonio de su hija Kate con el príncipe William, no obtendrá el título de reina madre una vez que William y Kate asuman los roles de rey y reina consorte.

SHORT 148 Princesa Charlotte celebra su noveno cumpleaños con una nueva foto

Una adorable imagen capturada por su madre Catherine marca el noveno cumpleaños de la princesa Charlotte, compartida por el príncipe y la princesa de Gales en las redes sociales.

Catherine, quien se encuentra recibiendo tratamiento contra el cáncer, estuvo alejada de sus deberes reales, pero se tomó un momento para inmortalizar a su hija en Windsor. La foto llega poco después de la celebración del sexto cumpleaños del príncipe Luis.

La familia real ha enfrentado recientemente controversias relacionadas con fotografías familiares editadas, pero el Palacio de Kensington asegura que esta imagen no ha sido modificada digitalmente.

Mientras Catherine continúa su recuperación tras ser diagnosticada con cáncer a principios de 2023, la familia se reúne en momentos difíciles, con el rey también recibiendo tratamiento contra el cáncer. A pesar de estos desafíos, la princesa Charlotte celebra su cumpleaños con la misma alegría y dulzura que siempre.

SHORT 149 Secretos de realeza: Los perfumes preferidos de Kate Middleton revelados

Los perfumes son una parte esencial del aura de la princesa Kate Middleton, revelando su gusto por fragancias que desprenden lujo y elegancia. Entre sus favoritos se encuentran el *Orange Blossom Cologne* de *Jo Malone London*, una mezcla vibrante de cítricos y flores que evoca la frescura de la primavera. Se rumorea que este aroma ha sido su elección diaria desde su matrimonio con el príncipe William en 2011, y su frescura ha sido elogiada por quienes han tenido el privilegio de percibirlo de cerca.

Otro perfume que ha cautivado el olfato real es el *White Gardenia Petals* de *Illuminum London*, una interpretación refinada de la gardenia blanca. Este aroma delicado, con sus notas florales y base cálida, ha sido utilizado por Kate Middleton en ocasiones especiales, siendo una elección que refleja su sofisticación y buen gusto.

El perfumista Michael Boadi, creador de esta fragancia, se siente honrado de que la princesa haya elegido su creación, destacando la exclusividad y distinción que define a Kate en su elección de perfumes.

La elección de estos perfumes revela el cuidado y la atención que la princesa Kate Middleton dedica a su imagen y presencia, utilizando fragancias que complementan su elegancia natural y su estilo impecable. Con cada esencia, Kate emana un aura de sofisticación y distinción, haciendo de estas fragancias parte integral de su identidad regia.

SHORT 150 Descubre las 11 veces que la princesa Kate canalizó a personajes icónicos de la cultura pop

Kate Middleton, la princesa de Gales, ha cautivado al mundo con su estilo único y elegante. Sin embargo, sus elecciones de moda a menudo parecen inspiradas en personajes de películas y series populares. Aquí hay una mirada a las 11 veces que la futura reina ha encarnado a personajes famosos en la cultura pop en esta primera entrega:.

Las veces que Kate Middleton encarnó personajes icónicos:

Blair Waldorf de Gossip Girl: Canalizó el estilo de la reina B con un vestido brillante de Jenny Packham, tanto en 2011 como en 2016.

Eliza Doolittle de My Fair Lady: En el Royal Ascot 2016, su look evocó la elegancia de *Eliza Doolittle* con encajes y detalles sofisticados.

Cenicienta: Kate deslumbró con un impresionante vestido azul de Phillipa Lepley, reminiscente del icónico atuendo de la princesa de cuento de hadas.

Katniss Everdeen de Los Juegos del Hambre: Durante la gira real de Bután en 2016, Kate mostró su lado valiente al practicar tiro con arco, emulando el espíritu de Katniss Everdeen.

Mia Thermopolis de El Diario de la princesa: En un evento, lució un hermoso vestido rosa de Alexander McQueen, similar al estilo de Mia Thermopolis.

NOTA: Para ver las imágenes sugerimos escanear el código QR y ver el SHORT alojado en YouTube

SHORT 151 Descubre quién es el príncipe Eduardo, el hijo menor de la reina Isabel II, y su papel en la realeza británica

El príncipe Eduardo, último hijo de la reina Isabel II y menos conocido que sus hermanos, ha desempeñado un papel discreto pero fundamental en la realeza británica. Aunque eclipsado por la atención mediática hacia sus hermanos mayores, el príncipe Carlos y el príncipe Andrés, Eduardo ha destacado por su dedicación a las obras benéficas y su servicio a la corona. Desde su trabajo con los Royal Marines hasta su compromiso con el desarrollo juvenil, Eduardo ha demostrado ser un miembro valioso de la familia real británica.

A pesar de haber nacido con títulos nobiliarios, como el Conde de Wessex y el Conde de Forfar, Eduardo ha optado por una vida discreta, enfocada en el servicio público y la promoción de causas benéficas. Junto a su esposa, la Condesa Sophie, ha trabajado incansablemente en proyectos destinados a apoyar a los jóvenes y mejorar la sociedad británica.

Recientemente, Eduardo ha sido objeto de atención pública debido a su decisión de evitar estrechar manos en eventos públicos, como parte de las precauciones durante la pandemia. A pesar de esto, su compromiso con la gente y su gratitud hacia quienes lo rodean continúan siendo evidentes. Como miembro discreto pero apreciado de la familia real, el príncipe Eduardo continúa siendo una figura importante en el futuro de la monarquía británica.

El príncipe Eduardo es el hijo menor de la reina Isabel II. Al ser prácticamente el último en la línea de sucesión al trono, nunca esperó poder convertirse en gobernante de Gran Bretaña y, por lo tanto, disfrutaba de los privilegios de un miembro de la familia real y era libre de elegir su educación y su trabajo. Al igual que su hermano mayor Charles, Edward fue a Cambridge, donde se especializó en Historia y se licenció en 1986. A la edad de 23 años, Edward se convirtió en productor.

SHORT 152 Parte 2: Kate Middleton: de la realeza a la pantalla, cómo encarnó a personajes famosos

Desde Blair Waldorf hasta Elsa de Frozen, la Princesa Kate ha demostrado ser una fuente de inspiración no solo en la moda real, sino también en la cultura pop. Descubre cómo ha canalizado a estos personajes icónicos a lo largo de los años.

Fran Walker de The Last Game in Town: En el lanzamiento de la Regata de la Copa del rey en Greenwich, Kate adoptó un look inspirado en el personaje de Elizabeth Taylor, con una blusa a rayas y pantalones azul marino.

Mildred Pierce: En el Royal Ascot, Kate lució un atuendo elegante que recordaba el estilo de la protagonista interpretada por Joan Crawford.

Frances Stevens de To Catch a Thief: Con un deslumbrante número de Alexander McQueen, Kate evocó la elegancia de la película clásica.

Emily Nelson de A Simple Favor: Con un traje completamente blanco, Kate mostró su lado sofisticado y moderno, reminiscente del estilo de Emily Nelson.

Elsa de Frozen: En el Royal Variety Performance de 2017, Kate deslumbró con un vestido azul hielo de Jenny Packham, similar al atuendo de la princesa de hielo.

Marion Ravenwood de Indiana Jones: En 2005, Kate adoptó un look que recordaba la estética de la franquicia Indiana Jones, con una chaqueta caqui que evocaba al personaje de Marion Ravenwood.

NOTA: Para ver las imágenes sugerimos escanear el código QR y ver el SHORT alojado en YouTube

SHORT 153 Descubre los 6 anillos de compromiso más lujosos de la realeza: precios asombrosos revelados

Los anillos de compromiso reales más caros clasificados

1. **Kate Middleton - $500,000:** El anillo originalmente usado por la princesa Diana, elegido por el príncipe Harry para su hermano William. Con un zafiro de 12 quilates rodeado por 14 diamantes solitarios en oro blanco de 18 quilates, ahora vale más de $500,000.

2. **Camilla, duquesa de Cornualles - $360,000:** Regalo del rey Carlos, este anillo se estima en alrededor de $360,000, con un diamante central de talla cuadrada y seis baguettes de diamantes.

3. **Zara Tindall - $250,000:** El anillo de Mike Tindall para Zara Phillips presenta un solo diamante solitario en un anillo de platino dividido, valorado en alrededor de $250,000.

4. **Meghan Markle - $150,000:** Diseñado alrededor de un diamante central de Botswana y dos de la colección de la princesa Diana, este anillo originalmente valía $150,000.

5. **Sara Ferguson - $130,000:** Aunque ya no lo use, el anillo de Sarah Ferguson,

con un rubí birmano y 10 diamantes colgantes, ahora vale más de $130,000.
6. **Princesa Beatriz - $110,000:** El anillo diseñado por Edoardo Mapelli Mozzi y Shaun Leane, con un diamante redondo de 3,5 quilates y baguettes cónicas, tiene un valor estimado de $110,000.

NOTA: Para ver las imágenes sugerimos escanear el código QR y ver el SHORT alojado en YouTube

SHORT 154 Misterio real: El vestido de coronación de la princesa Kate al descubierto

En una foto oficial de la coronación del rey Carlos III y la reina Camilla, la princesa Kate mostró un vestido con cuello en V, en contraste con el escote visto durante el servicio de coronación.

Los observadores reales se confundieron, pero el comentarista de Sky News, Alastair Bruce, explicó que Kate llevaba un "manto y collar de una dama de la Gran Cruz de la Real Orden Victoriana" en la ceremonia, que fue retirado para el retrato oficial.

Este detalle se sumó a la majestuosidad de Kate en su vestido de crepé de seda de Alexander McQueen, con bordados de plata e hilos de rosas y tréboles.

La princesa y su hija, la princesa Charlotte, coordinaron sus atuendos para la ocasión. Charlotte, lució un vestido similar al de su madre, también de Alexander McQueen.

Kate completó su look con un tocado de Jess Collett x Alexander McQueen y joyas significativas, incluyendo el collar de adorno de Jorge VI de la reina Isabel. Esta revelación aclara la incertidumbre y añade un toque de gracia a la historia real.

SHORT 155 Estos son los anillos de compromiso más caros dentro de la familia real británica

Príncipes y Zafiros: Anillos reales de ensueño

Diana Spencer - £500.000: El zafiro de Ceilán de 12 quilates en el anillo de la princesa Diana es una verdadera joya, con un valor estimado de medio millón de dólares.

Sophie, duquesa de Edimburgo - $190.000: El diamante ovalado de dos quilates rodeado por dos piedras en forma de corazón en el anillo de la condesa de Wessex es una muestra de elegancia real.

Reina Isabel II - $180.000: Con tres quilates de diamantes de una tiara familiar, el anillo de la reina Isabel II es una mezcla de valor sentimental y financiero.

Princesa Eugenia - $130.000: Siguiendo el estilo de su madre, Sarah Ferguson, el anillo de Eugenia es una combinación de rareza y precio, con un zafiro rodeado de diamantes.

Princesa Ana - £30.000: El zafiro cabujón de talla ovalada de 3 quilates en el anillo de la princesa Ana es un tributo a la lealtad y la honestidad, con un valor estimado de £25.000.

NOTA: Para ver las imágenes sugerimos escanear el código QR y ver el SHORT alojado en YouTube.

SHORT 156 Meghan Markle criticada por olvidar *'Duchess Slant'* en evento real

Meghan Markle se encuentra en el ojo del huracán después de cometer un error de etiqueta real durante una salida con el príncipe Harry y la reina.

Durante una fiesta en el Palacio de Buckingham, la duquesa de Sussex fue captada cruzando las piernas a la altura de las rodillas en lugar de utilizar el *"Duchess Slant"*, una postura preferida por Kate Middleton. Aunque Meghan se corrigió rápidamente, la crítica por no respetar el protocolo real persiste.

El *"Duchess Slant"* es una postura meticulosamente diseñada que las mujeres reales emplean para sentarse durante eventos prolongados. Manteniendo las piernas cruzadas a la altura de los tobillos y hacia un lado, esta postura se considera sofisticada y favorecedora en fotografías.

La experta en etiqueta real, Myka Meier, explica que esta técnica protege la modestia y garantiza una apariencia elegante en las imágenes.

La inclinación de la duquesa no es solo una cuestión de etiqueta, sino también de estética. La postura, al alargar visualmente las piernas y crear ángulos favorecedores, es una de las formas más elegantes de sentarse en eventos reales.

Sin embargo, Meghan Markle enfrenta críticas por no seguir esta regla, como se evidenció en una comparación viral en redes sociales donde se destacaba su postura menos elegante en contraste con Kate Middleton.

SHORT 157 Kate Middleton y los tiernos apodos del príncipe Louis

Kate Middleton compartió, durante un evento de voluntariado, un cariñoso apodo que usa para referirse al príncipe Louis. El pequeño fue llamado "muñeco" mientras participaba con entusiasmo en las actividades del día, una muestra de la cercanía entre madre e hijo.

Otro apodo que salió a relucir fue "Lou bug", que en inglés hace alusión a un "bicho" de forma afectuosa. Este detalle fue revelado durante su primer compromiso público, donde Louis destacó por su entusiasmo y disposición para colaborar, cautivando a todos los presentes.

El evento, que incluyó actividades como asar malvaviscos, reflejó el lado maternal y cercano de la princesa de Gales. Kate se aseguró de guiar a su hijo con instrucciones llenas de ternura, evidenciando la importancia del vínculo familiar en la dinámica de la realeza.

Estas muestras de afecto no solo revelan una faceta más humana de la familia real británica, sino que también subrayan su compromiso con inculcar valores como la solidaridad y el servicio comunitario en las nuevas generaciones.

SHORT 158 La reina consorte Camilla recibe una muñeca Barbie única en evento *WOW Girls Festival*

La reina Camilla recibió un regalo singular durante el evento *WOW Girls Festival*, un reconocimiento a su compromiso con la Fundación Mujeres Del Mundo (WOW).

La muñeca Barbie, una réplica fiel de la reina, causó sensación mientras Camilla bromeaba que la hacía parecer 50 años más joven. Vestida con un atuendo similar al que lució durante el evento, la muñeca capturaba cada detalle, desde su vestido azul hasta sus joyas.

La entrega de la muñeca tuvo lugar mientras Camilla pronunciaba un discurso sobre el empoderamiento femenino y la importancia de romper barreras.

Como presidenta de la fundación, compartió historias inspiradoras de mujeres que desafiaron las normas sociales para lograr un cambio significativo.

El evento, que contó con la presencia de destacadas mujeres y niñas, marcó el fin del recorrido del autobús *WOW Girls Festival* por el Reino Unido.

La iniciativa, que ha llegado a comunidades de todo el país, ha promovido la igualdad de género y ha proporcionado oportunidades para que las jóvenes exploren su potencial y sus aspiraciones.

SHORT 159 La reina Isabel y la polémica del vestido de Meghan Markle

Un nuevo libro ha revelado críticas de la difunta reina Isabel sobre el vestido de novia de Meghan Markle. Según Ingrid Seward en My Mother and I, la monarca consideró que el blanco del vestido era "demasiado puro" para una divorciada, no siendo apropiado para su boda por la iglesia con el príncipe Harry en Windsor. Estas opiniones habrían sido compartidas con Lady Elizabeth Anson, prima de la reina.

A pesar de esta percepción, la reina mostró inicialmente un gran entusiasmo por Meghan. Durante su primer té en el Palacio de Buckingham, expresó esperanzas sobre el impacto que la ex actriz podría tener junto a Harry, especialmente entre los jóvenes de la Commonwealth. Sin embargo, no todos compartían esa perspectiva positiva.

El príncipe Felipe, por ejemplo, veía paralelismos entre Meghan y Wallis Simpson, la mujer que llevó a Eduardo VIII a abdicar. Según Seward, Felipe encontraba "extraño" cómo Meghan le recordaba a la controvertida figura histórica, siendo uno de los pocos en mostrarse escéptico.

SHORT 160 El duelo de la moda entre Kate y Meghan

Las elecciones de moda de la princesa Kate y la duquesa Meghan revelan dos estilos divergentes que reflejan sus trayectorias y personalidades únicas.

Mientras Kate Middleton se aferra a una estética británica tradicional, Meghan Markle trae un toque moderno y sofisticado influenciado por su pasado como actriz en Hollywood.

Desde sus primeros días como novia de William, Kate ha optado por una moda británica clásica, mientras que Meghan, con su introducción a la realeza a una edad más madura, ha exhibido una sensibilidad de moda más contemporánea.

La influencia de Middleton en el mundo de la moda se ha solidificado, con su capacidad para agotar productos instantáneamente, creando lo que se conoce como el "Efecto princesa", mientras que Meghan ha creado su propio impacto en la industria, conocido como "El efecto Meghan".

SHORT 161 El inesperado significado detrás del accesorio de boda de 5 millones de Zara Tindall

Cuando Zara Tindall contrajo matrimonio con el jugador de rugby Mike Tindall, cautivó a todos al lucir una tiara de un valor estimado en 5 millones, cargada de historia y simbolismo. En lugar de optar por un accesorio tradicional de su madre, la princesa Ana, Zara eligió la tiara Meander, un tesoro familiar que rinde homenaje a su linaje. Esta pieza, heredada de la princesa Alicia de Battenberg, madre del príncipe Felipe, fue un regalo de bodas para la reina Isabel II en 1947.

El diseño clásico y el legado de la tiara Meander la convierten en una joya única. Según Deborah Papas, experta en joyería de Prestige Pawnbrokers y conocida por su participación en *Posh Pawn* de Channel 4, el valor de esta diadema podría alcanzar los 5 millones, una cifra impresionante que resalta su exclusividad y trascendencia histórica.

Zara y Mike se unieron en matrimonio el 30 de julio de 2011 en Canongate Kirk, Edimburgo, y celebraron su recepción en el Palacio de Holyroodhouse, residencia oficial de la realeza en Escocia. La elección de Escocia como escenario fue un guiño a los vínculos personales de Zara con esta región, así como a los recuerdos entrañables de Balmoral junto a su abuela, la reina Isabel II. La ceremonia, bendecida por un día soleado, contó con miles de espectadores en las calles y un grupo selecto de invitados, incluidos miembros de la realeza y figuras destacadas del deporte y el entretenimiento.

SHORT 162 Diez reglas y leyes que la familia real puede saltarse

La vida de la familia real británica está rodeada de protocolos y tradiciones, pero también disfrutan de una serie de privilegios y ventajas que les permiten romper ciertas reglas sin enfrentar repercusiones legales. Aquí las primeras 5 reglas.

Inmunidad legal: El monarca británico, como jefe de estado, no puede ser arrestado ni ser objeto de procedimientos civiles o penales, lo que significa que está efectivamente exento de la ley. Esta inmunidad también se extiende a ciertos miembros de la familia real.

Límites de velocidad: En casos de conducción oficial, la familia real no tiene que obedecer los límites de velocidad legales. Cuando son conducidos por la policía en asuntos oficiales, pueden conducir tan rápido o tan lento como lo deseen, ya que sus vehículos están exentos de seguir las normas de velocidad.

Pasaportes: El rey Carlos no necesita pasaporte para viajar. Todos los pasaportes del Reino Unido se emiten en nombre del monarca, por lo que no requiere un documento de identidad para viajar internacionalmente.

Licencia de conducir: A la realeza británica no se les exige tener licencia de conducir. Aunque algunos miembros pueden conducir, no necesitan pasar exámenes de conducir ni obtener una licencia, ya que todas las licencias en el Reino Unido se emiten en nombre del monarca.

Apellidos: Los miembros de la familia real no están obligados a usar sus apellidos legales. Aunque técnicamente tienen apellidos, como "Mountbatten-Windsor", no están obligados a usarlos en situaciones públicas o privadas.

Nota: La mayoría de estos privilegios no se extiende a otros miembros de la familia real, solo a algunos de la primera línea y en su mayoría el monarca actual goza de estos privilegios.

SHORT 163 El secreto de Kate Middleton para no sudar en situaciones desafiantes deja perplejos a muchos

¿Cuál es el secreto de la princesa de Gales Kate Middleton que la mantiene sin sudar incluso durante las hazañas más desafiantes? En su reciente caminata de tres horas en Bután junto al príncipe William, la duquesa demostró una resistencia impresionante, dejando a todos maravillados con su aparente falta de esfuerzo.

Acompañada por su esposo, ascendió a la cima de un acantilado sin mostrar ni una pizca de sudor, desafiando las expectativas convencionales de la actividad física. Mientras William se esforzaba, Kate parecía tan fresca como siempre, lo que dejó a muchos preguntándose cuál es su secreto para mantenerse tan impecable en cualquier situación.

La habilidad de Kate para cambiar rápidamente de atuendo se suma a su aura de elegancia sin esfuerzo, mientras se aventura por las montañas sin una sola gota de sudor visible. Su extraordinario cuerpo libre de grasa, además de los ejercicios regulares, también se debe a que domina el arte del cambio rápido de ropa.

¿Cuál es su secreto para mantenerse tan impecable en cualquier situación?

¿Es esto parte del entrenamiento real? ¿O simplemente un talento natural?

SHORT 164 Fotografías inéditas de la realeza deslumbran al público

Imágenes nunca vistas de la familia real británica han salido a la luz, ofreciendo una visión íntima de su historia. Entre ellas, destacan retratos de la reina Isabel, la princesa Margarita y otros miembros en momentos significativos de sus vidas, como en 1964, cuando varias madres reales posaron con sus recién nacidos.

Estas fotografías, tomadas por Lord Snowdon, permanecieron privadas por décadas y ahora se exhiben en el Palacio de Buckingham.

La exposición incluye 150 retratos que abarcan un siglo, como un conmovedor retrato familiar de 1943 con el rey Jorge VI y sus hijas, tomado durante la Segunda Guerra Mundial. Otro destaca a la joven Isabel como coronel de la Guardia de Granaderos en 1942, mostrando su temprano papel en el esfuerzo bélico.

Uno de los retratos más celebrados es el de la princesa de Gales, Kate Middleton, posando en un vestido de Alexander McQueen para su 40 cumpleaños, capturado por Paolo Roversi. Este retrato ha sido descrito como "un momento de pura alegría".

La exposición retratos reales: un siglo de fotografía estuvo en la King's Gallery ofreciendo una mirada única a la vida pública y privada de la monarquía británica y ahora a través de nuestras redes puede ver estas instantáneas.

NOTA: Para ver las imágenes sugerimos escanear el código QR y ver el SHORT alojado en YouTube.

SHORT 165 Parte 2: Reveladas: 10 reglas y leyes que la familia real británica puede romper sin consecuencias

Desde la inmunidad legal hasta la exención de impuestos, la familia real del Reino Unido tiene una serie de prerrogativas que les permiten desviarse de las normas comunes sin consecuencias legales. Aquí te presentamos una lista de otras reglas y leyes que pueden romper sin enfrentar juicios ni multas.

Custodia de nietos: El rey Carlos tiene la custodia legal de sus nietos. Esta regla de 300 años otorga al monarca la custodia legal automática de todos sus descendientes y sus nietos menores, aunque es poco probable que separe a los niños de sus padres.

Exención de impuestos: La familia real está exenta de pagar impuestos en ciertos casos. Aunque no están legalmente obligados a pagar impuestos, algunos miembros realizan pagos voluntarios sobre ingresos y activos que no se utilizan para fines oficiales.

Servicio de jurado: Los miembros de la realeza están exentos del servicio de jurado. En casos normales, evadir el servicio de jurado en el Reino Unido resulta en una multa, pero para la familia real inmediata, no se requiere este servicio.

Cumpleaños duplicados: El monarca británico suele celebrar dos cumpleaños. Además de su cumpleaños real, el rey Carlos celebra una ceremonia pública oficial de cumpleaños para aumentar la probabilidad de buen tiempo para el desfile anual Trooping the Colour en junio.

Exención de la ley de libertad de información: La monarquía está exenta de la Ley de Libertad de Información. La Casa Real no es considerada una autoridad pública según esta ley, lo que les permite mantener cierta privacidad sobre sus deberes y finanzas.

SHORT 166 La fortuna del rey Carlos III: Ascenso en la lista de ricos del *Sunday Times*

La reciente lista de ricos del *Sunday Times* ha revelado que la fortuna del rey Carlos III asciende a 777 millones de dólares, ubicándolo en el puesto 258 de la clasificación. Este año, su riqueza aumentó en 19 millones en comparación con 2023.

A pesar de esta impresionante suma, el monarca británico se encuentra por debajo de figuras como el ex primer ministro del Reino Unido Rishi Sunak y su esposa Akshata Murty, cuya fortuna se ha incrementado significativamente hasta 1000 millones, colocándolos en el puesto 245.

Por encima de Carlos III también se encuentra el músico Sir Paul

McCartney, quien ha alcanzado el estatus de multimillonario, siendo el primer músico británico en hacerlo. Su fortuna de 1.280 mil millones lo coloca en el puesto 165, muy por encima del rey. McCartney, de 81 años, ha visto un aumento considerable en su riqueza gracias a giras y el lucrativo valor de su catálogo musical.

A la cabeza de la lista, se encuentra el empresario Gopi Hinduja y su familia, con una asombrosa fortuna de 47.4 mil millones, la más alta jamás registrada en la historia de la lista. Esta inmensa riqueza demuestra la disparidad dentro del ranking, donde incluso una fortuna de 777 millones, como la del rey Carlos III, parece modesta en comparación.

La posición del rey Carlos III en la lista del *Sunday Times* subraya tanto su notable riqueza personal como su relativa posición entre otros multimillonarios británicos. Aunque no encabeza la lista, sigue siendo una de las figuras más ricas y destacadas de Gran Bretaña.

SHORT 167 Comparaciones reales: Sophie, duquesa de Edimburgo, y la princesa Diana

Sophie, duquesa de Edimburgo, a menudo es comparada con la princesa Diana debido a sus notables similitudes en estilo, elegancia y compromiso con sus deberes reales.

Similitudes:

Ambas rubias y trajes elegantes: Conocidas por sus icónicos mechones rubios y su sentido del estilo.

Los trajes empoderados estaban de moda en los años noventa: Ambas lucieron trajes de tono verde menta.

Sophie al volante: Recordó a todos las veces que Diana se puso al volante.

Días de boda: Ambas hicieron su saludo real durante la procesión del carruaje el día de su matrimonio.

Glamur real en eventos: Sophie en la boda de la princesa Marta Luisa de Noruega y Diana en la Royal Opera House de Londres.

El rojo es su color: Fotos muestran a ambas luciendo espectaculares en rojo.

Sombreros monocromáticos en Trooping the Colour: Ambas usaron elegantes sombreros.

Pantalones cortos de ciclista: Ambas se ven bien en ropa deportiva.

Vestido blanco clásico y elegante: No hay nada mejor que un vestido blanco elegante.

Visitas con pañuelos en la cabeza: Diana en un hospital en Pakistán y Sophie en un templo sij en Londres.

Combinación de colores con la reina Isabel II: Ambas tuvieron momentos de coordinación de colores.

Patrocinio del ballet: Diana con el Ballet Nacional Inglés y Sophie con la Escuela Central de Ballet.

Trabajo benéfico global: Diana y Sophie han realizado labores benéficas en todo el mundo.

Instinto maternal: Diana era famosa por su instinto maternal y Sophie comparte esa cualidad.

Amor y devoción por sus hijos: Fotos muestran su amor y devoción maternal.

NOTA: Para ver las imágenes sugerimos escanear el código QR y ver el SHORT alojado en YouTube.

SHORT 168 Controversia real: Retrato de Kate Middleton en Tatler deja a fans desconcertados

Un nuevo retrato de la princesa de Gales en la portada de Tatler ha generado una ola de críticas. La obra, creada por Hannah Uzor, busca homenajear la "fuerza y coraje" de Kate Middleton, pero ha dejado a muchos seguidores de la realeza británica desconcertados y perplejos.

El retrato muestra a Kate con un majestuoso vestido blanco y su icónica tiara Lover's Knot. A pesar de estos elementos, muchos fanáticos afirman que la imagen no se parece a la princesa de Gales. Un usuario indignado comentó: "No se parece en nada a Catherine. Sin ese vestido, no sabría quién es".

El fondo verde azulado, inspirado en los ojos de Kate y su amor por el remo, ha sido uno de los pocos aspectos apreciados. Uzor defendió su obra, mencionando que se inspiró en el reciente discurso de Kate sobre su diagnóstico de cáncer, intentando capturar un momento de coraje y sinceridad.

Esta controversia destaca el desafío de representar a figuras públicas queridas. La intensa reacción subraya la dificultad de capturar la verdadera esencia de la princesa de Gales en un solo retrato.

NOTA: Para ver las imágenes sugerimos escanear el código QR y ver el SHORT alojado en YouTube.

SHORT 169 Revelan la dura postura de la reina Isabel sobre Camilla Parker Bowles

Una nueva biografía de Tom Bower desvela la verdadera opinión de la reina Isabel sobre el romance entre su hijo, el príncipe Carlos, y Camilla Parker Bowles. Según el libro, tras la muerte de Diana en 1997, Carlos confrontó a su madre, quien, tras varios martinis, fue brutalmente honesta.

La reina Isabel, según Bower, no solo rechazó la relación, sino que llamó a Camilla "esa mujer malvada" y expresó que no perdonaría su adulterio ni su interferencia en el matrimonio de Carlos y Diana. Esta dura reacción dejó a Carlos profundamente afectado, llegando a llorar tras la conversación.

A pesar del apoyo de la princesa Margarita y otros, la relación entre Isabel y Camilla siguió siendo tensa. No fue hasta después de la muerte de la reina Madre en 2002 que la postura de la monarca comenzó a suavizarse, permitiendo finalmente que Carlos y Camilla se casaran en 2005, aunque sin el consentimiento de la Iglesia de Inglaterra.

Con el tiempo, la reina Isabel acepto a Camilla, invitándola a eventos oficiales y compartiendo intereses comunes, como su amor por los caballos. Este cambio mostró una evolución en la relación, aunque marcada por años de conflicto y controversia.

SHORT 170 Kate Middleton y la tinta: La princesa de Gales y sus coqueteos con el tatuaje

Kate Middleton, la princesa de Gales, ha demostrado que incluso la realeza puede divertirse con la tinta, aunque sea temporalmente. Durante una visita a un distrito artístico local en 2018, Kate sorprendió a todos con un tatuaje de henna. Este diseño semipermanente se desvaneció en días o semanas, pero dejó una impresión duradera sobre su espíritu aventurero y moderno.

La estricta etiqueta real generalmente desalienta los tatuajes visibles, aunque no existe una prohibición oficial. Esto deja una puerta abierta para los fanáticos de la realeza que sueñan con ver a Kate con un tatuaje permanente algún día.

La evidencia sugiere que, aunque es improbable, no es imposible. Algunos miembros de la familia real han desafiado discretamente las normas y han exhibido sus tatuajes en público.

La prima del príncipe William, la princesa Eugenia, mostró un pequeño tatuaje en el Jubileo de la reina en 2022, generando un gran revuelo. Se especula que el círculo detrás de su oreja podría ser un homenaje a su abuela, la reina Isabel II. Este gesto sutil pero significativo sugiere que la realeza puede llevar tatuajes con un profundo simbolismo personal.

Otra notable en la escena de los tatuajes reales es Lady Amelia Windsor, quien tiene varios diseños visibles, incluyendo un tigre en su omóplato y alas en su caja torácica. Aunque está más lejos en la línea de sucesión, su elección de llevar tinta muestra una evolución en la aceptación de tatuajes dentro de la familia real británica. Con estos precedentes, quizás algún día veamos a Kate Middleton adoptando un diseño permanente.

SHORT 171 Las reglas ocultas del protocolo real: sombreros y tiaras al descubierto

¿Sabías que los sombreros en la familia real son más que un simple accesorio de moda? Desde hace décadas, los elaborados sombreros se han convertido en un símbolo de estatus entre las mujeres de la realeza. Aunque hoy en día su uso se ha restringido a eventos formales, esta tradición tiene raíces profundas en la etiqueta real. Hasta los años 50, era casi impensable ver a una dama real sin sombrero en público, ya que mostrar el cabello se consideraba inapropiado.

La tradición del vestido de novia real, sometido a la aprobación del monarca reinante, es un símbolo arraigado en la monarquía británica. Esta práctica, iniciada por la reina Victoria, establece normas estrictas sobre el color, las mangas y el escote del vestido. Aunque algunos puedan cuestionar su relevancia en la sociedad actual, este ritual continúa siendo una parte crucial de las ceremonias reales, representando la conexión con la herencia histórica y el respeto por las tradiciones monárquicas.

En cuanto a las preferencias de manicura de la realeza, se destaca la tendencia hacia tonos transparentes y neutros en uñas cortas y con forma cuadrada. Esta apariencia clásica y pulcra se considera atemporal y adecuada para la realeza, reflejando un estilo refinado y sofisticado que ha sido una constante en la imagen pública de la familia real.

Un ejemplo emblemático de esta práctica es la elección de la reina Isabel, quien se decantaba regularmente por el tono rosa pálido Ballet Slipper de Essie. Este esmalte, que ha sido su favorito desde 1989, ha sido una opción consistente para la monarca, quien prefiere mantener un estilo discreto y elegante en cada aspecto de su apariencia.

La reina Isabel II ha dejado claro su punto de vista sobre el vello facial en la familia real británica, revelando su aversión hacia las barbas en general. A pesar de algunas excepciones, como durante despliegues militares, la monarca espera que los miembros de la realeza mantengan una apariencia impecable y bien afeitada en la vida cotidiana.

La reina Isabel II, conocida por sus opiniones firmes sobre el protocolo real y la apariencia, ha expresado públicamente su desaprobación hacia el vello facial, particularmente en el ámbito de la realeza. Aunque reconoce excepciones, como la aceptación de las barbas durante despliegues militares o expediciones en la naturaleza, la monarca espera que los miembros de la familia real mantengan una apariencia impecable y bien afeitada en la vida cotidiana.

Solo a los niños mayores se les permiten los pantalones largos en la familia real, y si los pequeños no son suficientemente maduros deben usar pantalones cortos y esto se impone hasta los 8 años.

SHORT 172 Normas de protocolo no escritas en la familia real

Echemos un nuevo vistazo de forma más breve a las reglas del protocolo real, esas normas que, escritas o no, definen el comportamiento de la familia más observada del mundo. Desde la obligación de usar pantimedias en eventos oficiales hasta la cuidadosa selección del color en los trajes, cada detalle refleja una mezcla fascinante de tradición y modernidad que ha guiado a la realeza británica a lo largo de los años.

1. Los miembros de la realeza deben llevar un traje negro en viajes anticipando situaciones de duelo repentino como lo establece la tradición.

2. El uso de las pantimedias es altamente recomendado, aunque no es obligatorio se sugiere su adhesión a la etiqueta real.

3. Las tiaras son reservadas para eventos formales y mujeres casadas, simbolizando estatus y compromiso matrimonial.

4. El uso de guantes, aunque no es muy común hoy solían ser el estándar para prevenir la propagación de gérmenes reflejando preocupación por la higiene, ya que miembros de la realeza suelen saludar a decenas de personas cada día.

5. Vestimenta apropiada en los funerales, aunque no es una regla oficial, vestir de negro durante los funerales es una tradición que expresa respeto y solo se usa ese color en los momentos de luto.

6. Una de las características distintivas de un evento real son los grandes y elaborados sombreros que usan las mujeres. Hasta la década de 1950 era raro ver una mujer sin sombrero, pero todo eso cambió y ahora son reservados para ocasiones más formales.

7. El vestido de una novia real debe ser aprobado por el monarca reinante antes de su boda, siguiendo ciertas normas de estilo y color.

8. Los miembros de la realeza tienen prohibido usar esmaltes de uñas brillantes y evitar los colores intensos.

9. Aunque el príncipe Harry desafía la norma con su barba pelirroja, la reina Isabel siempre expresaba su aversión por el bello fácil en los miembros de la realeza.

10. Solo los niños mayores se les permiten los pantalones largos y si los pequeños no son suficientes mente maduros no deben utilizar sino pantalones cortos.

SHORT 173 Los secretos del vestido de novia de Diana

Cada detalle del icónico vestido de novia de la princesa Diana sigue asombrando al mundo, desde sus intrincados bordados hasta los secretos ocultos que solo se revelaron con el tiempo. Su elección de diseño no solo marcó una tendencia, sino que también dejó una huella imborrable en la moda nupcial real. A medida que se acercan los aniversarios de su vida, estos detalles continúan fascinando a admiradores y expertos por igual.

Vestido de repuesto: Diana tenía un segundo vestido diseñado para emergencias, aunque desapareció misteriosamente del estudio de los diseñadores.

Tafeta y perlas: Confeccionado en tafetán marfil, el vestido estaba adornado con 10,000 perlas y lentejuelas, valorizándolo aún más.

Cuadrado de encaje histórico: Incluía un encaje *Carrickmacross* que alguna vez perteneció a la reina María, conectando a Diana con la historia real.

Amuleto de herradura: En el interior del vestido, los diseñadores colocaron un amuleto de herradura de oro de 18 quilates como símbolo de buena suerte.

Velos majestuosos: Su impresionante velo de tul, de 153 yardas, era incluso más largo que la cola de 25 pies del vestido.

SHORT 174 La ola de apoyo que Kate nunca imaginó: Decenas de miles de cartas diarias

Kate Middleton, la princesa de Gales, ha sido abrumada por una ola de apoyo sin precedentes desde que se anunció su diagnóstico de cáncer. ¡Decenas de miles de cartas llegan diariamente a la oficina de correos real, deseándole una pronta recuperación!

El Palacio de Kensington ha revelado que las oficinas reales están lidiando con una avalancha de tarjetas y mensajes conmovedores de simpatizantes de todo el mundo. Voceros de Palacio han enfatizado que las salidas de Kate no deben confundirse con una señal de su bienestar, ya que todavía necesita tiempo para recuperarse.

El equipo de la Oficina de Correos de la Corte se ha sentido profundamente conmovido por el volumen de afecto que Kate ha recibido. A pesar del desafío que supone gestionar tal cantidad de correspondencia, se esfuerzan por responder a cada carta.

Ponerse en contacto con la Familia Real es fácil. Solo debe escribir a la dirección: Buckingham Palace London, SW1A1AA y dirigir su carta al miembro que desee. ¡Con suerte, recibirá una respuesta! El Palacio recibe más de 100 mil cartas al año, y un equipo dedicado responde a cada una de ellas.

SHORT 175 Descubre los 4 secretos ocultos en los bolsos de Kate Middleton

La princesa de Gales, Kate Middleton, es famosa por su estilo impecable y su impresionante colección de bolsos. Sin embargo, lo que realmente sorprende es lo que lleva dentro de estos accesorios de alta costura. Un autor real ha revelado que Kate siempre lleva solo cuatro artículos esenciales en sus bolsos, priorizando la practicidad.

Uno de los elementos que nunca falta en el bolso de Kate es el papel secante. Esta herramienta le permite mantener su rostro libre de brillo en cualquier momento, asegurándose de estar perfecta para las cámaras que siempre la siguen. Este pequeño detalle demuestra la atención al detalle y la preparación constante de la princesa.

Además del papel secante, Kate siempre lleva un espejo compacto. Este artículo, común en la mayoría de los bolsos, es fundamental para que la princesa pueda retocarse rápidamente y asegurarse de que su apariencia sea impecable en todo momento. La combinación de estos dos artículos muestra su enfoque en la imagen pública.

Los dos últimos elementos son un bálsamo labial y un pañuelo. El bálsamo labial es esencial para mantener sus labios hidratados y listos para cualquier ocasión. El pañuelo, ya sea de tela o desechable, asegura que nunca sea sorprendida por un estornudo inoportuno. Estos artículos reflejan la mezcla perfecta de elegancia y practicidad que define a Kate Middleton.

SHORT 176 Parte 2: Secretos del vestido de boda de Diana, descubre los detalles ocultos

El vestido de novia de la princesa Diana es un emblema de elegancia y misterio, con detalles fascinantes que reflejan su impacto duradero en la moda nupcial real. Desde los secretos bien guardados por sus diseñadores hasta los pequeños toques personales que lo hicieron único, este vestido ha inspirado a generaciones. Al explorar estos aspectos, descubrimos cómo Diana transformó su día especial en un evento histórico.

Zapatos personalizados: Los zapatos de seda, decorados con 542 lentejuelas y 132 perlas, tardaron seis meses en fabricarse.

Mancha de perfume: El día de su boda, Diana accidentalmente derramó perfume Quelques Fleurs en su vestido, ocultando la mancha de manera ingeniosa.

Caja fuerte de diseño: Los diseñadores instalaron una caja fuerte en su estudio para proteger los secretos del vestido de los medios.

Vestido con historia: Según el testamento de Diana, el vestido fue heredado por sus hijos, el príncipe William y el príncipe Harry.

Tradición nupcial: Diana siguió la tradición de "algo viejo, algo nuevo, algo prestado, algo azul" con detalles especiales en su vestido.

Paraguas a juego: Los Emanuel diseñaron un paraguas con perlas y encaje a juego para Diana en caso de lluvia, aunque no era impermeable.

SHORT 177 La "royal más bella" del Reino Unido: Un nuevo giro profesional salvaje

Lady Amelia Windsor, reconocida como la "Royal más bella del Reino Unido", ha sorprendido al público al iniciar una carrera en el mundo de la jardinería. La joven de 28 años, nieta del duque de Kent y prima segunda del rey Carlos, ha sido contratada por *Storm Model Management* y también se ha convertido en escritora independiente sobre jardinería.

Amelia está trabajando en un proyecto emocionante: un terreno de flores silvestres que se exhibió en el prestigioso *Chelsea Flower Show* de 2024. En su Instagram, Amelia compartió su entusiasmo y honor por ser parte del equipo del primer jardín de *Kent Wildflower Seeds*, acompañando sus palabras con una foto suya entre narcisos.

El rey Carlos, conocido por su amor por la jardinería, parece haber sido una fuente de inspiración para Amelia. Carlos ha dejado una huella notable en *Sandringham Estate y Highgrove House*, promoviendo métodos de agricultura orgánica y medidas para fomentar la vida silvestre. Amelia sigue los pasos del monarca, combinando su glamur y estatus real con una pasión por la naturaleza.

A pesar de no ser una royal activa, Amelia disfruta de una vida de lujo, desde hoteles de cinco estrellas hasta su residencia en Notting Hill. Ha modelado para D&G y diseñado una línea de moda, ganándose su apodo de "It girl" y siendo una habitual de la semana de la moda de Londres. Su carrera multifacética y su vida diaria siguen cautivando a sus seguidores en las redes sociales, donde comparte destellos de su vida y sus proyectos.

7 Shorts de junio

SHORT 178 Las normas reales que rigen la vida de la familia británica

Los miembros de la familia real británica deben seguir estrictas normas de etiqueta y conducta. Desde el saludo correcto hasta la elección del vestuario, cada detalle está cuidadosamente regulado.

Normas Reales

Saludo al rey: Todos deben ponerse de pie cuando el monarca está de pie o cuando entra y sale de una habitación. Este gesto muestra respeto y reconocimiento a su autoridad.

Reverencias: Hombres deben inclinar la cabeza y las mujeres hacer una reverencia sutil al saludar al monarca. Este acto simboliza la deferencia y respeto a su posición.

Herederos separados: Para preservar el linaje al trono, dos herederos no pueden viajar juntos. A partir de los 12 años, el príncipe George deberá volar separado de su padre, el príncipe William.

Sin PDA (PDA es un acrónimo en inglés que significa *Public Display of Affection*, o muestras públicas de afecto): Las muestras públicas de afecto están mal vistas, especialmente en viajes oficiales. Los miembros de la realeza deben mantener una conducta digna y evitar incomodar a culturas más conservadoras.

Fiestas nupciales infantiles: Las bodas reales incluyen damas de honor y pajes niños. Esta tradición asegura que la atención se centre en la pareja real y mantiene un aire de inocencia y tradición.

Ramos con mirto: Las novias reales llevan mirto en sus ramos como símbolo de amor y esperanza. Esta costumbre se remonta a la princesa Victoria y es seguida por todas las novias reales desde entonces.

SHORT 179 Parte 2 Las normas reales que rigen la vida de la familia británica

Las tradiciones y protocolos reales dictan la vida cotidiana de la familia real británica. Estas reglas aseguran la continuidad y el respeto por las costumbres establecidas.

Normas Reales

Matrimonio y religión: Hasta 2011, la realeza no podía casarse con católicos según la Ley de Conciliación de 1701. Ahora pueden casarse con cualquier persona de cualquier fe, siempre con la aprobación del monarca.

Sin apodos: Se espera que la realeza sea dirigida por sus nombres completos y títulos formales. Este protocolo subraya la seriedad y el respeto hacia su posición y rol público.

Vestimenta modesta: Los miembros de la realeza deben vestirse con modestia, evitando apariencias atrevidas. La princesa Diana era conocida por usar su bolso para cubrir el escote al salir del coche.

Trucos de estilo: Para evitar fallos de vestuario, la reina cosía pesos en sus faldas. Esta práctica previene que la ropa se levante con el viento, asegurando siempre una apariencia digna.

Servicio militar: Aunque no obligatorio, se espera que los miembros de la realeza sirvan en el ejército. Tradicionalmente, también visten sus uniformes militares el día de su boda como símbolo de honor y servicio.

Prohibidos mariscos: Los mariscos no se sirven en las comidas reales para evitar intoxicaciones. Esta medida preventiva asegura la salud de los miembros de la realeza y sus invitados.

Palabras prohibidas: Algunas palabras no se usan en el lenguaje real y tienen sustitutos más formales. Por ejemplo, "inodoro" se llama "lavabo" y se pide disculpas con "perdón" en lugar de "disculpa".

SHORT 180 El reloj Cartier 'Ballon Bleu' de Kate Middleton: Elegancia atemporal en la muñeca real

Kate Middleton, la duquesa de Cambridge, es conocida por su impecable sentido de la moda y su amor por las piezas clásicas. Desde 2014, ha lucido con orgullo el reloj *Ballon Bleu de Cartier*, un regalo de su esposo William por su tercer aniversario de bodas. Este reloj no solo es un símbolo de su estilo, sino también de su duradera relación.

El *'Ballon Bleu de Cartier'* es una pieza de lujo elaborada en acero inoxidable con un diseño distintivo. Presentado por primera vez en 2006, el reloj cuenta con una esfera opalina plateada con números romanos y manecillas azules en forma de espada. Su caja redondeada y elegante recuerda a un globo inflado, de ahí su nombre.

Kate prefiere la talla de 33 mm, que se adapta perfectamente a su muñeca y le da un toque de sofisticación sin ser ostentosa. Este reloj, valorado en 6,178 dólares se ha convertido en una extensión de su estilo personal, reflejando su gusto por la discreta elegancia y su aprecio por las piezas atemporales.

El reloj de Kate no solo es una joya de diseño, sino también una reliquia familiar que podría transmitirse de generación en generación. Este detalle refuerza su conexión con la tradición y el patrimonio, elementos que siempre han sido importantes para la familia real británica. La duquesa ha sido vista con este reloj en numerosas ocasiones, demostrando su versatilidad y durabilidad.

SHORT 181 Kate Middleton deslumbra con las joyas de la reina Isabel: Vea las icónicas piezas

Kate Middleton, ahora princesa de Gales, ha sido vista luciendo las icónicas joyas de la difunta Reina Isabel II en eventos importantes.

Entre las joyas más destacadas que ha usado Kate se encuentran:

Gargantilla de perlas y diamantes: Una impresionante pieza de cuatro hilos con cierre de diamantes, usada en ocasiones solemnes como el funeral del príncipe Felipe en 2021.

Pendientes de perlas de Bahréin: Delgadas gotas de diamantes y perlas, lucidas en eventos como el Jubileo de Platino y el Día del Recuerdo.

Triple hilo de perlas: Un collar clásico de tres vueltas, usado por Kate en una recepción estatal. Era una de las joyas más usadas por la reina.

Pendientes de perlas y diamantes: Sencillos pero llamativos aretes de dos gotas, usados por la reina durante su Jubileo de Plata en 1977 y frecuentemente por Kate.

Alfiler de diamantes y perlas: Un broche con forma de hoja que la reina Isabel usó por primera vez en Corea en 1999, y que Kate ha elegido para varios eventos significativos.

SHORT 182 El trozo de pastel de boda real más caro jamás vendido

l trozo de pastel de boda de William y Kate se vendió por $7,500 en una subasta, superando todas las expectativas. Este icónico pastel tiene una historia fascinante que vale la pena recordar.

Este pastel de frutas, servido en su boda en 2011, había sido inicialmente valorado en $2,000. La creación, diseñada por la pastelera Fiona Cairns, tardó cinco semanas en elaborarse y fue la pieza central de la recepción en el Palacio de Buckingham.

La majestuosa tarta, de ocho niveles, estaba cubierta de glaseado blanco y crema, y decorada con 900 delicadas flores de pasta de azúcar. Kate Middleton deseaba que el pastel reflejara el "lenguaje de las flores", incorporando 17 tipos diferentes de follaje, cada uno con un significado especial. Esta obra maestra culinaria no solo deslumbró a los invitados, sino que también se convirtió en una pieza de colección.

El postor que adquirió la porción recibió el trozo de pastel en una lata especialmente encargada, acompañada de una tarjeta de felicitación de los príncipes. Este pastel ha demostrado ser un tesoro duradero, a pesar de que otros pasteles reales, como el de la boda de la princesa Diana, no mantuvieron su valor con el tiempo.

Kate y William conservaron parte de su pastel de bodas, sirviéndolo en los bautizos de sus hijos en 2013, 2015 y 2018. Esta tradición muestra no solo la calidad duradera del pastel, sino también la importancia de mantener recuerdos significativos a lo largo de los años.

SHORT 183 El príncipe William y su secreto universitario: ¿Quién era Steve?

¿Por qué el príncipe William adoptó un nombre diferente en la universidad y cuál era? Según varios informes, William intentó mantener su identidad en secreto para vivir una experiencia universitaria normal. Decidió usar un nombre falso para evitar ser el centro de atención.

Oficialmente, estaba registrado como William Wales. El nombre que eligió fue Steve. Durante su tiempo en la Universidad de St Andrews, William y Kate se mudaron a una casa compartida con otros dos compañeros.

En una ocasión, la casera dudó en aceptarlos. Ella mencionó: "Habíamos tenido problemas con algunos chicos y no queríamos más inquilinos jóvenes. Sin embargo, Kate sabía quién era realmente William, oculto bajo el nombre de Steve.

Le dije a esta joven que no queríamos más chicos, y ella respondió: '¿Y si te dijera que es el príncipe William?'". Esta revelación cambió la decisión de la casera y permitió que William viviera más cómodamente bajo su alias.

SHORT 184 Parte 2: Revelan las joyas más impresionantes que Kate Middleton heredó de la reina Isabel

Las 12 joyas que Kate Middleton luce en honor a la reina Isabel II. Estas piezas no solo son símbolos de la realeza, sino también recuerdos llenos de historia y significado.

Entre las joyas más destacadas que ha usado Kate se encuentran:

Collar Nizam de Hyderabad: Un regalo de bodas a la reina de un dignatario indio, prestado a Kate en varias ocasiones.

Pulsera de boda de Edimburgo: Hecha de una tiara familiar desmantelada, fue un regalo de bodas del príncipe Felipe a la reina y usada por Kate en varias ocasiones.

Pendientes de zafiro de Dubai: Prestados a Kate para una noche de cine en 2021, parte de un conjunto de zafiros regalado a la reina Isabel por el jeque Rashid de Dubai en 1979.

Broche de hoja de arce: Usado por la reina en eventos canadienses y prestado a Kate durante su primer viaje de estado a Canadá en 2011.

SHORT 185 Victoria Beckham se venga: Meghan y Harry humillados

Victoria Beckham ha tomado una contundente venganza contra Meghan Markle, dejando a los duques de Sussex humillados. La serie documental de los Sussex en Netflix ha sido eclipsada por la de los Beckham, acumulando 208.500.000 horas vistas en 2023, frente a las 72.900.000 horas de Harry y Meghan.

La estrecha amistad entre los Beckham y la familia real ha sido sólida durante años, pero se ha deteriorado con los Sussex. David Beckham, ahora embajador de caridad principal por parte del rey Carlos, muestra su alianza con la realeza británica. La supuesta acusación de Harry a David sobre filtraciones marcó el inicio de las grietas en su relación.

El desaire hacia Harry y Meghan fue evidente cuando David invitó al príncipe William y Kate a la boda de su hijo Brooklyn en 2022, excluyendo a los Sussex. Este gesto fortaleció la relación de los Beckham con William y Kate, mientras Meghan dejó de usar los diseños de Victoria, y Kate comenzó a lucirlos con más frecuencia.

Sarah Hewson, editora real de Talk TV, afirmó que distanciarse de Harry y Meghan ha beneficiado a David. La designación de David como embajador de la *King's Foundation* por parte del rey Carlos consolidó aún más su posición en la realeza británica.

SHORT 186 Parte 3: Revelan las joyas más impresionantes que Kate Middleton heredó de la reina Isabel

Las 12 joyas que Kate Middleton luce en honor a la reina Isabel II. Desde gargantillas de perlas hasta deslumbrantes broches, Kate rinde homenaje a la reina en cada aparición.

Pendientes de borla esmeralda: Con esmeraldas en las borlas, usados por Kate en visitas formales como su viaje a Jamaica.

Pendientes de lágrima de diamantes: Una incorporación reciente a la colección de la reina, usados por Kate en eventos tanto informales como formales.

Broche de perlas: Conocido cariñosamente como el broche "duquesa de Cambridge", usado por Kate en su primer retrato oficial con el príncipe William.

Tiara Cambridge 'Nudo del amante': La tiara que favorece a Kate está más asociada con su difunta suegra, la princesa Diana, pero la reina también fue vista con ella con frecuencia durante la década de 1950 antes de recurrir a otros estilos.

SHORT 187 Se pronuncia Kate Middleton y pide disculpas por perderse desfile militar

La princesa de Gales Catherine Middleton quien recibió quimioterapia preventiva, escribió a un regimiento del ejército para disculparse por perderse un desfile militar, añadiendo que esperaba volver muy pronto.

Ser su coronel sigue siendo un gran honor y lamento no poder recibir el saludo de este año, escribió Kate en una carta al jefe del regimiento de la guardia irlandesa. Por favor transmitan mis disculpas a todo el regimiento. Sin embargo, puedo espero poder representarlos a todos muy pronto.

Así lo escribió la princesa de Gales en una carta fechada el 3 de junio de

2024 y publicada en la plataforma de redes sociales X por la guardia irlandesa del regimiento.

El saludo al regimiento del ejército se lleva a cabo una semana antes de un desfile de alto perfil, para conmemorar el cumpleaños del monarca que son parte de las celebraciones de Trooping the Colour. Kate es el coronel de la guardia irlandesa que participa en el evento.

SHORT 188 Kate Middleton rompe cinco reglas reales en su boda con el príncipe William

Kate Middleton, ahora princesa de Gales, desafió varias tradiciones reales el día de su boda con el príncipe William el 29 de abril de 2011. Esta boda, que capturó la atención del mundo, también rompió cinco protocolos reales establecidos, demostrando la influencia moderna de Kate en la monarquía.

La primera regla rota: Roles claves para familiares

El príncipe Harry y Pippa Middleton tuvieron papeles prominentes en la boda, algo inusual en bodas reales. Harry fue el padrino de William y Pippa, la dama de honor de Kate, roles típicos de bodas más informales.

La segunda regla rota: Luna de Miel Atrasada

En lugar de irse inmediatamente de luna de miel, Kate y William pasaron una noche en el Palacio de Buckingham. Al día siguiente, volaron a las Seychelles, rompiendo con la tradición de partir inmediatamente.

La tercera regla rota: Vestido de Pippa

Pippa Middleton lució un vestido blanco hasta el suelo, diseñado por Sarah Burton de Alexander McQueen. Tradicionalmente, solo la novia debe vestir de blanco, pero Kate eligió romper con esta convención.

La cuarta regla rota: El Peinado de Kate

Kate decidió llevar su cabello suelto con rizos suaves, en lugar de recogido como la realeza lo prefería. Este estilo personal era también el favorito de William, mostrando la preferencia personal sobre la tradición.

La quinta regla rota: Ella se maquilló.

Kate se maquilló ella misma en su día especial, optando por un look natural. Esto contrasta con la tradición real de emplear maquilladores profesionales, destacando su deseo de autenticidad en su apariencia.

SHORT 189 Trooping the Colour: Tradición y pompa real

Trooping the Colour es un desfile anual que marca el cumpleaños oficial del monarca británico. Esta impresionante ceremonia se celebra en Londres, reuniendo a miles de tropas, músicos y caballos en una espectacular muestra de disciplina y boato. La tradición se remonta a 1760 y se ha convertido en un evento esencial del calendario real.

El evento se realiza cada junio, aunque la fecha varía. Desde el Palacio de Buckingham hasta *Horse Guard's Parade,* alrededor de 1.600 soldados, 400 músicos y más de 200 caballos participan en el desfile. La familia real se une a la celebración, desfilando en carruajes y a caballo, culminando con una aparición en el balcón del palacio para presenciar un vuelo aéreo de la RAF.

El desfile destaca por su pompa y ceremonia, con la Guardia Irlandesa teniendo el honor de liderar en 2024. Trooping the Colour no solo celebra el cumpleaños del monarca sino también fortalece los lazos entre la realeza y el público, atrayendo a miles de espectadores que se alinean en la avenida Mall para disfrutar del evento.

Trooping the Colour, además, incluye una salva de varios disparos en Green Park, aumentando la majestuosidad de la celebración. Este evento no solo es un homenaje al monarca, sino una muestra del orgullo y la tradición militar británica.

SHORT 190 ¿Por qué William tardó en proponer a Kate matrimonio?

Tras años de noviazgo, muchos se preguntaban por qué la pareja no había dado el siguiente paso. El príncipe William ha dado finalmente una explicación sobre la prolongada espera.

El ahora príncipe de Gales y Kate Middleton estuvieron juntos durante ocho años antes de su espectacular boda en 2011. En una entrevista con ITV, William reveló que quería asegurarse de que ambos estuvieran preparados para el compromiso matrimonial. "Estoy tratando de aprender de las lecciones que aprendí en el pasado, y sólo quería darle la mejor oportunidad de adaptarse y ver qué sucede en el otro lado," confesó.

La propuesta finalmente ocurrió el 20 de octubre de 2010, durante una escapada romántica a Kenia. El príncipe eligió una cabaña en una reserva de vida silvestre como el escenario perfecto para este momento especial. A pesar de haber discutido el matrimonio anteriormente, William sintió que ese era el momento adecuado.

William compartió que la decisión de proponer en África tenía un significado especial. "Me sentí muy bien preguntando en África. Y había hecho un poco de planificación para compartir mi lado romántico," añadió. Esta planificación y el lugar elegido demostraron el profundo amor y consideración que tenía por Kate, culminando en un momento inolvidable.

SHORT 191 ¡Kate Middleton regresa triunfante en Trooping the Colour!

La princesa Kate ha confirmado su regreso al *Trooping the Colour*, el desfile en honor al cumpleaños oficial del rey Carlos. Kate compartió en un comunicado su gratitud por el apoyo recibido durante los últimos meses, describiéndolo como un pilar fundamental para ella y el príncipe William en momentos difíciles.

"Estoy progresando mucho, pero como cualquiera que esté pasando por quimioterapia sabrá, hay días buenos y días malos", dijo Kate. "En esos días malos te sientes débil y cansado, pero en los días buenos, quieres aprovechar al máximo el bienestar". Kate, quien anunció su diagnóstico en marzo de 2024, ha estuvo alejada de sus deberes reales mientras recibía tratamiento.

El retorno de Kate a *Trooping the Colour* prometía silenciar las especulaciones y teorías sobre su ausencia. La princesa expresó su entusiasmo por asistir al desfile con su familia y participar en eventos públicos durante el verano, aunque reconoció que aún enfrenta un camino de recuperación. "Estoy deseando asistir al desfile del cumpleaños del rey con mi familia y espero participar en algunos eventos públicos durante el verano", afirmó.

"Estoy aprendiendo a ser paciente, tomando cada día como viene y permitiéndome tomar este tiempo tan necesario para sanar", concluyó Kate.

Los seguidores de la princesa estarán sin duda emocionados por su regreso, viendo en ella una fuente de inspiración y fortaleza en tiempos de adversidad.

SHORT 192 La emotiva reaparición de Kate en el balcón del palacio de Buckingham

La princesa Kate hizo una aparición deslumbrante luciendo radiante con un vestido blanco de la diseñadora Jenny Packham. Complementó su atuendo con un sombrero blanco de Philip Treacy y el distintivo broche del regimiento de la guardia irlandesa del cual es coronel.

Aunque su asistencia alegró a los asistentes y seguidores en el desfile, fuentes cercanas han confirmado que esto no significa que Kate retomara su agenda oficial. Su participación en eventos públicos solo se reanudará cuando los médicos le den la luz verde definitiva.

A pesar de su impresionante apariencia surgieron rumores y teorías conspirativas. Algunos sugieren que la imagen de Kate podría tratarse de un doble lo que aumenta aún mas las especulaciones sobre su salud y ausencia prolongada.

La valentía de Kate al asistir al desfile ha sido aplaudida por muchos, pero también ha dado pie a más controversias y teorías. Sin embargo, su elegancia y presencia en el evento fueron innegables demostrando una vez su fortaleza y compromiso con sus deberes reales.

SHORT 193 Kate Middleton deslumbra en Trooping the Colour

Kate Middleton ha vuelto a la escena pública en el desfile *Trooping the Colour*, luciendo un impresionante traje blanco con detalles negros, diseñado por Jenny Packham. Su atuendo, acompañado de un sombrero blanco y negro de Philip Treacy, capturó todas las miradas y destacó su inigualable sentido de la moda.

Con el cabello recogido en un elegante moño bajo y un maquillaje impecable, Kate apareció radiante, mostrando una gran sonrisa a pesar de los desafíos recientes. Su presencia, tras anunciar en marzo su tratamiento contra el cáncer, fue un soplo de esperanza y fortaleza para muchos.

Los accesorios de la princesa también fueron seleccionados con esmero: una cartera de mano negra, pendientes de perlas y el emblemático anillo de compromiso completaron su look. El broche del regimiento de la Guardia Irlandesa, del cual es coronel, añadió un toque personal y significativo a su atuendo.

A pesar de su enfermedad, Kate no renunció a los atuendos blancos, demostrando su compromiso con la elegancia y la tradición real. Este regreso, aunque no indica una reanudación completa de su agenda oficial, fue un poderoso mensaje de resiliencia y estilo.

SHORT 194 Emotiva foto familiar: Kate capta un tierno momento del Día del Padre

En una conmovedora muestra de amor familiar, los príncipes de Gales han publicado una nueva fotografía para celebrar el Día del Padre. La imagen, tomada por la princesa Kate, muestra a William abrazando a sus tres hijos, el príncipe George, la princesa Charlotte y el príncipe Louis, mientras miran al mar en una playa.

La foto, publicada en la cuenta de Instagram del Palacio de Kensington, vino acompañada de un mensaje lleno de cariño: "Te amamos, papá. Feliz Día del Padre. G, C y L". Este gesto ha tocado los corazones de muchos seguidores de la familia real, especialmente tras la reciente lucha de Kate contra el cáncer.

El regreso de Kate a la vida pública, capturando momentos tan íntimos, ha sido un rayo de esperanza y fortaleza. La princesa, que sigue en tratamiento, ha demostrado una vez más su resiliencia y dedicación a su familia.

Aunque la foto ha generado una ola de emociones positivas, también ha despertado comentarios de escépticos que cuestionan la autenticidad de la imagen, alimentando teorías sobre su salud y su prolongada ausencia.

SHORT 195 El evento más extravagante de la realeza británica: El Royal Ascot

Cada año, en junio, el hipódromo de Ascot se convierte en el epicentro del glamur y la alta sociedad británica con la celebración del Royal Ascot. Fundado en 1711 por la reina Ana, este evento no solo es una cita obligada para los amantes de las carreras de caballos, sino también para aquellos interesados en la moda y la tradición. Asistir a Royal Ascot es sumergirse en una experiencia única, donde la elegancia y la etiqueta son indispensables.

Cómo Acceder al recinto real: Exclusividad y distinción

El Royal Enclosure es la zona más exclusiva del evento, accesible solo para aquellos con invitación. Conseguir un pase implica tener conexiones, cartas de referencia y un estatus social elevado. Durante el día inaugural, solo los miembros y sus invitados pueden acceder, asegurando un ambiente de máxima distinción. Los días siguientes, los miembros pueden invitar a dos personas, pero la exclusividad sigue siendo la norma.

Código de Vestimenta: Elegancia y tradición

El código de vestimenta en el Royal Ascot es estricto. Los hombres deben llevar un traje de mañana completo con chaleco y sombrero de copa. Las mujeres, por su parte, deben lucir vestidos de corte modesto y sombreros con una base mínima de cuatro pulgadas. Se permiten pantalones y monos, siempre que se usen con chaquetas o blusas a juego. Este riguroso *dress code* no solo mantiene la tradición, sino que también añade un toque de sofisticación al evento.

Extravagancias y Glamour: La moda en el Royal Ascot

Más allá de las carreras, el Royal Ascot es un desfile de moda y extravagancia. Los asistentes lucen atuendos que van desde lo chic hasta lo atrevido, con una mezcla de colores brillantes y estampados florales. Los sombreros son una pieza clave, con diseños que van desde lo clásico hasta lo más vanguardista. Este evento es una plataforma para la expresión personal y la creatividad en la moda, haciendo que cada día sea un espectáculo visual tanto en la pista como en las gradas.

SHORT 196 El príncipe Eduardo y Sofía celebran 25 años de amor y compromiso

El príncipe Eduardo y Sofía, duquesa de Edimburgo, celebraron un hito muy especial: su 25º aniversario de bodas. El hermano menor del rey Carlos III propuso matrimonio en 1999 con un anillo de compromiso de diamantes ovalados de dos quilates, valorado en 133,000 dólares creado por el joyero real británico Garrard. La propuesta tuvo lugar después de cinco años de noviazgo durante unas vacaciones en las Bahamas, un gesto romántico que marcó el comienzo de su vida juntos.

La pareja vive mayormente fuera del foco de atención con sus dos hijos, Lady Louise Windsor y James, vizconde de Severn. Eduardo, de 60 años, y Sofía, de 59, han logrado mantener una vida familiar estable, siendo el único de los hijos de la difunta reina Isabel II que no se ha divorciado. A diferencia del príncipe, Sofía proviene de un origen humilde, siendo hija de un vendedor de neumáticos y una secretaria, y trabajaba en relaciones públicas cuando conoció a Eduardo en 1987.

Se casaron el 19 de junio de 1999 en la Capilla de San Jorge del Castillo de Windsor, en una ceremonia mucho más discreta que las bodas de los hermanos mayores de Eduardo. Optaron por una luna de miel en Balmoral, Escocia, en lugar de un destino lujoso en el extranjero. Esta elección reflejó su preferencia por una vida más privada y familiar.

Eduardo y Sofía han decidido no usar los títulos de SAR para sus hijos, presentándolos simplemente como hijos de un conde. Sofía ha expresado su deseo de que sus hijos entiendan la importancia del trabajo, diciendo que es probable que tengan que ganarse la vida por sí mismos. Esta decisión subraya los valores de humildad y esfuerzo que han inculcado en su familia.

SHORT 197 Lady Louise Windsor: La nieta de la reina gana salario mínimo en centro de jardinería

Lady Louise Windsor, la nieta de la reina Isabel II, ha dejado a todos asombrados al trabajar en un centro de jardinería por 9 dólares la hora. A sus 18 años, mientras esperaba los resultados de sus exámenes de nivel A, que le aseguraron una plaza en la Universidad de St Andrews, Louise asumió este humilde trabajo. Sus tareas incluían atender las cajas, saludar a los clientes y cuidar plantas, demostrando una sorprendente modestia para alguien en la línea de sucesión al trono.

Un comprador comentó: "Sabía que la crisis del costo de vida era mala, pero nunca pensé que vería a una nieta de la reina trabajando en un centro de jardinería". Otro cliente quedó impactado por la amabilidad y disposición de Louise, diciendo: "Es una joven realmente modesta y dulce, educada y atenta con los clientes. Parecía que le encantaba el trabajo". La percepción de ver a un miembro de la realeza en un trabajo de salario mínimo ha causado una gran impresión entre los clientes del centro.

Louise trabajó varios días a la semana desde que terminó sus exámenes en junio. A pesar de su posición privilegiada, ha optado por una vida más normal, siguiendo el ejemplo de sus padres, el príncipe Eduardo y Sophie Wessex. Aunque viven en una mansión de 38 millones en Bagshot Park, Surrey, los padres de Louise han decidido no usar títulos de SAR para sus hijos, prefiriendo que sean conocidos como hijos de un conde.

SHORT 198 Kate revela tierno homenaje

La princesa Kate compartió una conmovedora foto del príncipe William con sus hijos para conmemorar su 42 cumpleaños. La imagen, tomada por Kate, muestra a William en la playa con el príncipe George, la princesa Charlotte y el príncipe Louis, todos saltando juntos desde una duna de arena. La foto fue subida a la cuenta oficial de Instagram del príncipe y la princesa de Gales, acompañada de un mensaje: "¡Feliz cumpleaños papá, todos te queremos mucho! Cx".

La Familia Real también celebró el cumpleaños de William compartiendo una adorable foto en blanco y negro de él cuando era bebé, en brazos del rey Carlos. La foto, tomada en el Palacio de Kensington en 1983, muestra a un joven Carlos mirando amorosamente a su hijo. El mensaje que acompañaba la foto decía: "¡Feliz cumpleaños al príncipe de Gales!", acreditado al Royal Collection Trust.

Esta no es la primera vez que Kate comparte fotos familiares en momentos especiales. En el Día del Padre, publicó otra imagen de William con sus hijos en la misma playa, mostrando al trío disfrutando del sol y la arena. Estas muestras de afecto subrayan la cercanía de la familia y el fuerte vínculo entre ellos.

Las publicaciones de Kate y la familia real no solo celebran el cumpleaños de William, sino que también muestran solidaridad en tiempos difíciles. Con ambos, el rey Carlos y la princesa Kate, enfrentando tratamientos de cáncer, estas imágenes traen un rayo de esperanza y normalidad en medio de los desafíos actuales.

SHORT 199 William baila con Taylor Swift

El *Taylor Swift Eras Tour* arrasó en Londres, pero el verdadero espectáculo fue ver al príncipe William bailando entre la multitud. Los fanáticos quedaron atónitos al verlo disfrutando del concierto en Wembley junto a sus hijos. Un fan compartió en redes sociales un vídeo del príncipe sincronizando los labios con la letra de "Shake it Off", que rápidamente obtuvo más de 60.000 visitas en TikTok.

William, acompañado por el príncipe George, la princesa Charlotte y el príncipe Louis, lucía relajado con una camisa abotonada y chaqueta, el mismo atuendo que usó para una foto con Taylor Swift. La imagen, subida a su Instagram oficial, mostró al príncipe posando junto a Taylor y sus hijos, lo que desató una ola de comentarios positivos de los seguidores.

El concierto coincidió con el cumpleaños del príncipe, y su esposa Kate compartió una foto de William y sus hijos saltando en la playa. Los fanáticos reaccionaron con mensajes de cariño y admiración, destacando la dedicación de William a su familia. Una persona comentó: "Diana estaría muy orgullosa del padre que es William. Él pone a la familia en primer lugar".

Además del príncipe William, el concierto contó con la presencia de otros famosos como Nicola Coughlan y Jonathan Van Ness. Taylor Swift también recibió el apoyo de su novio, el jugador de la NFL Travis Kelce. La amistad entre Taylor y William se remonta a 2013, cuando cantaron juntos en una gala benéfica, un momento que el príncipe aún recuerda con cariño y humor.

SHORT 200 Aromas reales: Los perfumes favoritos de la realeza británica

En el amor, la fragancia lo es todo. Es el aroma que permanece en la memoria, evocando momentos preciosos. Desde la reina Isabel hasta Meghan Markle, los miembros de la realeza han elegido perfumes que encapsulan romance y tradición, convirtiéndose en parte integral de sus historias de amor.

La reina Isabel ha sido fiel a los aromas tradicionales de rosa y clavel, una elección que simboliza el amor puro. Su perfume de boda en 1947, con notas de estas flores, acompañó su unión con el príncipe Felipe, un matrimonio que ha perdurado por más de siete décadas, siendo testigo de innumerables historias familiares.

Diana, princesa de Gales, optó por una fragancia nupcial que combinaba bergamota, pomelo, miel blanca y vainilla, reflejando su dulzura y calidez. Estas notas acompañaron su icónica boda con el príncipe Carlos en 1981, dejando una estela de recuerdos románticos en la memoria colectiva.

Kate Middleton, la princesa de Gales, eligió un perfume floral para su boda con el príncipe William en 2011. Los tonos de lirio, jazmín y ylang-ylang llenaron el aire de romance y serenidad, simbolizando un amor que florece y se mantiene en el tiempo.

La más reciente en unirse a esta tradición es Meghan Markle, duquesa de Sussex. Para su boda con el príncipe Harry en 2018, Meghan eligió una fragancia con bergamota de Calabria, jazmín mariposa blanca y sándalo. Aunque no se ha revelado el perfume exacto, estas notas hablan de un romance moderno y apasionado.

SHORT 201 Diana y Chanel: La verdad oculta

¿Por qué la princesa Diana se negó a usar Chanel? La moda de Diana sigue siendo una inspiración décadas después de su trágico fallecimiento en 1997. Era conocida por lucir varias marcas caras y su estilo icónico sigue siendo emulado. Su separación del entonces príncipe Carlos fue provocada por su relación con Camila Parker Bowles.

Quizás te preguntes: "¿Diana realmente evitó Chanel?" Sí, aunque lució Chanel en ocasiones, posteriormente se negó a usar la famosa marca. Su razón estaba profundamente ligada a su dolor personal y a su tumultuosa relación con Carlos y Camila.

Diana utilizó algunas piezas de Chanel a finales de los 80 y principios de los 90. Sin embargo, rechazó la marca debido a su icónico logo de dos C entrelazadas. El logo le recordaba constantemente los nombres de Carlos y

Camila, un doloroso símbolo de su traición.

El diseñador Jayson Brundson reveló a Harper's Bazaar que Diana rechazó unos zapatos Chanel, diciendo: "No puedo usar C unidas, la doble C. Son Camila y Carlos". Esta revelación nos muestra cómo una marca tan prestigiosa podía evocar recuerdos tan dolorosos para la querida princesa.

SHORT 202 ¿Cómo rompen el protocolo las mujeres reales?

¿Cuáles son las reglas que las mujeres de la realeza no deberían romper? A pesar de las estrictas normas impuestas, algunas de las figuras más destacadas de la familia real han decidido desafiarlas en diversas ocasiones. Desde Kate Middleton hasta Meghan Markle, estos momentos de ruptura de protocolo no han pasado desapercibidos.

Kate Middleton, la princesa de Gales, ha sido vista en varias ocasiones rompiendo el protocolo real. Un ejemplo notable fue durante el servicio de Pascua de 2022, cuando lució un esmalte de uñas rojo oscuro, desafiando la preferencia por tonos neutros que se espera en ocasiones oficiales. A pesar de que las mujeres de la realeza pueden usar esmalte, deben optar por colores naturales.

Meghan Markle también ha tenido sus momentos de desafío. En los *British Fashion Awards* de 2018, lució un vestido de Givenchy combinado con esmalte de uñas rojo intenso, algo que se supone debe evitarse. La duquesa de Sussex no es la única; la difunta princesa Diana también optó por tonos brillantes de esmalte de uñas tras su divorcio del rey Carlos, destacando su "vestido de venganza" con uñas rojas.

Sofía, la duquesa de Edimburgo, ha sido vista en numerosas ocasiones usando esmalte de uñas de colores llamativos, como bayas y rosas. Estos ejemplos de Kate, Meghan, Diana y Sofía muestran cómo incluso las figuras reales pueden elegir la moda sobre el protocolo en ciertos momentos, desafiando las normas tradicionales y añadiendo un toque personal a sus apariciones públicas.

SHORT 203 La princesa Diana casi cancel su boda con Carlos un mes antes del enlace

Un mes antes de su boda con el entonces príncipe Carlos, la princesa Diana estuvo a punto de cancelar el enlace. Según la biógrafa real Ingrid Seward, fue el conde Spencer, padre de Diana, quien la convenció de seguir adelante. Los eventos en la fiesta del 21 cumpleaños del príncipe Andrés en el Castillo de Windsor precipitaron la crisis. Carlos, recién llegado de un viaje, se mantuvo distante durante la velada, lo que desanimó a Diana.

Durante la fiesta, Diana esperaba ansiosamente compartir un baile con Carlos, pero él pasó la noche socializando con otros invitados. Sentirse ignorada llevó a Diana a bailar frenéticamente con varios hombres y, finalmente, sola. Según Seward, un lacayo observó a Diana perdida en sus pensamientos y visiblemente agotada. A las 5:30 am, Diana, desesperada y decidida a cancelar la boda, se dirigió a la casa de su padre en Northamptonshire.

Earl Spencer quedó consternado al escuchar los planes de su hija y trató de calmarla. Le recordó que romper el compromiso tan cerca de la boda sería un grave error. Además, le recordó a Diana sus sueños de convertirse en princesa de Gales. Tras expresar su angustia y dudas, Diana finalmente aceptó continuar con el compromiso, creyendo aún en los finales felices a sus 19 años.

La intervención de su padre resultó crucial para la decisión final de Diana. Aunque dudosa, su deseo de ser princesa y su esperanza en un futuro mejor la llevaron a seguir adelante con la boda. Este episodio revela las tensiones previas al matrimonio que marcaría la historia de la realeza británica.

SHORT 204 Realeza en vilo: Kate Middleton volverá a la final masculina de Wimbledon

Los fanáticos de Kate Middleton y la realeza están de beneplácito con el anuncio de la nueva aparición de la princesa de Gales. El Palacio de Kensington confirmó en su momento que Kate asistiría a la final masculina de Wimbledon, generando gran expectativa y alegría entre sus seguidores lo que finalmente ocurrió.

La noticia de que Kate, patrocinadora del *All England Lawn Tennis & Croquet Club* (AELTC), estará presente en el torneo de tenis fue recibida con entusiasmo. A pesar de su tratamiento contra el cáncer, la princesa decidió animar a los jugadores en este prestigioso evento, mostrando su inquebrantable espíritu.

El regreso de Kate a la vida pública ha sido gradual. Fue vista por última vez en el desfile *Trooping the Colour* el 15 de junio, junto al príncipe William. Su presencia en Wimbledon no solo celebró el deporte, sino también su valentía y compromiso con sus deberes reales.

La princesa Kate actualizó sobre su salud un mes antes del tornero, afirmando que se siente más fuerte cada día. Su regreso a Wimbledon es un testimonio de su determinación y ha sido motivo de alegría y esperanza para muchos.

SHORT 205 Vestidos y recuerdos de la princesa Diana se subastan por millones en una venta histórica en California

El misterio y la expectativa rodean la reciente subasta en California, donde se vendieron objetos pertenecientes a la familia real británica. Entre ellos, vestidos y notas personales de la difunta princesa Diana. Esta subasta se promocionó como la colección más extensa de pertenencias personales de Diana desde su propia subasta benéfica en 1997.

Uno de los puntos culminantes fue un vestido magenta de Victor Edelstein, usado por Diana en Londres y Alemania en 1987, que se vendió por 910.000 dólares. Este precio fue cuatro veces y media su estimación inicial. Edelstein también diseñó el famoso vestido azul marino que Diana usó para bailar con John Travolta en la Casa Blanca en 1985.

Otro vestido destacado fue un diseño strapless azul medianoche de Murray Arbeid, usado por Diana en 1986 y en la Royal Opera House en 1987. Este vestido se vendió por 780.000 dólares, casi cuatro veces su precio estimado. Además, un vestido camisero de seda rosa floral de Catherine Walker, usado por Diana en varias ocasiones, se vendió por 444.500 dólares. Parte de las ganancias beneficiarán a *Muscular Dystrophy UK*.

La subasta incluyó más de 20 cartas manuscritas de Diana, muchas dirigidas a Maud Pendrey, ex ama de llaves de la familia Spencer. Una carta escrita en 1984, cuando Diana estaba embarazada de Harry, se vendió por 44.450 dólares, casi 15 veces su estimación inicial.

Martin Nolan, cofundador de Julien's Auctions, destacó que los resultados demuestran la continua admiración por Diana. La venta refleja no solo su impacto en la moda, sino también su calidez y humanidad. Esta subasta histórica reafirma a Diana como una de las figuras más queridas e inspiradoras del mundo.

SHORT 206 El acto desinteresado de Harry: ¿Por qué Meghan Markle no lleva el anillo de zafiro de Diana?

El emblemático anillo de compromiso de zafiro de la princesa Diana, ahora en la mano de Kate Middleton, pudo haber terminado en manos de Meghan Markle. La historia detrás de este famoso anillo revela un acto desinteresado del príncipe Harry.

Tras la trágica muerte de Diana en 1997, Harry eligió el anillo de zafiro, mientras que William optó por el reloj Cartier de su madre. Sin embargo, en 2010, cuando William decidió proponerle matrimonio a Kate, Harry le ofreció el anillo a su hermano, diciendo: "¿No sería apropiado que ella tuviera el anillo de mamá?".

El sacrificio de Harry permitió que el anillo de Diana se convirtiera en una pieza central en el compromiso de William y Kate. Este gesto no solo muestra la generosidad de Harry, sino también su deseo de mantener viva la memoria de su madre en el trono de Inglaterra.

En 2017, Harry le propuso matrimonio a Meghan Markle con un anillo que incorporaba dos diamantes de la colección personal de Diana, asegurando así su presencia en su vida matrimonial.

SHORT 207 La emotiva razón detrás de las pulseras del príncipe Harry: Un tributo permanente a la princesa Diana

El príncipe Harry siempre es visto con pulseras significativas en su muñeca. Un accesorio constante es un brazalete de plata que ha llevado durante 20 años. Su aparición en la Light Academy en Nigeria no fue una excepción.

El brazalete de plata fue adquirido por Harry en su primer viaje a África tras la muerte de su madre, la princesa Diana. Este viaje le brindó un refugio de normalidad y serenidad. El brazalete representa este periodo crucial en su vida.

A lo largo de los años, Harry ha combinado el brazalete de plata con otras pulseras, incluso en su boda con Meghan Markle. En 2016, él y Meghan desataron rumores de romance al lucir pulseras azules a juego.

Además de las pulseras, Harry lleva un collar con los latidos del corazón de sus hijos, un regalo de Meghan. Este collar también fue protagonista de una pelea física con su hermano William, según reveló en su libro "Spare".

8 Short de julio

SHORT 208 El Último cumpleaños de Diana: Recuerdos del príncipe Harry y la última reunión familiar

¿Sabías que en 2024 la princesa Diana habría cumplido 63 años? La "princesa del pueblo" sigue siendo recordada y amada por muchos, incluso décadas después de su trágica muerte.

El último cumpleaños de Diana, el 1 de julio de 1997, fue un día especial. Recibió una llamada de su hijo, el príncipe Harry, que estaba en la escuela. Harry y sus compañeros de clase le cantaron "Feliz Cumpleaños" por teléfono, un gesto que Diana atesoró.

Ese mismo día, Diana asistió a la celebración del centenario de la *Tate Gallery* en Londres, luciendo un deslumbrante vestido negro de cuentas diseñado por Jacques Azagury. Fue un regalo de cumpleaños que se convirtió en uno de sus looks más icónicos. Fue también la última vez que su hermano, Charles Spencer, la vio.

A pesar de su trágico final, el legado de Diana vive en sus hijos y nietos. El príncipe William mantiene viva su memoria hablando constantemente de ella con sus hijos, George, Charlotte y Louis, asegurándose de que siempre recuerden a su abuela.

SHORT 209 ¿Crees que los príncipes se dan un festín de manjares todos los días? ¡Nada más alejado de la realidad!

Muchos piensan que el príncipe William y el príncipe Harry disfrutan diariamente de banquetes de cinco estrellas, pero su ex chef real, Darren McGrady, reveló que sus gustos son mucho más sencillos. McGrady compartió que los príncipes preferían platos tradicionales ingleses y comida reconfortante, como pastel de carne, croquetas de pescado y espaguetis con albóndigas.

Darren McGrady también mencionó que los príncipes amaban los postres sencillos, especialmente los que contenían plátano. Flan de plátano, helado de plátano y cualquier cosa con este ingrediente eran sus favoritos. "Puede que sean de la realeza, pero tienen el paladar de un niño", comentó McGrady.

William ha pasado estos gustos a sus hijos. En su hogar, Kate cultiva verduras y prepara comidas familiares. William también es fanático del restaurante de pollo peri-peri Nando's, y en su casa disfrutan de comidas caseras como pasta con queso.

SHORT 210 Divorcios reales: De Carlos y Diana a Margarita y Antony, los más sonados de la historia

Los divorcios de la familia real británica siempre capturan la atención mundial. Desde el rey Carlos hasta la princesa Ana y la princesa Margarita, estas separaciones han sido muy publicitadas y llenas de detalles intrigantes.

El más conocido es el de Carlos y Diana, casados en 1981 y separados en 1992. Su divorcio fue anunciado oficialmente por el primer ministro John Major en la Cámara de los Comunes. La reina, apoyada por el duque de Edimburgo, consideró un divorcio temprano como deseable para ambos, priorizando siempre la crianza de sus hijos.

La princesa Ana y el capitán Mark Phillips se casaron en 1973 y anunciaron su separación en 1989, finalizando el divorcio en 1992. La confirmación oficial de su separación mencionaba que no había planes inmediatos de divorcio, aunque finalmente se concretó. Posteriormente, Ana se casó con el vicealmirante Sir Timothy Laurence.

El príncipe Andrés y Sarah Ferguson anunciaron su separación en 1992, divorciándose formalmente cuatro años después. El Palacio de Buckingham confirmó su separación "amistosa", pidiendo respeto y privacidad durante el proceso.

Finalmente, la princesa Margarita y Antony Armstrong-Jones terminaron su matrimonio de 18 años en 1978. Aunque inicialmente no había planes de divorcio, se concretó dos años después. La declaración de Antony mostraba respeto y admiración por la familia real, incluso después de la separación.

SHORT 211 El vestido de la 'venganza': Diana rompe protocolo y deslumbra al mundo

La princesa Diana utilizó una táctica inesperada para vengarse del entonces príncipe Carlos tras su confesión de infidelidad con Camilla. Diana rompió el protocolo real en un evento en 1994.

La noche en que Carlos admitió su romance con Camilla Parker-Bowles, Diana apareció con un atrevido vestido negro en una cena en la Serpentine Gallery. Este vestido, conocido como el "vestido de la venganza", dejó a todos sin aliento.

Diseñado por Christina Stambolian, el vestido mostraba un escote pronunciado y una abertura hasta el muslo. Diana, con su elegancia y seguridad, se convirtió en el centro de atención, enviando un mensaje claro al mundo.

Diana solo usó el vestido de Stambolian esa noche porque el diseñador rival Valentino había filtrado que la princesa exhibiría uno de sus diseños. Este dato adicional resalta la astucia de Diana en su elección de vestuario.

El gesto de Diana no solo fue un acto de venganza, sino una declaración de independencia y poder. A pesar de la traición, Diana demostró ser una figura fuerte y resiliente.

SHORT 212 El juego prohibido en la familia real: ¿Por qué no pueden jugar Monopoly?

En la familia real británica, ciertos juegos de mesa están prohibidos debido a su potencial para generar disputas. Uno de estos juegos es el clásico Monopoly. Según el príncipe Andrés, Monopoly fue vetado porque se volvía "demasiado cruel" y causaba tensiones innecesarias entre los jugadores.

Durante una reunión oficial, el príncipe Andrés explicó que no se les permite jugar al Monopoly en casa. "Es demasiado violento", dijo, refiriéndose a la naturaleza competitiva del juego que implica comprar e intercambiar propiedades. Esta prohibición ha sido acatada por toda la familia real desde entonces.

Aunque Monopoly está prohibido, otros juegos de mesa siguen siendo populares en la realeza. Kate Middleton y el príncipe William son conocidos por su amor al Scrabble, aunque su competitividad a menudo termina con el tablero siendo cerrado de golpe. Las charadas también son un juego favorito, especialmente de la difunta reina Isabel II.

A pesar de la prohibición del Monopoly, los hijos del príncipe William parecen interesados en revivir la tradición. William ha mencionado que disfrutan jugando Risk y Monopoly en casa, señalando que, aunque todos se enfadan, el juego es una actividad familiar que les encanta.

SHORT 213 Kate Middleton: Ocho atuendos memorables que dejan huella

La princesa de Gales, conocida por su elegancia y estilo clásico, a veces se aventura con elecciones de moda más atrevidas. Aquí están ocho atuendos memorables de Kate Middleton que realmente nos sorprendieron.

Ocho Atuendos Memorables:

Look Casual de 2005: Jeans y chaleco blanco ajustado mientras caminaba con su padre en la Universidad de St. Andrews.

Vestido Transparente de 2002: En un desfile de estudiantes de St. Andrews, Kate lució un vestido de encaje transparente con ropa interior negra.

Premios Wildlife de 2014: Vestido con dobladillo de corte gradual que mostraba sus piernas increíbles.

Gala de SportsAid en 2016: Vestido ajustado azul real de Roland Mouret con secciones recortadas que dejaban al descubierto sus hombros.

Museo Victoria & Albert en 2017: Vestido de tweed Gucci con ribete de tribanda y botones dorados.

Estreno de A Street Cat Named Bob en 2016: Vestido blanco plisado de crochet con flores de Self-Portrait y abertura hasta el muslo.

Estreno de No Time To Die en 2021: Vestido largo de Jenny Packham con capa, hombreras llamativas, escote en V profundo y lentejuelas.

Vestido Lila de Roksanda Ilinčić: Elegante y favorecedor con un tono romántico, usado en varias ocasiones.

NOTA: Para ver las imágenes sugerimos escanear el código QR y ver el SHORT alojado en YouTube.

SHORT 214 El Molesto hábito de Harry que desesperaba a William en la noche

El príncipe William reveló una vez el molesto hábito de su hermano Harry que solía "mantenerlo despierto toda la noche". A pesar de ser muy unidos en su juventud, este detalle afectaba su convivencia.

En 2009, los hermanos reales vivieron juntos en una casa alquilada mientras se entrenaban para obtener sus licencias de helicóptero. William confesó que los ronquidos de Harry lo mantenían despierto, lo que era bastante molesto.

Además de los ronquidos, William mencionó otros hábitos irritantes de Harry. A menudo, Harry dejaba los platos sucios en el fregadero, lo que obligaba a William a limpiarlos al día siguiente. "Yo cocino y limpio", dijo William.

A pesar de estos problemas menores, los hermanos compartieron muchos momentos juntos durante esos años. En entrevistas, se veía claramente su camaradería y sentido del humor, a pesar de las pequeñas disputas cotidianas.

SHORT 215 El secreto del bolso de la reina Isabel: Señales silenciosas del palacio

La reina Isabel II, conocida por su elegante estilo y su vasta colección de bolsos, usaba estos accesorios para enviar mensajes sutiles pero claros a su equipo. Estos bolsos no solo complementaban su atuendo, sino que también eran herramientas de comunicación discretas y efectivas.

En sus 70 años de reinado, la reina Isabel desarrolló un sistema de señales con su bolso que su personal comprendía a la perfección. Según el historiador real Hugo Vickers, si la reina cambiaba su bolso de una mano a otra, era una señal de que quería terminar una conversación. Un movimiento simple, pero que significaba mucho para aquellos que sabían interpretarlo.

El uso estratégico del bolso de la reina Isabel iba más allá. Si colocaba su bolso sobre la mesa, significaba que estaba lista para abandonar un evento en cinco minutos. Además, si comenzaba a girar su anillo de bodas, era una señal urgente de que quería concluir una conversación inmediatamente. Estos gestos permitían a la reina mantener su gracia y cortesía en todo momento, sin necesidad de expresarse verbalmente.

Aunque no está confirmado si otros miembros de la realeza utilizan estos códigos, se dice que Kate Middleton, la princesa de Gales, ha adoptado tácticas similares. Kate a menudo lleva un bolso de mano que sostiene con ambas manos, lo que le da una excusa perfecta para evitar apretones de manos incómodos. Esta práctica le permite mantener la elegancia y el control en eventos públicos.

SHORT 216 El ritual matutino de baño de la reina Isabel II: una tradición que continúa

La reina Isabel II, durante sus 70 años de reinado, mantuvo ciertas rutinas que se convirtieron en tradiciones personales. Una de las más peculiares era su ritual de baño matutino. La reina Isabel detestaba las duchas y siempre prefería un baño específico. Según el autor Brian Hoey, la reina se despertaba a las 7:30 a.m. y disfrutaba de un baño con agua a una temperatura y profundidad exactas.

Después de su té matutino, su doncella preparaba el baño midiendo la temperatura con un termómetro de madera y asegurándose de que el agua no tuviera más de dieciocho centímetros de profundidad. Esta rutina se mantuvo rigurosamente, y la reina recibía ayuda de su tocador real, Angela Kelly, antes de desayunar puntualmente a las 8:30 a.m.

El rey Carlos ha adoptado hábitos similares a los de su madre. En el documental de *Amazon Prime* de 2018, "*Serving the Royals: Inside the Firm*", el ex mayordomo de la princesa Diana, Paul Burrell, reveló que el rey Carlos tiene sus propias rutinas matutinas específicas. Entre ellas, se incluye asegurarse de que el tapón de la bañera esté en una posición determinada y que el agua esté tibia.

Además de estas tradiciones de baño, Carlos sigue otras rutinas meticulosas. Paul Burrell afirmó que todas las mañanas le planchan el pijama, le aplanan los cordones de los zapatos y se aseguran de que la temperatura del agua sea la adecuada. Estas prácticas reflejan el amor por la rutina y la tradición que caracteriza a la familia real británica.

SHORT 217 El día que la princesa Diana se quedó dormida en una gala real

La princesa Diana, conocida como la "princesa del pueblo", tuvo muchos momentos emblemáticos que reflejaban su carácter humano y cercano. Uno de esos momentos ocurrió el 4 de noviembre de 1981, durante la "Gala de la Exposición de los Esplendores de los Gonzagas" en el *Victoria and Albert Museum*.

La entonces joven princesa, luciendo un vestido de gasa abullonado del diseñador Bellville Sasson, se quedó dormida en un lujoso sillón rojo. El fotógrafo Tim Graham capturó esta imagen icónica justo en el momento perfecto, mostrando a Diana en una de sus poses más vulnerables y auténticas.

El día después del evento, el 5 de noviembre de 1981, el Palacio de Buckingham anunció que la princesa Diana estaba embarazada de su primer hijo con el príncipe Carlos. Este anuncio inesperado explicó su cansancio durante la gala. Diana había comenzado su vertiginosa vida como miembro de la realeza apenas cuatro meses antes, y el inicio de su embarazo añadió una capa extra de agotamiento. La reina Isabel pidió a los medios de comunicación que le dieran espacio a Diana durante su embarazo, una petición que reflejaba la preocupación por su bienestar.

El 22 de junio de 1982, la princesa Diana dio a luz al príncipe William en el Hospital St. Mary. En su biografía "Diana: *Her True Story*" de Andrew Morton, Diana reveló que fue un momento difícil debido a la presión constante de la prensa. Explicó que tuvieron que inducir el parto para ajustarse a la agenda de Carlos y su polo. "Era como si todos me estuvieran vigilando todos los días", dijo Diana. La llegada de William fue una gran emoción para la familia, y Diana se sintió agradecida por encontrar una fecha en la que Carlos pudiera estar presente.

La imagen de Diana durmiendo en la gala sigue siendo un recordatorio de su humanidad y su capacidad para conectar con el público. A pesar de las presiones de la vida real, Diana siempre logró mantener su autenticidad y cercanía con la gente, características que han hecho que su legado perdure con fuerza a lo largo de los años.

SHORT 218 El increíble vínculo secreto de Kate y William

Antes de conocerse en la Universidad de St Andrew, Kate Middleton y el príncipe William ya compartían un increíble vínculo. Ambos asistieron al mismo programa de año sabático en Sudamérica, aunque en semanas distintas. Este programa permitió a ambos experimentar y aprender sobre culturas diferentes antes de iniciar sus estudios universitarios en Escocia.

Durante su entrevista de compromiso en 2010, Kate recordó cómo se puso "colorada" y "salió corriendo" cuando conoció por primera vez al príncipe. Tina Brown, autora de "The Palace Papers", señaló que Kate parecía tener una habilidad similar a la de Zelig para aparecer en los márgenes de la vida de William antes de su encuentro formal en la universidad. Esto incluyó compartir intereses comunes como la historia del arte y coincidir en varias actividades.

A su llegada a St Andrew, William notó a Kate de inmediato. Según el libro de Katie Nicholl, "William and Harry", los compañeros de William en su dormitorio la habían apodado como la chica más bonita del primer año. Con el tiempo, su amistad creció y compartieron actividades como la natación y el esquí. Aunque ambos salían con otras personas al inicio, su romance floreció después de un desfile de moda benéfico en 2002, donde Kate deslumbró a William con un vestido transparente.

El romance de Kate y William se solidificó durante su segundo año en la universidad cuando se mudaron al mismo apartamento con otros dos amigos. La relación, que comenzó como una amistad, rápidamente se convirtió en algo más profundo. William recordó cómo pasar más tiempo juntos y compartir actividades los acercó aún más, llevándolos a convertirse en la pareja icónica que conocemos hoy.

SHORT 219 Actualización crucial de Kate Middleton antes del gran evento

El Palacio de Kensington ha confirmado una actualización importante sobre Kate Middleton antes de un evento destacado. La princesa de Gales no acompañaría al príncipe William en el campo de polo.

Kate continuaba recuperándose en ese momento de su tratamiento contra el cáncer, por lo que no estaría presente en la *Royal Charity Polo Cup 2024* en Windsor. Este evento recauda fondos para causas que apasionan a la pareja real.

En 2023, Kate asistió y entregó el trofeo a William con un beso. Aunque recientemente había aparecido en *Trooping the Colour*, el Palacio había confirmado que no asistirá al evento.

Se especula en ese entonces que Kate podría asistir a la final de Wimbledon lo que finalmente ocurrió. Mientras tanto, William planeaba viajar a Alemania para la final de la Eurocopa 2024 donde apoyo a su equipo que tuvo una destacada participación.

SHORT 220 Princesa Kate regresa a Wimbledon en medio de su tratamiento contra el cáncer

La princesa Kate deleitó a los fanáticos reales al asistir a la final masculina de Wimbledon. Un experto real había compartido que el anuncio era un "gran paso adelante" para la princesa de Gales y una "noticia muy positiva" en medio de su tratamiento contra el cáncer.

Había esperanzas de que Kate, patrocinadora del *All England Lawn Tennis & Croquet Club* (AELTC), asistiera a las finales del Campeonato de Wimbledon lo que finalmente aconteció. El Palacio de Kensington había confirmado de manera oficial que Kate, estaría presente en el torneo de tenis a mediados de 2024 para la final masculina, pero no estaría en la final femenina.

Kate había sido vista por última vez en público durante el desfile *Trooping the Colour* el 15 de junio, con el príncipe William a su lado luciendo esplendida. Los fanáticos vitorearon cuando vieron a Kate, quien se había tomado un descanso de sus deberes reales desde que ella y el rey Carlos comenzaron a recibir tratamiento.

La princesa Kate dio una actualización sobre su salud el mes pasado, apenas horas antes de *Trooping the Colour*. Ella reveló que volvería a estar en el ojo público para las celebraciones del cumpleaños de la Monarca.

SHORT 221 Princesa Kate y Charlotte deslumbran en Wimbledon: Confianza y optimismo en cada gesto

La princesa Kate sorprendió a los fanáticos del tenis al aparecer en Wimbledon con su hija Charlotte. Esta había sido la segunda aparición pública de Kate en el primer semestre de 2024, mostrando confianza y optimismo en medio de su tratamiento contra el cáncer.

La experta en lenguaje corporal Judi James analizó la llegada de Kate y destacó su porte majestuoso y su vestido púrpura, que transmitían autoridad y seguridad. Acompañada por Charlotte, Kate proyectaba señales de confianza, con su postura erguida y una sonrisa radiante.

Charlotte, de nueve años, mostró signos de crecimiento e independencia, imitando los gestos de su madre. La joven princesa se convirtió en el centro de atención al reflejar la confianza y la elegancia de Kate, demostrando una estrecha conexión con su madre.

Mientras Kate y Charlotte tomaban asiento en Wimbledon, recibieron una ovación de pie del público. La presencia de ambas ha sido motivo de alegría y admiración, evidenciando el fuerte vínculo entre madre e hija y su capacidad para inspirar a todos.

SHORT 222 Harry desvela el altercado físico con William en sus memorias

En sus reveladoras memorias, "Spare", el príncipe Harry describe un altercado físico con su hermano William que ocurrió en 2019 en su residencia de Londres. Harry narra que el conflicto comenzó cuando William llamó a

Meghan "difícil", "grosera" y "abrasiva", repitiendo una "narrativa" que Harry consideraba injusta.

La tensión aumentó rápidamente, culminando en una pelea en la que William agarró a Harry por el cuello, le arrancó el collar y lo tiró al suelo. Harry recuerda que el golpe lo hizo caer sobre un cuenco de perro que se rompió bajo su espalda, causándole heridas visibles.

El príncipe relató que William llegó a su residencia buscando discutir sobre "toda la catástrofe" de su relación, y no estaba siendo racional. Harry afirma que fue su comentario "¿Así es como llamas a esto? ¿Ayudarme?" lo que hizo que su hermano perdiera el control.

El altercado dejó a Harry aturdido y herido. William, según Harry, volvió luego "luciendo arrepentido" y se disculpó. Cuando Meghan notó los rasguños y moretones en Harry, no se mostró sorprendida ni enfadada, sino terriblemente triste por lo ocurrido.

SHORT 223 Se revela el conmovedor significado detrás del vestuario de Kate en Wimbledon

La princesa Kate ha deleitado a los fanáticos de la realeza con su aparición sorpresa en Wimbledon. Optó por un vibrante vestido morado, su primera elección en solitario del año, creando gran expectativa sobre su mensaje oculto. Esta fue su segunda aparición pública desde que anunció su diagnóstico de cáncer a principios de 2024, y los espectadores estaban ansiosos por verla.

El significado de su elección no pasó desapercibido. El morado, históricamente asociado con la realeza y la nobleza, simboliza el coraje y la fuerza, reflejando su batalla contra el cáncer. Su vestido no solo destacó su estatus, sino también su valentía en estos tiempos desafiantes. La princesa de Gales, patrona del *All England Lawn Tennis Club*, ha sido conocida por su meticulosa selección de atuendos, y esta elección en particular resonó profundamente con su lucha personal.

El vestido morado hizo eco de los colores tradicionales del club, subrayando su conexión y dedicación a esta prestigiosa institución. Desde que asumió el patrocinio de la reina Isabel II en 2016, Kate ha adornado constantemente sus conjuntos de Wimbledon con un broche de pajarita con los colores oficiales del club, violeta y verde oscuro, fortaleciendo así su vínculo con el evento.

Al llegar al evento, la princesa de Gales irradiaba confianza y autoridad. Su atuendo, de la marca londinense Safiyaa, no solo era elegante, sino que también enviaba un poderoso mensaje de resiliencia y determinación, cautivando a todos los presentes en Wimbledon. Kate fue recibida con una entusiasta ovación de pie, reflejando el apoyo y la admiración del público por su coraje y fortaleza.

SHORT 224 Kate y William: La verdad detrás de su respetuoso afecto público

Cuando se trata de demostraciones públicas de afecto, el príncipe William y Kate Middleton son conocidos por su discreción. Aunque hay parejas famosas que se muestran muy cariñosas en público, Kate y William rara vez se toman de la mano o se abrazan durante sus apariciones reales. Según el experto en lenguaje corporal Darren Stanton, esto se debe al estricto protocolo real, especialmente por la posición de William como el siguiente en la sucesión al trono.

"Kate y William desempeñan un papel crucial en la familia real como príncipe y princesa de Gales", explica Stanton. "Siguen los protocolos tradicionales de la difunta reina Isabel, lo que significa que muestran su afecto de manera más sutil, como miradas prolongadas y pequeñas caricias en la espalda." Esto refleja su preparación para asumir algún día los roles de rey y reina.

La experta en etiqueta real Myka Meier también señala que, durante sus viajes oficiales, Kate y William representan a la monarquía británica y prefieren mantener un aire de profesionalismo. Sin embargo, hay momentos en los que la pareja ha mostrado excepciones a esta regla, sorprendiendo gratamente a los fanáticos. Por ejemplo, Kate fue vista dándole palmaditas en el trasero a William en público, y durante la boda de la princesa Eugenia, apoyó su mano sobre el muslo superior de William.

Aunque el protocolo no prohíbe explícitamente que las parejas reales se tomen de la mano, la tradición y el decoro sugieren que deben evitar mostrar afecto en eventos oficiales. Sin embargo, estos pequeños gestos de cariño entre Kate y William demuestran que, a pesar del protocolo, su amor sigue siendo evidente y sincero.

SHORT 225 Gesto público de Meghan Markle alarmó a la difunta reina

El importante gesto público de Meghan Markle encendió las alarmas en la difunta reina. Según una fuente, poco antes de la boda del príncipe Harry y Meghan, la reina se dio cuenta de un potencial daño a la familia real debido a la conducta de la duquesa de Sussex.

La preocupación surgió después de una pelea muy pública entre Meghan y su padre, Thomas Markle. Este enfrentamiento se hizo conocido cuando se descubrió que Thomas había organizado fotos de paparazzi antes de la boda de Meghan en 2018, y luego anunció que no la acompañaría al altar. Desde entonces, padre e hija no han hablado, y Thomas nunca ha conocido a Harry ni a sus nietos, el príncipe Archie y la princesa Lilibet.

La fuente reveló al Daily Mail que la reina estaba preocupada por el distanciamiento público de Meghan de su padre. "Los desacuerdos públicos de Meghan con su padre hicieron sonar las alarmas. Su Majestad se dio cuenta del daño potencial que podían causar a la familia real", comentaron. Meghan había buscado consejo de la reina y el príncipe de Gales, quienes le sugirieron escribir una carta a su padre, una acción que Thomas describió como una "puñalada en el corazón".

Thomas ha intentado varias veces reconciliarse con Meghan a través de entrevistas televisivas. En una aparición en *Good Morning Britain*, pidió a Meghan que le permitiera ver a sus nietos. Antes de la disputa, Meghan y su padre tenían una relación cercana, evidenciada por publicaciones en su antiguo blog, *The Tig*, donde detallaba recuerdos de su infancia con él.

SHORT 226 Asesino de Trump tenía fotos de Kate Middleton en su teléfono: Revelaciones impactantes del FBI

El hombre que intentó asesinar a Donald Trump también investigó a la princesa Kate mientras planeaba otro asesinato, según revelaciones impactantes del FBI. Thomas Matthew Crooks descargó imágenes de la royal en su teléfono móvil.

Los agentes del FBI confiscaron dos teléfonos y una computadora portátil cuando allanaron su casa tras el tiroteo en Pensilvania. Los especialistas cibernéticos descubrieron las instantáneas de Kate al hackear los dispositivos del joven de 20 años.

La agencia se había negado previamente a revelar la identidad de la realeza cuyas fotos estaban en el móvil de Crooks. Pero la respetada emisora estadounidense NPR confirmó que el nombre de Kate fue mencionado a los políticos durante una conferencia telefónica sobre el ataque.

Otras personas investigadas por Crooks incluían al director del FBI, Christopher Wray, y al fiscal general de EE.UU., Merrick Garland. También contenía imágenes del presidente Joe Biden y Trump, y fechas de las convenciones republicana y demócrata.

Kate era la única persona no estadounidense en el grupo que Crooks buscó en su historial de Internet. Aún no está claro por qué investigaba a la madre de tres hijos, quien fue vista en Wimbledon horas después del tiroteo. La princesa, que anunció que tenía cáncer en marzo, ha estado recibiendo quimioterapia preventiva.

SHORT 227 Descubre el destino de los costosos vestidos de Kate Middleton tras usarlos

¿Qué pasa con los vestidos de Kate Middleton después de usarlos? Kate Middleton, icono de estilo internacional, es conocida por sus elegantes looks. Muchos de sus vestidos, que pueden costar decenas de miles de libras, son reutilizados, subastados o alquilados. Durante la gira Platinum Jubilee en 2022, Kate lució un vestido de satén de Phillipa Lepley, valorado en 16,200 dólares.

Kate ha sido vista reutilizando muchos de sus atuendos. Un ejemplo es su vestido de Alexander McQueen, usado en el bautizo de la princesa Charlotte en 2015 y nuevamente en Bélgica en 2017. Sin embargo, algunos vestidos son alquilados. Este alquiler beneficia a las marcas, ya que el "efecto Kate" dispara la demanda tras cada aparición.

Algunos de sus vestidos más icónicos son subastados. En 2011, su vestido de encaje transparente, usado en un desfile de moda en la Universidad de St Andrews, se vendió por 100,000 dólares. Otros vestidos se exhiben en el Palacio de Buckingham. Su vestido de boda de Alexander McQueen, valorado en 320,000 dólares ocupa un lugar destacado en el salón de baile del palacio.

SHORT 228 La princesa de Gales comparte su amor por la naturaleza en un inspirador mensaje en redes sociales

La princesa Kate ha regresado a las redes sociales para apoyar un proyecto especial. En una serie de historias de Instagram, Kate compartió un nuevo mensaje en el que elogió el "poder de la naturaleza". La princesa de Gales celebraba la apertura de los nuevos jardines en el Museo de Historia Natural en Londres.

Kate publicó un mensaje positivo como patrocinadora del Museo de Historia Natural para promocionar el lanzamiento de su Proyecto de Naturaleza Urbana. En su publicación en redes sociales, escribió: "Conozco el poder de la naturaleza para apoyar nuestro desarrollo y bienestar, brindándonos alegría y ayudándonos a mantenernos física, mental y espiritualmente saludables. Espero que estos jardines sean inspiradores y transformadores para las miles de personas que los visitan".

El mensaje llegó acompañado de fotografías de la visita de la princesa al

Proyecto Naturaleza Urbana en 2021. El objetivo del proyecto es ayudar a las personas a reconectarse con el mundo natural y comprender el papel de la naturaleza en nuestras ciudades. Esta publicación es una señal positiva para Kate, quien recibió una ovación de pie en Wimbledon antes de la final masculina.

Durante la época de Covid, se filmó caminando por el campo en Norfolk. Se la vio hablando sobre los esfuerzos para afrontar la situación durante un mensaje inspirador para la Semana de la Salud Mental Infantil. La publicación incluyó fotos de la princesa con su chaqueta rosa polvorienta y jeans.

SHORT 229 El príncipe George cumplió 11 años y Kate lo celebra revelando nueva foto

El príncipe Jorge de Gran Bretaña cumplió once años en 2024 y el Palacio de Kensington publicó una nueva fotografía para conmemorar la ocasión. En la imagen, Jorge luce una camisa blanca y un blazer oscuro. La foto, tomada por su madre, la princesa de Gales, muestra al joven príncipe sonriendo y relajado, reflejando su creciente madurez y confianza.

"¡Le deseamos al príncipe George un muy feliz 11° cumpleaños hoy!", expresó el Palacio de Kensington en X, junto a la elegante fotografía en blanco y negro. Esta imagen no solo celebra su cumpleaños, sino que también subraya su posición como segundo en la sucesión al trono, destacando su importancia dentro de la familia real.

Jorge, nieto del rey Carlos, fue visto en público por última vez el 14 de julio, acompañando a su padre, el príncipe William, a ver la final de la Eurocopa de fútbol en Berlín. Aunque el equipo de Inglaterra perdió contra España, la aparición de Jorge junto a su padre demostró su creciente involucramiento en los deberes reales y su preparación para el futuro.

El año ha sido especialmente desafiante para la familia real británica, ya que tanto la princesa de Gales como el rey Carlos están recibiendo tratamiento contra el cáncer. A pesar de las dificultades, ambos han estado lo suficientemente bien como para asistir a varios eventos recientes, mostrando su fortaleza y compromiso con sus roles.

La nueva fotografía del príncipe Jorge no solo celebra su 11° cumpleaños, sino que también simboliza la esperanza y la continuidad dentro de la familia real británica. A través de los desafíos y cambios, Jorge emerge como una figura de estabilidad y futuro para la monarquía, reflejando su creciente madurez y el amor de su familia.

SHORT 230 El peculiar desayuno de la reina Isabel II sorprende a todos

La difunta reina Isabel II, a pesar de su estatus y vida llena de lujos, tenía un desayuno favorito muy sencillo que ha sorprendido a muchos. Charles Oliver, un ex miembro del personal real, reveló en su libro 'Cena en el Palacio de Buckingham' que la reina era fanática del arenque ahumado desde su infancia.

Esta elección de desayuno, que probó por primera vez con su hermana, la princesa Margarita, en el Castillo de Windsor, se convirtió en un plato que disfrutaba a menudo, incluso aprendiendo a prepararlo ella misma.

El amor de la reina por el arenque ahumado es solo una de las muchas peculiaridades alimenticias dentro de la familia real. La princesa Ana, por ejemplo, prefiere los plátanos demasiado maduros, casi negros, porque se digieren mejor, según el ex chef Darren McGrady. Mientras tanto, el rey Carlos es conocido por llevar su propia caja de desayuno en sus viajes, que incluye seis tipos diferentes de miel y muesli especial, asegurándose de mantener su dieta saludable sin importar dónde se encuentre.

Estos detalles sobre los desayunos reales ofrecen una visión fascinante y humana de la vida detrás de las puertas del palacio. Revelan no solo sus gustos personales, sino también cómo estas tradiciones se han mantenido a lo largo del tiempo, combinando lo ordinario con lo extraordinario.

SHORT 231 ¿Por qué se le impidió al príncipe Harry usar túnicas reales en la coronación?

El príncipe Harry no uso túnicas mientras que el deshonrado príncipe Andrew sí pudo. La decisión de permitir a Andrew vestir la túnica de la Orden de la Jarretera, a pesar de sus controversias, sorprendió a muchos.

Harry aunque es caballero comendador de la real orden victoriana, no se le permitió usar el manto azul vivo de la orden a pesar de haber sido nombrado así por la difunta reina en 2015.

Andrew por otro lado, es miembro de la orden de la jarretera, la orden de caballería más antigua y prestigiosa de Gran Bretaña, lo que técnicamente le otorga el derecho a usar su túnica.

Se dice que Carlos estaba dividido sobre permitir o no que su hermano caído en desgracia vistiera la indumentaria, después de que Andrew se viera obligado a retirarse de sus deberes reales.

El príncipe William por su parte llevó su manto de la orden de la Jarretera sobre su uniforme ceremonial. La princesa de Gales Kate, lució un manto de la orden real victoriana mostrando la pompa y la tradición de la realeza británica.

Harry al poseer el segundo grado más alto como Caballero Comendador no tiene túnica pero si portaba la insignia de ese honor, junto con sus otras medallas.

En teoría, si Harry todavía hubiera tenido una buena relación con la BRF, su majestad el rey Carlos probablemente le habría concedido algún honor para que pudiera llevar una túnica. Llevar o no una túnica no tiene nada que ver con ser un miembro de la realeza en activo.

SHORT 232 La princesa Charlotte heredará una colección de bolsos valuada en 320,000 dólares

La princesa de Gales, Kate Middleton, siempre luce impecable y una parte esencial de su estilo es su colección de bolsos. Kate posee más de 110 bolsos de marcas como Alexander McQueen, Jenny Packham y Jimmy Choo. Esta colección, que incluye clutches, bolsos de asa superior, bandoleras y totes, está valorada en más de 320,000 dólares según la experta en moda Amber Graafland.

Kate asiste a más de 100 eventos públicos al año, lo que justifica su vasta colección. La princesa sabe que necesita tener una variedad de bolsos atemporales para complementar su estilo elegante y refinado. Además, muchos de sus bolsos de diseño, como los de Chanel, aumentan de valor con el tiempo. Por ejemplo, un bolso Chanel que valía 5,000 dólares en 2015 ahora podría valer el doble, haciendo que la colección de Kate sea una inversión a largo plazo.

Kate también es conocida por apoyar marcas británicas como *Aspinal, DeMellier, Tusting* y *Grace Han*. Sus bolsos favoritos son sencillos, clásicos y atemporales, reflejando su estilo real. Uno de sus preferidos es su Mulberry Bayswater, que ha llevado a más de 60 eventos. Aunque está agotado, bolsos similares de la marca se venden por 830 dólares. La princesa Charlotte heredará esta impresionante colección, asegurando que continúe la tradición de elegancia y estilo de su madre.

SHORT 233 Las tres palabras de Harry que desataron la ira de William

Traemos nuevamente a colación el altercado entre los dos hermanos: el príncipe William y Harry y que fue relatado por el duque de Sussex en sus memorias. Y es que este momento marcó un antes y un después en su relación fraternal. Según Harry, el altercado ocurrió en 2019 en Nottingham Cottage, dentro del Palacio de Kensington. Harry asegura que su hermano no estaba siendo racional al evaluar su relación con Meghan y que desde el inicio de la conversación el ambiente era explosivo.

William, según Harry, criticó a Meghan Markle llamándola "difícil", "grosera" y "abrasiva", La discusión escalo según Harry quien describe así el hecho: "Me agarró del cuello, arrancó mi collar y me tiró al suelo".

Harry describe que intentó calmar la situación ofreciéndole un vaso de agua a su hermano, pero William, fuera de control, lo rechazó y lo agredió físicamente. Tras el ataque, William, según Harry, lucía "arrepentido" y se disculpó. Sin embargo, negó haberlo agredido, diciendo: "No te ataqué, Harold".

Esta impactante narración revela las profundas tensiones entre los príncipes y el impacto que los conflictos familiares han tenido en su vínculo.

SHORT 234 La estricta regla de empacar ropa negra en viajes reales

El protocolo real impone que los miembros de la familia real deben llevar siempre un atuendo negro cuando viajan al extranjero, por si ocurre una tragedia durante su estancia. Esta medida garantiza que estén preparados para mostrar luto de inmediato, respetando las tradiciones de la monarquía británica.

Este protocolo se ha seguido rigurosamente a lo largo de los años. En 1992, la princesa Diana estaba esquiando en los Alpes con el entonces príncipe Carlos cuando falleció su padre, Lord Spencer. A su regreso, ambos vistieron de negro en señal de respeto. Este cumplimiento de las normas subraya la importancia de la tradición y el protocolo en la vida real.

Sin embargo, hubo momentos en que este protocolo no se cumplió. En 1952, la reina Isabel II estaba en Kenia de safari con el príncipe Felipe cuando murió su padre, el rey Jorge VI. Sin un atuendo de luto adecuado, no se le permitió ser fotografiada hasta que se le proporcionó uno. Este incidente reforzó la necesidad de que los miembros de la familia real siempre estén preparados para cualquier eventualidad.

Hoy en día, esta regla sigue siendo un recordatorio de la importancia del protocolo y la tradición en la familia real. Cada miembro debe asegurarse de empacar una prenda de vestir negra cuando viajan, demostrando que la monarquía está siempre lista para responder con la dignidad y el respeto que se espera de ellos.

SHORT 235 Reglas estrictas para los regalos a la familia real

Los miembros de la familia real reciben cientos de regalos de simpatizantes durante compromisos públicos y giras en el extranjero. Sin embargo, existen reglas estrictas sobre lo que pueden aceptar. Según la política de obsequios de 2003, ningún regalo debe poner a la realeza en una posición de obligación hacia el donante.

Los obsequios ofrecidos por empresas del Reino Unido generalmente se rechazan, a menos que se ofrezcan como recuerdo de una visita oficial, para conmemorar un matrimonio real u otra ocasión especial. Los miembros de la realeza pueden aceptar regalos de organismos públicos como las fuerzas armadas u organizaciones benéficas, con las que tienen una relación establecida.

En cuanto al público, la realeza puede aceptar regalos más pequeños, como flores, comida, consumibles razonables y libros no controversiales. Sin embargo, no pueden aceptar nada que valga más de 180 dólares. Cada año, el Palacio de Buckingham publica listas de regalos oficiales recibidos por la familia real.

Esta política asegura que los regalos no influyan en las decisiones de la familia real y mantiene la transparencia en sus relaciones con el público y las empresas.

SHORT 236 El príncipe Felipe desconfiaba de Meghan Markle: ¿Tenía razón?

El príncipe Felipe desconfiaba de Meghan Markle desde el principio. Según un informe reciente, el Duque de Edimburgo expresó sus preocupaciones a la reina Isabel II cuando el príncipe Harry comenzó a salir con la actriz estadounidense. La autora real Ingrid Seward señala que Felipe veía a Meghan como una potencial fuente de problemas para la familia real.

Ingrid Seward, en una entrevista con GB News, comparó la desconfianza de Felipe hacia Meghan con la rebelde Wallis Simpson, la esposa del rey Eduardo VIII. Felipe creía que Meghan podría causar estragos en la familia real antes incluso de que lo hiciera. Esta percepción fue, al parecer, compartida en privado con la reina, quien entendió las advertencias de su esposo.

Como muchos saben, Meghan y Harry dejaron sus deberes reales en 2020, lo que sorprendió a la reina Isabel II. Seward comentó que Felipe, conocido por su perspicacia, siempre trataba de ver lo bueno en las personas, pero no pudo ignorar las similitudes entre Meghan y Wallis Simpson. Para él, Meghan representaba una amenaza similar a la que Wallis representó décadas antes.

La reina Isabel II, según Seward, reconoció la veracidad de las preocupaciones de Felipe. Aunque defendió públicamente a Meghan, en privado admitió que Harry podría haber estado "demasiado enamorado" de ella. El tiempo ha mostrado que las inquietudes de Felipe quizás no estaban tan desencaminadas, dadas las controversias que siguieron a la salida de Meghan y Harry.

SHORT 237 La incómoda primera cita de Kate y William que terminó en risas

El príncipe William y Kate Middleton, el futuro de la monarquía británica, tuvieron un comienzo incómodo. En su primer año en la Universidad de St Andrews, vivieron en la misma residencia.

Durante el segundo año, compartieron una casa, y fue allí donde comenzaron a surgir chispas entre ellos. Kate recuerda haberse puesto "colorada como un tomate" la primera vez que conoció a William.

William intentó impresionarla cocinando cenas elegantes, pero siempre algo salía mal: quemaba la comida o algo se incendiaba. Kate terminaba ayudando y controlando la situación, mostrando su paciencia.

En su primera cita oficial, Kate intentó hacerle una broma a William, reverenciándole, pero terminó cayéndose y haciendo que él derramara su bebida. A pesar de este desastre, su romance floreció y se comprometieron en 2010.

SHORT 238 La familia real y su llegada en orden de rango a eventos formales

La familia real británica sigue un protocolo estricto para sus llegadas a eventos formales, como el servicio del domingo de Pascua y las bodas. Según este protocolo, los miembros de mayor rango son los últimos en llegar. Esto asegura que el rey sea el último en hacer su entrada, seguido por el príncipe y la princesa de Gales, y así sucesivamente.

Este orden de llegada no es una mera formalidad, sino que refleja la jerarquía y el respeto dentro de la monarquía. Por ejemplo, durante el servicio del domingo de Pascua, es habitual ver a miembros de menor rango llegar primero, mientras que el rey Carlos III, acompañado por la reina Camila, hace su entrada final.

En las bodas reales, este protocolo también se sigue meticulosamente. En la boda del príncipe Harry y Meghan Markle, la reina Isabel II fue la última en llegar, precedida por otros miembros senior de la familia real, incluyendo al príncipe Carlos y Camila, la duquesa de Cornualles.

Este protocolo de llegada en orden de rango también se observa en otros eventos importantes, como las ceremonias de apertura del Parlamento y los funerales de estado. Mantener este orden no solo subraya la estructura jerárquica de la familia real, sino que también asegura que los eventos se desarrollen con la dignidad y el respeto que la monarquía británica representa.

9 Shorts de agosto

SHORT 239 Lo que no sabias del príncipe William: 6 datos increíbles

El príncipe William, futuro rey de Inglaterra, tiene una vida llena de curiosidades y logros impresionantes. Descubre seis datos fascinantes sobre su vida, desde su nombre completo hasta su carrera como piloto.

El nombre completo del príncipe es: William Arthur Philip Louis Mountbatten Windsor. Cada nombre rinde homenaje a figuras importantes en la historia real.

El príncipe William es un piloto de helicóptero calificado, participó en más de 150 operaciones de rescate con la RAF y luego trabajo como piloto de ambulancia aérea.

William es zurdo, curiosamente su hijo mayor también lo es, siguiendo la misma tendencia.

En la universidad William uso el nombre en clave Steve para mantener el anonimato. Este seudónimo le permitió vivir una experiencia universitaria más normal en St Andrews.

Es el siguiente en la línea de sucesión al trono británico, cuando asuma el trono probablemente será conocido el rey William V.

William se casó con Kate en 2011. La boda fue vista por alrededor de 162 millones de personas en todo el mundo.

SHORT 240 El privilegio de conducir del rey Carlos: ¿Por qué Harry nunca podrá disfrutarlo?

El rey Carlos III disfruta de un privilegio único en el Reino Unido: puede conducir sin necesidad de una licencia. Este derecho exclusivo se debe a que los permisos de conducir se emiten a nombre del monarca, lo que lo exime de la necesidad de tener uno.

Este privilegio no se extiende a otros miembros de la familia real. Aunque el príncipe William heredará este derecho cuando sea rey, el príncipe Harry nunca lo tendrá. Harry, al igual que otros miembros de la realeza, necesita un permiso de conducir y debe aprobar el examen de manejo.

El rey Carlos tiene una impresionante colección de coches de lujo, incluyendo un Aston Martin DB6 Volante de 1970, un regalo de la reina Isabel en su 21 cumpleaños. Además, es un entusiasta de los coches eléctricos y ha sido visto conduciendo un Audi E-Tron y un Jaguar I-Pace.

Otra ventaja para el monarca es que los vehículos estatales que usa no requieren matrícula. Este es otro privilegio exclusivo del rey, lo que le permite una mayor libertad en sus desplazamientos. A pesar de estos beneficios, otros miembros de la familia, como la reina Camila y el príncipe William, necesitan llevar documentación oficial en sus viajes.

SHORT 241 Reina Isabel cambió el destino del príncipe Louis con una intervención histórica

El príncipe Louis, el hijo menor del príncipe William y Kate Middleton, casi tuvo un título oficial diferente debido a una regla histórica. La difunta reina Isabel intervino para cambiar el destino del pequeño príncipe.

Louis Arthur Charles, nacido el 23 de abril de 2018, lleva un nombre con gran significado familiar. Sin embargo, su título de "Su Alteza Real" estaba en duda por una norma establecida por el rey Jorge V en 1917, que solo otorgaba títulos a los hijos y nietos del soberano.

La reina Isabel anuló esta disposición para todos los hijos de William y Kate, asegurando que Louis fuera conocido como Su Alteza Real el príncipe Louis de Cambridge. De no haber intervenido, Louis habría sido conocido simplemente como Master Louis Cambridge o Master Louis Windsor.

Esta decisión generó controversia, especialmente porque no incluyó a los hijos del príncipe Harry y Meghan Markle. Meghan reveló en su entrevista con Oprah Winfrey que la exclusión de títulos afectaba la seguridad de sus hijos, aunque expertos refutaron sus afirmaciones.

SHORT 242 La etiqueta del té real: Una tradición de elegancia

Solo en raras ocasiones se observa a los miembros de la familia real tomando té en público, a pesar de su amor por la hora del té. La etiqueta adecuada para este ritual es todo un arte. La forma correcta de sostener la taza es sujetar la parte superior del asa con el pulgar y el índice, asegurando que se bebe siempre del mismo lugar para evitar múltiples manchas de lápiz labial.

Además, es importante recordar mantener el meñique adentro, una regla de etiqueta que denota elegancia y refinamiento. Este detalle minucioso refleja la precisión y el respeto por las tradiciones que caracteriza a la familia real.

Aunque rara vez se les ve disfrutando del té en eventos públicos, el ritual del té es una parte esencial de la vida cotidiana de la realeza. Mantener estas reglas de etiqueta demuestra no solo su aprecio por las costumbres, sino también su compromiso con la imagen pública.

El protocolo del té para la familia real no es solo una cuestión de estilo, sino una manifestación de su dedicación a las tradiciones y su impecable presentación ante el público.

SHORT 243 La política imparcial del rey: Un mandato de neutralidad

Por ley, el rey tiene derecho a votar en las elecciones, aunque en la práctica nunca lo hace. La legislación británica no prohíbe explícitamente su participación electoral, pero se considera inconstitucional. Según el parlamento del Reino Unido, es esencial que el monarca se mantenga neutral y no participe en las elecciones.

El sitio oficial de la familia real detalla el papel imparcial del rey en el Parlamento. Como jefe de Estado, Su Majestad debe "permanecer estrictamente neutral con respecto a los asuntos políticos" y "no votar ni presentarse a las elecciones". Esta neutralidad asegura que el monarca no influya en la política nacional.

A los miembros de la realeza tampoco se les permite ocupar cargos políticos. Esta restricción protege contra cualquier posible uso de la influencia real para afectar la opinión pública o las leyes. La imparcialidad política es fundamental para mantener la confianza del público en la monarquía.

La tradición de la neutralidad política se mantiene rigurosamente para preservar la integridad y estabilidad del sistema constitucional británico. Cualquier desviación de esta norma podría comprometer la percepción de imparcialidad de la monarquía.

SHORT 244 El bolso de mano favorito de Kate Middleton: ¡Descubre por qué lo tiene en tantos colores!

Kate Middleton adora tanto su bolso de mano Natasha de Emmy London que lo tiene en varios colores. La princesa de Gales, conocida por reciclar sus prendas favoritas, ha sido vista con este elegante clutch en numerosas ocasiones, incluida la Royal Ascot. Este bolso de 500 dólares ha demostrado ser versátil y elegante, combinando perfectamente con diversos atuendos.

Desde vestidos impresionantes para eventos nocturnos hasta ropa deportiva en días libres, Kate siempre luce increíble. En 2022, Kate lució el Natasha en tono tostado durante el Royal Ascot, combinado con un vestido de lunares blancos y marrones de Alessandra Rich. En el domingo de Pascua de 2023, lo mostró en azul cobalto, y se dice que también lo posee en rosa, rojo, negro y otros tonos de azul.

El bolso Natasha, elaborado a mano con gamuza de lujo, presenta un bolsillo con cremallera y una solapa frontal con broche magnético. A pesar de su apariencia compacta, tiene un interior sorprendentemente espacioso, ideal para guardar artículos esenciales como el teléfono, bálsamo labial y tarjetas. Además, viene con una correa de cadena desmontable, ofreciendo aún más versatilidad.

Aunque 500 dólares es una inversión, el Natasha ofrece una estética elegante y de primera calidad comparable a otras marcas de alta gama, pero a un precio más accesible. Este bolso de mano favorito de Kate Middleton es el accesorio perfecto para añadir un toque real a cualquier atuendo.

SHORT 245 El correo que reveló un cambio real: Kate Middleton y su transición a 'Catherine'

En 2008, mientras las apuestas sobre un posible compromiso entre el príncipe William y Kate Middleton se disparaban, la futura reina sorprendió a su círculo íntimo con un correo electrónico inesperado. Según el experto en realeza Robert Jobson, Kate habría comunicado con humor a sus amigos que en adelante prefería ser llamada "Catherine", un nombre que reflejaba mayor formalidad.

Este cambio no fue solo anecdótico. De acuerdo con Jobson, la decisión generó especulaciones inmediatas sobre los planes matrimoniales de la pareja. Aunque no está claro si Kate simplemente prefería su nombre completo o si la elección formaba parte de una estrategia para su futuro papel como esposa del príncipe, el gesto dejó en claro que estaba preparándose para la vida pública que le esperaba.

El anuncio, aparentemente sencillo, marcó un punto de inflexión. Dos años después, en 2010, William le propuso matrimonio en una ceremonia que selló su compromiso con la realeza. La boda, celebrada en 2011, no solo consolidó su unión, sino que catapultó a "Catherine" al centro de la atención mundial.

Hasta 2022, Catherine fue conocida como duquesa de Cambridge, un título que mantuvo con gracia y elegancia. Tras el fallecimiento de la reina Isabel II, asumió un nuevo rol histórico como princesa de Gales, título que antes había ostentado la inolvidable Diana.

Aunque millones continúan refiriéndose a ella cariñosamente como Kate, este correo humorístico de hace más de una década recuerda su transición a un papel más formal y trascendental en la monarquía.

SHORT 246 El estrecho vínculo entre Kate Middleton y el rey Carlos III revelado

El vínculo entre Kate Middleton y el rey Carlos III va más allá de los títulos reales que ostentan en público. Según el biógrafo Robert Jobson, en privado, la princesa de Gales se refiere a su suegro como "abuelo", mientras que Carlos le devuelve el gesto llamándola "amada nuera".

Este lazo afectuoso se ha visto fortalecido por momentos difíciles, como cuando ambos enfrentaron diagnósticos de cáncer a principios de este año.

En reuniones familiares, es común ver a Carlos y Kate riendo juntos, con él saludándola con un "beso cariñoso". Según fuentes del palacio, Carlos valora profundamente la influencia estabilizadora de Kate en la familia real, especialmente en su relación con el príncipe William. Kate, descrita como una "pacificadora instintiva", ha desempeñado un papel crucial en suavizar las tensiones entre padre e hijo.

El apoyo mutuo entre Kate y Carlos se ha consolidado, con Kate asumiendo un rol central en mantener la unidad familiar. Su madurez emocional y capacidad para ver ambos lados de cualquier disputa la han convertido en una figura clave dentro de la realeza. Este vínculo especial es una muestra de cómo la princesa de Gales ha ganado el respeto y el cariño de su suegro.

SHORT 247 ¿La caminata en Windsor fue una tregua temporal?

Kate Middleton enfrentó un desafío emocional al caminar junto a Meghan Markle y el príncipe Harry en Windsor tras la muerte de la reina Isabel II. Según el experto en realeza Robert Jobson, este paseo fue uno de los momentos más difíciles para Kate, debido a la tensión entre las parejas, especialmente tras la entrevista de los Sussex con Oprah Winfrey.

El príncipe William, consciente de la delicada situación, propuso que los cuatro se unieran para inspeccionar las coronas de flores dejadas en Windsor. Aunque las imágenes mostraron una aparente unidad, la realidad fue que Kate tuvo que mantener la compostura en medio de un ambiente cargado de resentimiento y malestar.

Jobson señala que, a pesar de la fachada de serenidad que Kate proyectó durante el paseo, el grado de incomodidad fue enorme. Este evento, que marcó su primera aparición pública conjunta desde 2020, subrayó la complejidad de las relaciones dentro de la familia real.

A pesar de la tensión, la caminata sirvió como una pequeña tregua en la disputa entre las parejas. Sin embargo, quedó claro que la paz entre ellos seguía siendo frágil, y que Kate, con su naturaleza diplomática, jugó un papel crucial en mantener la situación bajo control.

SHORT 248 ¿Charlotte heredará la tiara Spencer?

¿Será la princesa Charlotte la futura dueña de la icónica tiara Spencer? Fuentes cercanas a la realeza británica aseguran que la hija del príncipe William y la princesa Kate es la primera en la fila para heredar esta joya histórica.

La tiara, usada por la princesa Diana el día de su boda en 1981, tiene un profundo valor sentimental, y Charlotte, como nieta mayor de Diana, parece destinada a recibirla cuando cumpla 18 años.

La tiara Spencer, actualmente bajo el cuidado del conde Charles Spencer, ha sido un símbolo de la familia durante generaciones. Aunque el conde tiene sus propias hijas, se dice que ha acordado con William que la tiara pertenece a Charlotte, consolidando así el vínculo entre la joven princesa y su icónica abuela.

El entusiasmo de Charlotte por esta herencia es palpable. Fuentes del palacio aseguran que la pequeña princesa ya sueña con portar la tiara que alguna vez perteneció a su "abuela Diana".

Además de la tiara Spencer, también se rumorea que Charlotte heredará la tiara Vladimir, una de las favoritas de la reina Isabel II.

Estos rumores han generado gran expectativa sobre el futuro de la joven princesa y el legado que heredará.

SHORT 249 Diana eclipsa a Camilla en su cumpleaños con un bikini de leopardo

¿Sabías que la princesa Diana "robó" el protagonismo en el cumpleaños de Camilla Parker-Bowles en 1997? Mientras el príncipe Carlos organizaba una lujosa fiesta de 38,000 dólares en Highgrove para celebrar el 50º cumpleaños de Camilla, Diana acaparó la atención mediática desde el Mediterráneo.

Vestida con un traje de baño de estampado de leopardo, la princesa fue fotografiada junto a Dodi Al Fayed, desviando el foco de la fiesta.

La mañana siguiente, el día de la fiesta de Camilla, los titulares de los periódicos estaban dedicados a Diana. Uno de ellos decía: "Querida Camilla. Esto te mantendrá alejada de la portada. Feliz cumpleaños y buenos deseos para tu pecho. Con cariño, Diana". Este movimiento fue el último de Diana en la conocida "Guerra de Gales" entre ella y su ex marido, el príncipe Carlos.

Apenas seis semanas después, Diana y Dodi murieron en un trágico accidente automovilístico en París. Aunque fue una de sus últimas apariciones públicas, las fotos de Diana en el Mediterráneo se han convertido en icónicas.

Las diseñadoras de vestuario de *The Crown* incluso recrearon los trajes de baño de Gottex para la serie, recordando la influencia duradera de Diana en la moda y la cultura pop.

SHORT 250 Princesa Kate reaparece con William y su nuevo estilo: ¡Los fans no pueden contener la emoción!

Los fanáticos de la realeza se llenaron de emoción al ver la más reciente aparición de la princesa Kate en un video especial. En el clip, que celebra el final de los Juegos Olímpicos de 2024, Kate y el príncipe William felicitaron al Team GB por su destacada actuación. La princesa, radiante como siempre, cautivó a los seguidores, mientras que William sorprendió con un nuevo look que incluye vello facial, ganándose elogios por su estilo renovado.

"¡Es encantador verlos tan saludables!", comentó un seguidor, mientras otro añadió: "La princesa Catalina luce increíble y el príncipe William está muy guapo con su nuevo look". El video no solo destacó la elegancia y carisma de Kate, sino que también mostró a un William relajado y cercano, generando un revuelo entre sus admiradores.

Este video marca la primera aparición pública de la princesa desde su participación en *Trooping the Colour*, lo que ha generado aún más entusiasmo. Los fans esperan con ansias más apariciones de la pareja real, especialmente después de este breve pero impactante momento en pantalla.

SHORT 251 Las 5 veces que la princesa Diana rompió el protocolo real

La princesa Diana, conocida por su carisma y cercanía con el pueblo, rompió con las convenciones reales en múltiples ocasiones. Uno de los primeros ejemplos fue en 1981, durante su boda con el príncipe Carlos.

Diana sorprendió al eliminar la palabra "obedecer" de sus votos matrimoniales, un acto que desafiaba la tradición real. Esta decisión fue significativa y estableció un precedente que Kate Middleton y Meghan Markle seguirían en sus propios matrimonios.

Otro momento memorable fue en 1985, cuando Diana llevó a su hijo mayor, el príncipe William, a su primer día de escuela en una guardería en lugar de optar por una institutriz, como era la norma en la realeza. Esta decisión reflejaba su deseo de proporcionar a sus hijos una educación más común y accesible.

Diana también desafió el estigma asociado con el VIH/SIDA en 1987 al estrechar la mano de un paciente sin guantes durante la inauguración de una clínica para enfermos de SIDA. Su valentía al enfrentar el miedo y la desinformación sobre el virus ayudó a cambiar percepciones en todo el mundo.

Por último, su elección de moda rompió moldes, destacando momentos como el baile con John Travolta en la Casa Blanca con un vestido de terciopelo azul y su famoso "vestido de venganza" tras la admisión de la infidelidad de Carlos. Diana también rompió con las normas al correr descalza en un evento escolar de su hijo Harry, demostrando su espíritu juguetón y su enfoque relajado hacia las reglas reales.

SHORT 252 La verdad detrás del estado de salud de Kate Middleton: Revelaciones de Robert Jobson

Kate Middleton, la princesa de Gales, enfrenta un momento delicado tras el reciente anuncio de su diagnóstico de cáncer. Robert Jobson, biógrafo de la princesa y autor del libro *Catalina, la Princesa de Gales*, ha compartido detalles sobre su estado de salud, subrayando la determinación de Kate por mantenerse activa y positiva a pesar de su enfermedad.

En una entrevista con la revista británica *¡HOLA!*, Jobson reveló que, aunque Kate está recibiendo tratamiento de quimioterapia, su enfoque sigue siendo vivir el día a día con normalidad. "Es una persona que quiere encontrar soluciones y superar el drama", comentó Jobson, destacando la resiliencia de la princesa.

A pesar de los desafíos de su diagnóstico, Kate ha mantenido un perfil público notable. Su última aparición, en el desfile del *Trooping the Colour*, demostró su compromiso con sus deberes reales. Aunque el desfile de cumpleaños del rey Carlos III se celebró bajo la lluvia, Kate, vestida de blanco, estuvo presente con sus hijos, reafirmando su fortaleza y determinación.

El diagnóstico de Kate ha captado la atención global y ha generado una ola de apoyo. Su capacidad para seguir adelante con sus responsabilidades, a pesar de las adversidades, sigue siendo una fuente de inspiración. Los seguidores de la princesa le envían mensajes de aliento, admirando su valentía y su esfuerzo por mantener una vida normal.

SHORT 253 ¿Harry y Meghan Ignoran el peligro? la controvertida decisión de visitar Colombia a pesar de las alertas de seguridad

La reciente visita de los duques de Sussex a Colombia generó controversia y encendió debates sobre su seguridad. A pesar de las advertencias de viaje emitidas por Estados Unidos y Reino Unido, Harry y Meghan siguieron adelante con su itinerario, acompañados por la vicepresidenta y ministra de Igualdad, Francia Márquez. Según Márquez, la pareja real visitaría Bogotá, Cartagena y Cali en una gira que prometía explorar la diversidad cultural y social del país sudamericano. Sin embargo, especialistas en seguridad cuestionaron esta decisión, calificando a Colombia como un destino de alto riesgo.

La prensa británica reaccionó con intensidad ante esta decisión. Un exoficial de protección real calificó el viaje como "sorprendente", recordando que Harry había expresado reticencias a regresar al Reino Unido por razones similares. Por su parte, el presidente colombiano, Gustavo Petro, respondió a las críticas con un tuit contundente: "Los países peligrosos son los que emiten CO2". A pesar de estas tensiones, los Sussex llegaron a Bogotá el 15 de agosto de 2024, dando inicio a su segunda gira internacional del año tras su visita a Nigeria en mayo.

El recorrido de cuatro días incluyó momentos destacados en Bogotá, Cali y Cartagena. En la capital, Harry y Meghan participaron en actividades culturales y conocieron proyectos locales. En Cali, asistieron al Festival Petronio Álvarez, donde Meghan sorprendió al público con un discurso en español fluido y su participación en bailes tradicionales de salsa. La ciudad también fue escenario de encuentros con iniciativas sociales que resonaron con el compromiso filantrópico de la pareja.

Uno de los puntos más emocionantes del viaje fue la visita a San Basilio de Palenque, un pueblo histórico reconocido por la UNESCO por su herencia africana y caribeña. Este encuentro permitió a los duques sumergirse en las raíces culturales de la región, mientras Meghan lucía diseños de la reconocida colombiana Johanna Ortiz, reforzando su apoyo a la moda sostenible y a talentos locales.

Aunque el viaje generó comentarios en la prensa internacional, la familia real británica permaneció al margen. Según fuentes cercanas, ni el rey Carlos ni el príncipe William mostraron preocupación por esta gira, que coincidió con los Juegos Olímpicos de París. La entusiasta recepción en Colombia recordó el éxito de la pareja en Nigeria y consolidó su interés en promover causas globales desde un enfoque cultural y social.

Harry y Meghan concluyeron su gira reafirmando su compromiso con la igualdad y la filantropía internacional. Su paso por Colombia no solo destacó la riqueza cultural del país, sino también la capacidad de la pareja para conectarse con comunidades de todo el mundo.

SHORT 254 Revelan la impresionante operación de seguridad para proteger a Harry y Meghan en Colombia

El arribo de Harry y Meghan a Colombia desató una oleada de controversias, especialmente por el nivel de seguridad que los acompañaba. La pareja, que ha criticado la falta de protección en Reino Unido, estuvo rodeada por un impresionante equipo de seguridad en su visita a Bogotá. ¿Es esto una medida necesaria o una exageración?

Con al menos 14 vehículos escoltando a los duques y un perímetro custodiado por soldados, policías, y seguridad privada, la magnitud del operativo sorprendió a muchos. Incluso, se les vio acompañados de un oficial armado con un escudo de Kevlar, un elemento que refuerza la gravedad de las amenazas percibidas.

A pesar de la controversia, la pareja continuó con sus actividades programadas, participando en sesiones de arte y plantación de árboles en una escuela local. Los estudiantes, emocionados, les dieron la bienvenida con actuaciones tradicionales y regalos para sus hijos, Archie y Lilibet.

Este despliegue de seguridad ha sido objeto de múltiples críticas, generando debate sobre las verdaderas motivaciones de la pareja y la naturaleza de su visita.

SHORT 255 La ruptura definitiva: William no quiere a Harry en su coronación

El príncipe William, futuro rey de Inglaterra, parece haber tomado una decisión contundente respecto a su hermano menor, Harry. Según fuentes cercanas al heredero, William no desea que Harry asista a su coronación. La tensa relación entre los hermanos, que no se han hablado en casi dos años, ha llegado a un punto crítico.

El distanciamiento comenzó tras la salida de Harry de la familia real y se ha profundizado con las acusaciones que hizo contra William y la monarquía. Amigos cercanos a William afirman que el príncipe desea que su coronación sea un evento sin tensiones, y la presencia de Harry solo complicaría las cosas.

La relación entre ambos se ha deteriorado tanto que, según se informa, William no tiene intención de reconciliarse con Harry en un futuro cercano. Los desacuerdos sobre la familia y las críticas a Kate Middleton han hecho que la ruptura parezca irreparable.

Con Harry viviendo en California junto a Meghan Markle y sus hijos, la distancia entre los hermanos es ahora tanto física como emocional. William está enfocado en su familia y en sus deberes reales, dejando a un lado cualquier intento de acercamiento con su hermano menor.

SHORT 256 Meghan Markle sorprende hablando español en Colombia: "Lo aprendí hace 20 años

Meghan Markle, duquesa de Sussex, sorprendió a todos durante su visita a Colombia al hablar en español. En un evento celebrado en Cali, como parte de la agenda con la Vicepresidencia de la República, Meghan decidió dirigirse al público en español, revelando que había aprendido el idioma hace 20 años en Buenos Aires. "Puedo sentir este abrazo de Colombia", expresó, dejando a los presentes admirados por su gesto.

La duquesa explicó que su conocimiento del español proviene de su tiempo en Argentina, donde vivió y trabajó durante un período. Su pronunciación, aunque no perfecta, fue recibida con una ovación por parte del público, quienes apreciaron su esfuerzo por conectarse con ellos en su lengua materna.

Markle continuó su discurso en inglés, pero su introducción en español marcó un momento especial en su visita. Este gesto fue ampliamente comentado en redes sociales, donde muchos destacaron la cercanía y empatía que Meghan mostró hacia la cultura colombiana.

El manejo del español por parte de Meghan no es casual; además de su tiempo en Argentina, la duquesa también realizó estudios en Madrid, España, lo que le permitió perfeccionar sus habilidades en el idioma.

SHORT 257 El asombroso regalo de la reina a Ana: Un collar de 2,8 millones de dólares

La princesa Ana, conocida por su estilo discreto, recibió un impresionante collar de diamantes valuado en 2,8 millones de dólares de su madre, la reina Isabel II, por su 18º cumpleaños. Este regalo, una pieza exquisita de joyería festón adornada con cintas y colgantes, es considerado uno de los obsequios más lujosos que la reina otorgó a su hija.

El collar, una joya histórica con raíces en los periodos georgiano y eduardiano, fue elogiado por expertos en joyería por su valor tanto material como histórico. James Constantinou, especialista en joyas, afirmó que con la promoción adecuada, esta pieza podría alcanzar un valor superior a los 2,8 millones de dólares en una subasta internacional.

Curiosamente, mientras Ana recibía este costoso presente, su hermano menor, el príncipe Eduardo, fue "olvidado" en uno de sus cumpleaños. Según la experta real Ingrid Seward, en una ocasión la reina no reconoció su cumpleaños, dejándolo sin regalo ni tarjeta.

Este regalo es solo uno de los muchos lujos que Ana ha recibido a lo largo de su vida, consolidando su lugar en la historia de la realeza británica.

SHORT 258 Salsa y pasión: El momento inolvidable de los Sussex en Colombia

Meghan Markle y el príncipe Harry dejaron una huella imborrable en su visita a Cali, donde no solo compartieron su carisma, sino también un apasionado momento al ritmo de la salsa. La pareja real, conocida por su conexión genuina con la gente, se unió a un grupo de jóvenes bailarines en la Unidad Recreativa El Vallado, donde se entregaron al ritmo latino.

Durante la sesión de baile, Meghan y Harry no pudieron ocultar su afecto mutuo. En un emotivo gesto, Meghan tomó el rostro de Harry y lo besó apasionadamente, dejando a todos los presentes con una gran sonrisa. Las imágenes capturaron a la pareja abrazándose y moviéndose al compás de la música, mostrando su lado más humano y cercano.

Este momento de conexión y alegría resonó profundamente en la comunidad, demostrando que, más allá de su estatus, Meghan y Harry saben disfrutar y compartir con la gente. Los jóvenes de Cali se llevaron no solo una lección de vida, sino también un recuerdo imborrable de dos figuras globales que se entregan de corazón.

SHORT 259 ¿Qué pensaba la reina Isabel de Trump?

La reina Isabel II, conocida por su diplomacia y discreción, tenía una opinión firme sobre el expresidente Donald Trump, describiéndolo como "muy grosero" tras su visita a Reino Unido.

Según revela una nueva biografía titulada *A Voyage Around The Queen*, la difunta monarca expresó su desaprobación después de los encuentros con Trump en el Palacio de Buckingham y el Castillo de Windsor.

El autor Craig Brown detalla en su libro que la reina se sintió especialmente incómoda con la forma en que Trump miraba constantemente por encima de su hombro durante sus conversaciones, como si buscara a alguien más interesante.

Además, Isabel II consideraba extraño el matrimonio de Trump con Melania, especulando que debía existir algún tipo de "arreglo" entre ellos.

Estos comentarios de la reina Isabel reflejan su malestar durante las visitas de Trump, quien en varias ocasiones rompió el protocolo real, generando críticas y controversias.

Desde caminar delante de la monarca en Windsor hasta tocarla inapropiadamente en Buckingham, las acciones de Trump parecieron subrayar la falta de respeto que la reina percibió.

Estas revelaciones destacan el contraste entre la actitud de la reina Isabel, símbolo de la cortesía británica, y la conducta de Trump, que muchos consideran desafiante y poco convencional.

SHORT 260 Kate y William: Los favoritos de la corona

La familia real británica sigue siendo objeto de fascinación global, y una reciente encuesta revela quiénes son los miembros más populares. ¿Quién lidera las preferencias y quién ha caído en desgracia?

Kate Middleton se ha consolidado como la figura más querida de la familia real británica en 2024, según una reciente encuesta realizada en el Reino Unido. Con un respaldo sólido, la princesa de Gales continúa ganándose el afecto del público, destacándose por su elegancia y compromiso con causas sociales con el 76% de popularidad.

El príncipe William, heredero al trono, también mantiene una posición fuerte en la opinión pública, siendo el segundo miembro más popular de la realeza, con un 73% de opiniones positivas. Su dedicación a sus deberes y su papel como padre de familia lo han mantenido en alto aprecio entre los británicos.

En contraste, el príncipe Andrés sigue siendo el miembro menos popular, con solo un 7% de apoyo. Su caída en desgracia, marcada por controversias y escándalos, lo ha dejado prácticamente fuera del favor público.

El rey Carlos III ha visto un aumento en su popularidad, con un 66% de respaldo en 2024, comparado con el 58% en 2020, mientras que el apoyo a la monarquía se mantiene estable, aunque más fuerte entre los grupos de mayor edad.

SHORT 261 William vs. Meghan: La verdadera historia

La tensa relación entre el príncipe William y Meghan Markle no es un secreto, pero un nuevo libro revela la verdadera razón detrás de la desconfianza de William hacia Meghan. ¿Qué motivó su rechazo desde el principio?

El príncipe William, heredero al trono británico, nunca confió completamente en Meghan Markle, y ahora se revela el motivo. Según el libro "Battle of the Brothers" de Robert Lacey, William creía que Meghan tenía una agenda oculta y sentía que ella estaba "robándole" a su hermano Harry.

Desde el principio, el futuro rey veía a Meghan como una amenaza para la estabilidad familiar y las tradiciones reales.

La desconfianza de William creció cuando Meghan comenzó a desafiar las normas establecidas de la monarquía, lo que generó tensiones no solo entre los hermanos, sino también entre Meghan y Kate Middleton.

Según fuentes cercanas al Palacio de Kensington, William estaba preocupado por la influencia que Meghan podría tener sobre Harry y la fractura que esto causaría en su familia.

Las tensiones alcanzaron su punto álgido tras la entrevista explosiva de

Harry y Meghan con Oprah en 2021 y la publicación de las memorias de Harry, "Spare", donde se revelaron detalles privados de las disputas entre Meghan y Kate. Desde entonces, la relación entre los hermanos ha estado rota, con pocas señales de reconciliación.

SHORT 262 ¿Por qué Kate Middleton desconfió de Meghan desde el primer momento?

Cuando Kate Middleton conoció a Meghan Markle por primera vez en 2017, la cena organizada por William y Kate en su hogar parecía ser una oportunidad perfecta para fortalecer lazos. Sin embargo, la realidad fue otra.

Meghan, siempre afectuosa y espontánea, apareció descalza y con vaqueros rotos, lo que chocó con la formalidad impecable de Kate. Según Meghan, en su serie de Netflix, la interacción fue incómoda, revelando rápidamente la formalidad que Kate mantenía incluso en privado.

Las reservas de Kate no fueron las únicas; William también tenía sus sospechas. Según el experto real Robert Lacey en su libro *Battle of the Brothers*, William percibía que Meghan tenía una "agenda" y veía en ella una amenaza al sistema real. Esta desconfianza fue compartida por Kate, quien desde el principio se mostró cautelosa con Meghan, evitando una relación cercana.

En las memorias de Harry, *Spare*, se amplía sobre este encuentro, mencionando cómo Meghan intentó acercarse a William con remedios homeopáticos cuando estaba resfriado, pero Kate rápidamente dejó en claro que no compartiría esos métodos. Este primer encuentro marcó la pauta de la relación entre ambas mujeres, una relación que, con el tiempo, solo se distanciaría más.

SHORT 263 Lo que el rey Carlos realmente piensa de Kate Middleton

El rey Carlos III mantiene un estrecho y afectuoso vínculo con la princesa de Gales, Kate Middleton, según revela el experto real Robert Jobson. Este lazo se fortaleció notablemente cuando Kate, tras revelar su tratamiento preventivo contra el cáncer, decidió compartir la noticia personalmente con Carlos en el Castillo de Windsor. Este gesto, calificado como conmovedor por Jobson, mostró la profunda confianza entre ambos.

Carlos, quien también había enfrentado su propia lucha contra el cáncer, se ha referido cariñosamente a Kate como su "amada nuera". El rey valora enormemente a Kate por su naturaleza resolutiva, evitando los dramas que han plagado a la familia real en tiempos recientes. Según Jobson, esta actitud de Kate ha sido crucial para mantener la estabilidad dentro de la monarquía.

La sólida relación entre Carlos y Kate quedó en evidencia durante el *Trooping the Colour* en junio, cuando ambos compartieron el balcón del Palacio de Buckingham, un gesto que los expertos reales vieron como una clara muestra de solidaridad. La cercanía entre ellos es vista como un pilar en el futuro de la familia real.

SHORT 264 La devastadora confesión del rey Carlos tras el nacimiento de Harry

La princesa Diana, en sus memorias y grabaciones, reveló un oscuro momento que dejó huella en la relación entre el rey Carlos y su hijo menor, el príncipe Harry. Según Diana, Carlos no pudo ocultar su decepción al enterarse de que su segundo hijo también era un varón, ya que esperaba con ansias el nacimiento de una niña.

"En el bautizo de Harry, Carlos se acercó a mamá y le dijo 'estamos muy decepcionados, queríamos una niña' y mamá le arrancó la cabeza y le dijo 'deberías darte cuenta de que tienes suerte de tener un hijo normal'", dijo Diana en las cintas, y agregó que eso afectó la calidad de la relación de Carlos con su madre.

Este comentario, según las grabaciones, tuvo un impacto duradero en la relación de Carlos con Diana y con la familia Spencer. La princesa no dudó en describir la frialdad que comenzó a reinar en su matrimonio tras ese desafortunado comentario, afectando no solo su relación, sino también el entorno familiar.

Estas revelaciones no solo ofrecen una perspectiva íntima de la vida privada del rey, sino que también subrayan las tensiones que marcaron la dinámica familiar desde el principio.

SHORT 265 El sencillo sándwich que la reina comía todos los días

La reina Isabel II, a pesar de su acceso a una exquisita gastronomía, tenía un simple sándwich como su favorito de toda la vida. Este humilde manjar, conocido como "peniques de mermelada", la acompañó desde su infancia hasta sus últimos días, demostrando que incluso la realeza aprecia lo sencillo. El ex chef real, Darren McGrady, quien trabajó 15 años para la familia real, reveló este detalle que sorprendió a muchos.

McGrady explicó que el sándwich favorito de la reina consistía en pan con mermelada de fresa y un toque de mantequilla, preparado con fresas escocesas del jardín de Balmoral. Este sencillo, pero delicioso bocadillo era parte de su ritual diario de té de la tarde, una tradición que mantenía sin importar dónde estuviera en el mundo. Además de los "peniques de mermelada", la reina también disfrutaba de sándwiches de pepino, preparados con queso crema y un toque de menta fresca.

Este gusto por lo simple muestra un lado más humano de la reina, quien, a pesar de su vida de lujo, encontraba consuelo en un sándwich tan común como entrañable.

SHORT 266 El top favorito de Kate Middleton y su conmovedor significado oculto

El estilo de Kate Middleton, la princesa de Gales, ha sido admirado y copiado por millones. Sin embargo, pocos saben que uno de sus tops favoritos, las rayas marineras en azul marino o negro, tiene un significado profundo y personal.

Este diseño, conocido como el estilo bretón, tiene raíces en la marina francesa y fue popularizado por Coco Chanel. Pero para Kate, va más allá de la moda.

En varias ocasiones, Kate ha optado por este estilo para eventos importantes. Por ejemplo, en un emotivo mensaje de video felicitando al equipo británico en los Juegos Olímpicos de París, la princesa eligió una pieza de Ralph Lauren.

Pero lo más sorprendente es su elección del estilo bretón durante un discurso en marzo, donde reveló su lucha personal con el cáncer y su tratamiento preventivo.

Esta conexión entre su top favorito y momentos significativos en su vida muestra cómo Kate utiliza la moda para expresar emociones y experiencias personales. El estilo bretón no es solo una tendencia para ella, sino un símbolo de fortaleza y resiliencia en tiempos difíciles.

SHORT 267 La reina Isabel y su profunda reacción a la muerte de la princesa Diana

En 1997, el mundo observó con asombro el silencio inicial de la reina Isabel tras la muerte de la princesa Diana. La monarca, conocida por su reserva y protocolo, se mantuvo en Balmoral mientras el país se sumía en el dolor y la furia. Los británicos, desconcertados por su aparente falta de respuesta, exigieron ver a su soberana en este momento de crisis.

Finalmente, el 5 de septiembre, la reina Isabel rompió su silencio en un emotivo discurso televisado. Se dirigió a la nación no solo como su reina, sino también como una abuela que compartía el duelo por la pérdida de una madre para sus nietos, William y Harry. En sus palabras, recordó a Diana como "un ser humano excepcional y talentoso", y destacó su admiración por la devoción de la princesa hacia sus hijos.

Años después, en una carta privada, la reina confesó que la muerte de Diana fue "una gran pérdida para el país" y expresó su orgullo por la valentía de sus nietos.

SHORT 268 La reina Isabel II rinde tributo a Diana en un gesto sin precedentes

En un impactante acto de reverencia, la reina Isabel II rompió el protocolo para honrar a la princesa Diana el día de su funeral. Mientras el cortejo fúnebre avanzaba, la monarca inclinó su cabeza, un gesto que resonó profundamente en el pueblo británico. Este tributo, inesperado y solemne, marcó un momento de reconciliación entre la realeza y la "princesa del pueblo".

La decisión de la reina de inclinarse ante el ataúd de Diana fue vista como un reconocimiento público del dolor que la nación sentía. Fue un acto simple, pero cargado de significado, que muchos interpretaron como un intento de enmendar el silencio inicial de la monarca tras la trágica muerte de Diana.

Este gesto, que quebró las rígidas normas reales, selló un momento clave en la historia de la monarquía británica. Casi 3 décadas después, el eco de esa reverencia aún resuena como un símbolo del poder de la empatía y el respeto en tiempos de duelo nacional.

SHORT 269 Tenso encuentro: William y Harry sin palabras en el funeral

El reciente funeral de Lord Robert Fellowes en 2024 fue escenario de un tenso encuentro entre los príncipes William y Harry, quienes, a pesar de estar a solo cinco metros de distancia, no intercambiaron palabras. El distanciamiento entre los hermanos, exacerbado tras la salida de Harry de la realeza, fue evidente, marcando otro capítulo en su compleja relación.

Aunque ambos príncipes asistieron al servicio, su interacción fue mínima. Un reverendo presente comentó que ambos príncipes le agradecieron el servicio de manera cortés, pero no recordaba haber visto ninguna conversación entre ellos, lo que subraya la frialdad en su relación actual.

Este evento marca la primera vez que William y Harry se encuentran en un evento familiar desde la coronación de su padre en mayo. La falta de comunicación entre los hermanos en un momento tan solemne refleja la profundidad de su distanciamiento, alimentado por las críticas públicas y las revelaciones de Harry en sus memorias y documentales.

La brecha entre los príncipes parece estar lejos de cerrarse, dejando en el aire la pregunta de si alguna vez podrán reconciliarse. La tensión sigue siendo palpable, y su relación continúa siendo objeto de escrutinio mundial.

10 Shorts de septiembre

SHORT 270 ¿Sabías cuál es el secreto detrás de la piel radiante de Kate Middleton?

El desayuno de la princesa de Gales es clave en su rutina de belleza. Se ha revelado que Kate comienza la mayoría de sus mañanas con un batido verde lleno de nutrientes. Este batido incluye ingredientes como col rizada, espirulina, matcha, espinacas, lechuga romana, cilantro y arándanos. Esta combinación no solo le proporciona energía para sus exigentes días, sino que también contribuye a mantener su piel impecable y su cabello brillante.

Además del batido, Kate prefiere un tazón de avena para completar su desayuno. La avena es conocida por ser rica en fibra y carbohidratos complejos, lo que le brinda una sensación de saciedad duradera y apoya su bienestar general. Este enfoque en la nutrición es parte de su estilo de vida saludable, que incluye la elección de alimentos que beneficien tanto su apariencia como su salud.

Kate Middleton ha compartido en varias ocasiones su amor por la cocina, mencionando recetas como salmón teriyaki y curry, que prepara para su familia. Esta dedicación a la alimentación saludable podría ser una de las razones por las cuales sigue luciendo tan espectacular.

SHORT 271 ¿Sabías que Kate Middleton mezcla alta costura con moda asequible en su vestuario real?

La princesa de Gales es un ícono de la moda, pero no por gastar excesivamente. A menudo sorprende al combinar marcas de alta gama con opciones asequibles, e incluso recicla prendas de su juventud, demostrando un enfoque consciente en su vestuario. Este estilo único la ha convertido en un modelo a seguir para muchos, que buscan emular su habilidad para equilibrar el lujo con la frugalidad.

A pesar de su enfoque económico, Kate debe asistir a numerosos eventos glamorosos como galas y banquetes, que requieren trajes de alta costura. En 2023, la princesa estrenó 135 prendas nuevas, valoradas en más de 121.000 dólares. Aunque esta cifra pueda parecer alta, es una necesidad para cumplir con las expectativas de su papel dentro de la familia real, especialmente en eventos como la coronación del rey Carlos y el banquete de estado en Corea del Sur.

Kate también demuestra su amor por la diplomacia a través de su vestuario cuando representa a la corona en el extranjero. Desde Francia hasta las Bahamas, su elección de ropa refleja la importancia de cada evento y su respeto por las culturas que visita, usando moda como una herramienta diplomática.

SHORT 272 ¿Sabías por qué Kate Middleton nunca comió patatas con la reina?

La reina Isabel II tenía hábitos alimenticios muy estrictos, y Kate Middleton, como princesa de Gales, debía seguirlos al pie de la letra. Uno de los alimentos prohibidos en las cenas con la reina eran las patatas. Este alimento común nunca estuvo presente en la mesa real debido a que, según se dice, la reina no las apreciaba. Kate, al igual que otros miembros de la familia, tuvo que adaptarse a estas normas durante muchos años.

Además de las patatas, otros alimentos estaban vetados en la dieta de la reina. La pasta, un plato popular para muchos, también estaba fuera del menú en el Palacio de Kensington. El ex chef real Darren McGrady confirmó que la reina nunca permitía que se sirviera pasta en sus cenas. Este tipo de restricciones reflejan el estricto protocolo que rige la vida diaria de la realeza británica.

Otro ingrediente comúnmente prohibido en las comidas reales era el ajo. La reina Consorte Camilla reafirmó esta regla cuando apareció en MasterChef Australia, destacando que la familia real evitaba el ajo en todas sus comidas. Estas restricciones muestran cómo incluso en algo tan simple como la comida, las reglas de la realeza son inflexibles.

SHORT 273 ¿Sabías por qué Kate Middleton y Meghan Markle nunca han usado la tiara Spencer de Diana?

La tiara Spencer, valorada en 511,000 dólares, es uno de los símbolos más icónicos de la princesa Diana. A pesar de que tanto Kate Middleton como Meghan Markle rinden homenaje a Diana usando algunas de sus joyas, ninguna de ellas ha lucido esta tiara en particular. La razón es más que simbólica; la tiara no es parte de la colección real, sino que pertenece a la familia Spencer, y probablemente nunca será usada por ellas.

Antes de su fallecimiento, Diana dejó claro en una carta de deseos que sus joyas se repartirían entre sus hijos, para que sus esposas pudieran usarlas. Sin embargo, la tiara Spencer sigue siendo propiedad de la familia de Diana, y su actual dueño es su hermano, el noveno conde Spencer. Aunque podría prestar la tiara a Kate o Meghan, la decisión recae exclusivamente en él.

A lo largo de los años, la tiara Spencer ha sido usada por las hermanas de Diana y otras mujeres de la familia Spencer en sus bodas, pero no por la princesa de Gales y la duquesa de Sussex. En cambio, Kate y Meghan han optado por tiaras de la colección de la reina Isabel II en sus respectivos matrimonios.

SHORT 274 ¿Sabías que el príncipe William ahora luce una barba?

El príncipe William sorprendió al mundo real al aparecer con una nueva barba en su más reciente compromiso oficial. Tras las vacaciones de verano, el príncipe de Gales asistió a la Galería Saatchi para inaugurar la exposición "Sin hogar: reenmarcado", un evento dedicado a contar las historias de personas que han pasado por situaciones de indigencia. Sin duda, su nuevo look ha captado tanto la atención como la importante causa que promueve.

La barba de William debutó primero en un video junto a la princesa Kate, donde ambos agradecieron al Equipo GB tras la ceremonia de clausura de los Juegos Olímpicos de 2024. Sin embargo, su apariencia fue el verdadero tema de conversación entre los fanáticos, opacando incluso los saludos de celebridades como David Beckham y Snoop Dogg.

Durante su visita a la galería, William se mostró atento al arte y a las historias detrás de cada pieza. Su aspecto renovado, con una barba que le da un toque más robusto, parece ser un cambio que ha llegado para quedarse.

SHORT 275 ¿Por qué la princesa Ana no dio títulos reales a sus hijos?

¿Sabías que la princesa Ana tomó una decisión que cambiaría el curso de la vida de sus hijos? A diferencia de otros miembros de la realeza, la única hija de la reina Isabel II optó por no otorgarles títulos reales a Peter Phillips y Zara Tindall, sus dos hijos. ¿La razón? Ana consideraba que crecer sin el peso de un título facilitaría una vida más normal y menos restringida por las obligaciones reales.

Peter y Zara, aunque cercanos a la familia real, han disfrutado de una mayor libertad en sus vidas personales y profesionales. Ambos han mantenido un perfil relativamente bajo en comparación con otros miembros de la realeza, aunque siempre presentes en momentos clave, como la coronación de su tío, el rey Carlos III, en 2023.

La princesa Ana, conocida por su sentido práctico y su dedicación al trabajo, ha sido clara al explicar su decisión. En una entrevista en 2020, mencionó que no tener títulos reales fue una ventaja para sus hijos. Al rechazar la oferta de su madre, la reina Isabel II, Ana dejó claro que el bienestar y la autonomía de Peter y Zara era lo más importante.

SHORT 276 Un matrimonio real sólido: Eduardo y Sofía, la discreta pareja real que perdura

¿Sabías que la boda del príncipe Eduardo y Sofía fue extremadamente íntima? A diferencia de las grandes celebraciones que caracterizan a los matrimonios reales, su ceremonia en 1999 en la capilla de San Jorge fue privada, con tan solo 500 invitados, la mayoría de ellos familiares cercanos. Ni siquiera el primer ministro Tony Blair fue invitado, manteniendo el evento en un perfil bajo.

Un detalle que ha sorprendido a muchos es que, aunque la reina Isabel II ofreció otorgar títulos reales a sus hijos, Eduardo decidió solicitar un título inusual: conde de Wessex, inspirado por la película Shakespeare enamorado. Esta elección fue parte de su deseo de mantener cierta distancia del protagonismo real.

La relación entre Eduardo y Sofía ha resistido la prueba del tiempo, en gran parte debido a su amistad sólida. Según Sophie, el secreto es que "comparten muchos intereses y se ríen mucho juntos". Mientras otros matrimonios reales fracasaban, el suyo se fortalecía, lo que muchos atribuyen a la cuidadosa elección de pareja por parte de Eduardo.

Finalmente, tras la muerte de la reina Isabel II, los títulos de Eduardo y Sofía cambiaron, convirtiéndose en duques de Edimburgo, honrando así el legado del príncipe Felipe y la reina.

SHORT 277 El príncipe Harry hereda millones por su cumpleaños 40: secretos del fondo fiduciario

¿Sabías que el príncipe Harry recibió una herencia millonaria? A medida que se acercaba su 40 cumpleaños el 15 de septiembre de 2024, heredó parte de un fondo fiduciario creado por la reina Madre en 1994. Este fondo fue diseñado para beneficiar a sus bisnietos en dos momentos clave de sus vidas: a los 21 y a los 40 años. Con este segundo pago, Harry recibió millones, una cifra que se mantiene en secreto hasta el momento.

El fondo fiduciario fue establecido cuando la reina madre tenía 94 años, distribuyendo su fortuna entre sus descendientes más jóvenes. Aunque los detalles son escasos, se cree que Harry recibirá una porción mayor que su hermano, el príncipe William, ya que este último ha heredado el Ducado de Cornualles al convertirse en el heredero al trono. Este hecho ha generado especulaciones sobre la cantidad exacta que recibió Harry.

Otros miembros de la familia real, como Zara y Peter Phillips, y las hijas del príncipe Andrés, Beatriz y Eugenia, también son beneficiarios de este fideicomiso. Aunque el testamento de la reina madre se mantuvo privado, se sabe que su legado abarca valiosas obras de arte y propiedades, gran parte de las cuales fueron transferidas a la Colección Real.

Harry y Meghan han dejado de ser miembros de la realeza desde 2020, financiando su vida en California a través de acuerdos mediáticos. Sin embargo, esta nueva herencia podría cambiar el panorama financiero de la pareja en el futuro.

SHORT 278 La princesa Kate Middleton comparte su lucha contra el cáncer y un mensaje de esperanza

En un emotivo video publicado en sus redes sociales, la princesa de Gales, Kate Middleton, reveló que ha terminado su tratamiento de quimioterapia, un proceso que ha marcado profundamente los últimos meses de su vida. "Ahora que el verano está llegando a su fin, no puedo expresarles el alivio que siento por haber completado finalmente mi tratamiento de quimioterapia", comienza la princesa con sinceridad.

A continuación, compartió con su audiencia la dureza del camino que ha recorrido: "Los últimos nueve meses han sido increíblemente duros para nosotros como familia. La vida tal como la conocemos puede cambiar en un instante, y hemos tenido que encontrar una manera de navegar por aguas turbulentas". Kate hizo hincapié en lo impredecible y aterrador que puede ser el cáncer, especialmente para aquellos que rodean a quienes lo padecen.

Con una nueva perspectiva, la princesa explicó: "Este tiempo nos ha recordado a William y a mí que debemos estar agradecidos por las cosas simples pero importantes de la vida, que muchos damos por sentado. De simplemente amar y ser amado". Pese a haber superado la quimioterapia, Kate señaló que su camino hacia la recuperación total continúa, y se mostró esperanzada con su regreso al trabajo en los próximos meses.

Finalmente, envió un poderoso mensaje a quienes también luchan contra el cáncer: "Sigo con ustedes, codo con codo, de la mano. De la oscuridad puede surgir la luz, así que dejemos que brille con fuerza".

SHORT 279 Kate Middleton revela su lucha personal contra el cáncer en emotivo mensaje

Y ahora traemos los apartes más emotivos del mensaje de Kate Middleton, narrados en sus propias palabras. La princesa de Gales reflexionó sobre su reciente lucha contra el cáncer, su recuperación y el apoyo recibido durante este difícil proceso.

Kate expresó: "A medida que el verano llega a su fin, no puedo expresarles el alivio que siento por haber completado finalmente mi tratamiento de quimioterapia. Los últimos nueve meses han sido increíblemente duros para nosotros como familia. La vida tal como la conocemos puede cambiar en un instante y hemos tenido que encontrar una manera de navegar por las aguas tormentosas y el camino desconocido."

En su mensaje, agregó: "El viaje del cáncer es complejo, aterrador e impredecible para todos, especialmente para aquellos más cercanos a uno. La humildad también te pone cara a cara con tus propias vulnerabilidades, de una manera que nunca antes habías considerado y con ello una nueva perspectiva de todo."

La princesa también reflexionó sobre lo aprendido durante este periodo: "Este tiempo nos ha recordado sobre todo a William y a mí que debemos reflexionar y estar agradecidos por las cosas simples pero importantes de la vida, que muchos de nosotros a menudo damos por sentado. Simplemente amar y ser amado. Hacer lo que pueda para mantenerme libre de cáncer es ahora mi objetivo."

Aunque Kate ya terminó su quimioterapia, reconoció que el camino hacia la recuperación no ha concluido: "Mi camino hacia la curación y la recuperación total es largo y debo continuar aprovechando cada día como viene. Sin embargo, espero volver a trabajar y asumir algunos compromisos públicos más en los próximos meses cuando pueda. A pesar de todo lo que ha pasado hasta ahora, entro en esta nueva fase de recuperación con un renovado sentido de esperanza y aprecio por la vida."

En un agradecimiento lleno de emoción, expresó: "William y yo estamos muy agradecidos por el apoyo que hemos recibido y hemos sacado mucha fuerza de todos aquellos que nos están ayudando en este momento. La amabilidad, empatía y compasión de todos han sido verdaderamente conmovedoras."

Para cerrar su mensaje, Kate dedicó unas palabras a quienes también enfrentan esta lucha: "A todos aquellos que continúan su propio viaje contra el cáncer: permanezco con ustedes, codo a codo."

SHORT 280 El día que la reina Isabel pasó desapercibida ante turistas estadounidenses

¿Sabías que la reina Isabel II, una de las figuras más reconocidas del mundo, logró pasar desapercibida ante unos turistas estadounidenses? En un sorprendente paseo cerca de Balmoral, su residencia favorita, ocurrió un divertido encuentro que pocos conocen.

Según cuenta su ex oficial de protección, Richard Griffin, la pareja nunca supo quién les estaba hablando. La reina, vestida con una chaqueta Barbour y un pañuelo, disfrutaba de uno de sus pocos momentos de paz en los majestuosos paisajes de las Highlands.

Pero, ¿cómo es posible que alguien no reconozca a la monarca británica? La respuesta está en la modestia y sencillez que la caracterizaban en situaciones cotidianas. Mientras conversaba con los turistas, estos le preguntaron de dónde era, a lo que ella, con total naturalidad, respondió que vivía en Londres y tenía una casa de vacaciones cerca. ¡Increíble! La conversación continuó con los estadounidenses hablando de su viaje sin darse cuenta de quién estaba frente a ellos.

Lo más intrigante ocurrió cuando el turista, pensando que Richard Griffin conocía a la reina, le pidió detalles sobre ella. Sin dudarlo, y con su característico sentido del humor, la reina comentó que su oficial de protección la veía con frecuencia. La confusión llegó a su punto máximo cuando el hombre, emocionado, le pidió a la reina que tomara una foto de él y Griffin. ¡La monarca no solo aceptó, sino que lo hizo con una sonrisa!

SHORT 281 ¿Cómo era realmente la relación entre la princesa Ana y la princesa Diana?

¿Sabías que la relación entre la princesa Ana y la princesa Diana fue más compleja de lo que muchos pensaban? A lo largo de los años, los rumores sobre una rivalidad entre ellas crecieron, especialmente después de que Ana no asistiera al bautizo del príncipe Harry. Sin embargo, la realidad detrás de esta "disputa" podría ser mucho más intrigante de lo que imaginamos.

En una rara entrevista de Diana en 1985, la princesa mencionó que admiraba profundamente el trabajo de Ana. A pesar de esto, las diferencias entre ambas eran claras. Mientras Diana capturaba la atención del público con su carisma, Ana, con su enfoque reservado y diligente, se mantuvo firme en su papel tradicional. Estas diferencias crearon un aura de tensión, alimentada por los medios.

A lo largo de los años, la relación entre ambas fue distante, aunque no necesariamente hostil. En 1997, tras la trágica muerte de Diana, Ana mostró una sorprendente muestra de apoyo hacia el joven Harry, llevándolo a recorrer las tierras de Balmoral, mostrando un lado compasivo pocas veces visto.

SHORT 282 ¿Sabías cuáles son los regalos más impresionantes que William le ha dado a Kate?

¿Sabías que el anillo de compromiso de Kate Middleton, un zafiro de Ceilán que perteneció a la princesa Diana, está valorado en más de 500,000 dólares? Este anillo, con su intenso azul real, simboliza no solo la herencia familiar, sino también el profundo significado detrás de cada joya que el príncipe William ha elegido para su esposa. Pero ¿es este el único tesoro que William le ha regalado?

A lo largo de los años, William ha demostrado su devoción a través de joyas exquisitas. Para su 30° cumpleaños, le regaló a Kate un conjunto de Cartier valorado en $154,000, compuesto por pendientes y un collar de oro rosa, blanco y amarillo. Estos detalles de lujo, aunque costosos, reflejan los momentos clave en su vida en común. ¿Qué otras joyas esconderá el joyero real?

Uno de los regalos más personales fue un anillo de oro con perlas y granates, que William le obsequió mientras ambos estudiaban en St Andrews. Este regalo, mucho más sencillo, representa su relación temprana y el afecto genuino antes de convertirse en duquesa. ¿Será el próximo regalo otro símbolo cargado de significado personal?

Anillo de compromiso con zafiro ($500,000) – Perteneció a la princesa Diana y es un símbolo de continuidad en la familia real.

Conjunto olímpico de Cartier ($154,000) – Un tributo a los Juegos Olímpicos de 2012, con pendientes y collar de oro de 18 quilates.

Reloj Ballon Bleu de Cartier ($25,000) – Regalado en su tercer aniversario de bodas, tiene detalles en zafiro que combinan con su anillo de compromiso.

Anillo de promesa ($1,917) – Un gesto romántico de los primeros años de relación, con granates y perlas, sus piedras natales.

Pendientes de amatista verde ($2,550) – Un regalo navideño de 2011, diseñados por Kiki McDonough, los favoritos de Kate.

Pendientes de turmalina verde y diamantes ($2,800) – Un regalo por el nacimiento de la princesa Charlotte, símbolo de la familia.

Collar de oro personalizado ($632) – Incluye las iniciales de sus tres hijos, un regalo por su 38º cumpleaños.

Anillo de bodas de oro galés ($2,940) – Hecho con oro de la misma pepita que los anillos de la reina Isabel y la reina madre.

Banda de eternidad con diamantes ($1,916) – Regalo tras el nacimiento del príncipe George, símbolo de su familia en crecimiento.

Cada pieza tiene un valor sentimental y un significado especial, desde sus días universitarios hasta los eventos más destacados de la familia real.

SHORT 283 ¿Conoces todos los secretos del príncipe Harry?

Es guapo, pertenece a la realeza, se casó con el amor de su vida, ha publicado una autobiografía muy controvertida y es una de las figuras públicas más populares del mundo en estos momentos. ¿Quién no querría saber cada pequeño detalle sobre el polémico Duque de Sussex?

Ya sea que no apruebes el estilo de vida del príncipe o estés orgullosamente a favor de Harry y Meghan, aquí hay 10 datos interesantes sobre Harry Windsor:

Harry no es en realidad su nombre oficial: El príncipe nació como Henry Charles Albert David, pero su familia lo llamó Harry desde siempre.

Ama el helado: Durante una entrevista en Afganistán, Harry fue grabado corriendo tras un camión de helados, mostrando su debilidad por el postre.

Trabajó como jornalero en Australia: Durante su año sabático, fue peón de una granja donde arreaba ganado y reparaba cercas.

Lanzó los Juegos Invictus: Inspirado por los Juegos de Guerreros en EE.UU., creó esta competencia para militares heridos.

Odiaba vivir en Los Ángeles: Harry y Meghan prefirieron mudarse a Montecito por privacidad y tranquilidad.

Tiene apodos inusuales: Su familia lo llama "Harold", mientras que Meghan lo apoda "H".

Apoya la salud mental: Junto a William y Kate, fundó la campaña "Heads Together" y el servicio de apoyo 'Shout'.

Trabajó como 'jackaroo': Durante su año sabático, pastoreaba ganado en Australia como parte de su experiencia en el campo.

Se casó en secreto antes de la boda oficial: Harry y Meghan realizaron una ceremonia privada unos días antes de la boda televisada.

Fundó Sentebale: Inspirado por el trabajo de su madre, creó esta organización para ayudar a jóvenes afectados por el VIH en África.

SHORT 284 ¿Un nuevo comienzo? William y Kate envían mensaje a Harry por su cumpleaños

¿Sabías cuál fue el inesperado gesto que William y Kate tuvieron hacia Harry en su 40º cumpleaños? A través de la cuenta oficial de los príncipes de Gales, Harry recibió un mensaje público deseándole un feliz cumpleaños. Este acto ha sido visto por muchos como una rama de olivo tras las tensiones familiares.

El mensaje fue breve pero significativo, acompañado de una foto de Harry sonriente. Curiosamente, la publicación no estaba firmada con las iniciales de William o Kate, un detalle que ha alimentado la especulación sobre el nivel de implicación personal de los príncipes en el gesto.

Desde que Harry lanzó sus memorias Spare, donde hizo duras críticas a la familia real, el contacto público ha sido mínimo. Sin embargo, esta felicitación marca un giro inesperado, ya que el año anterior no hubo reconocimiento público de su cumpleaños por parte de la familia real.

La celebración de su 40º cumpleaños, que tuvo lugar en su mansión en California, podría ser un momento clave para recomponer las relaciones entre los hermanos, aunque los detalles de su posible reconciliación aún están por verse.

SHORT 285 El conmovedor relato de James Middleton sobre el amor entre Kate y William

¿Sabías que James Middleton, hermano de la princesa Kate, reveló cuándo descubrió que su hermana estaba enamorada del príncipe William? Según James, todo ocurrió en un tranquilo rincón de un pub familiar en 2010, cuando Kate le confió a él y a su hermana Pippa que su relación con el príncipe había tomado un giro serio.

James recuerda que fue un paseo por Battersea Park el que lo hizo reflexionar sobre el amor verdadero que unía a su hermana y William. En sus memorias, escribe cómo este amor le dio seguridad: "Sabía que estaban destinados a estar juntos. William la hacía florecer".

El libro de James también explora sus luchas personales, especialmente su batalla contra la depresión, que lo llevó a apartarse de su familia, incluida su hermana Kate. A través de su fiel compañera, la perra Ella, encontró la fuerza para superar estos oscuros momentos.

La historia revela un lado humano y vulnerable del hermano de la futura reina, mostrando el impacto profundo que tuvo en su vida el apoyo incondicional de su familia.

SHORT 286 ¿Alguna vez te has preguntado por qué nunca ves a Kate Middleton con una minifalda?

La familia real británica sigue un riguroso código de vestimenta que va más allá de las apariencias. Cada elección, desde el largo de las faldas hasta el uso de jeans, está cuidadosamente calculada para mantener una imagen de elegancia y respeto por la tradición. Este nivel de atención al detalle refleja la importancia que la realeza da a su rol público y su impacto cultural.

Una de las normas más destacadas es la longitud de las faldas. Las mujeres reales, como Kate Middleton, evitan las faldas cortas, optando siempre por diseños midi o más largos. Este estándar no solo refuerza su imagen de sofisticación, sino que también evita controversias en un entorno donde cada decisión es escrutada. Pero no es la única regla curiosa.

El uso de jeans, por ejemplo, está limitado a contextos informales, como actividades deportivas o eventos familiares. Aunque Kate ha sido vista en jeans en ocasiones específicas, nunca los luce en compromisos oficiales, donde se espera un atuendo más formal. Este contraste entre lo cotidiano y lo protocolar resalta cómo la realeza equilibra la tradición con la modernidad.

Incluso el maquillaje está regulado. Las mujeres reales deben optar por un estilo natural, evitando tonos llamativos que puedan desviar la atención de sus compromisos oficiales. Este enfoque discreto no solo resalta su belleza natural, sino que también proyecta una imagen de seriedad y profesionalismo.

A través de estas normas, la familia real demuestra que cada detalle importa. Desde el vestuario hasta el maquillaje, todo está diseñado para reflejar los valores de la monarquía, combinando tradición y actualidad en un equilibrio que mantiene viva la fascinación por su estilo y protocolo.

SHORT 287 Las reglas ocultas del protocolo real: sombreros y tiaras al descubierto

¿Sabías que los sombreros en la familia real son más que un simple accesorio de moda? Desde hace décadas, los elaborados sombreros se han convertido en un símbolo de estatus entre las mujeres de la realeza. Aunque hoy en día su uso se ha restringido a eventos formales, esta tradición tiene raíces profundas en la etiqueta real. Hasta los años 50, era casi impensable ver a una dama real sin sombrero en público, ya que mostrar el cabello se consideraba inapropiado.

Pero ¿qué hay de las tiaras? Este accesorio reservado solo para mujeres casadas y miembros de la familia real guarda un significado aún más profundo.

No fue hasta su boda con el príncipe William que Kate Middleton pudo lucir una tiara por primera vez. Lo mismo ocurrió con Meghan Markle, quien esperó hasta su matrimonio para poder portar este símbolo de estatus y pertenencia.

Una de las reglas más intrigantes es el cambio de sombreros por tiaras al llegar la noche. A partir de las 6 p. m., en eventos de etiqueta, los sombreros deben desaparecer para dar paso a las tiaras y joyas familiares. Esta transición marca un cambio de vestimenta, pasando de lo formal a lo deslumbrante.

¿Sabías que el uso de estos adornos también tiene implicaciones sociales? Para las mujeres casadas, llevar una tiara indica su estatus, enviando un claro mensaje a los caballeros: no están buscando pareja. Un pequeño detalle que revela el control y la sofisticación de la etiqueta real.

SHORT 288 El misterioso "Vestido Elvis" de Diana: ¿Sabías por qué lo apodaron así?

¿Sabías por qué Diana apodó uno de sus vestidos más icónicos como "Elvis"? En 1989, durante una visita a Hong Kong, la princesa de Gales sorprendió con un conjunto que no solo deslumbró a la audiencia, sino que escondía un detalle intrigante. El vestido, diseñado por Catherine Walker, estaba adornado con lentejuelas y perlas, acompañado de una chaqueta bolero con un cuello alto que recordaba los trajes icónicos del rey del rock, Elvis Presley.

Lo que muchos no sabían es que este no fue su primer uso. Diana había lucido el mismo vestido en los Premios de la Moda Británica en octubre del mismo año, aunque en aquella ocasión sin la famosa tiara. Durante su viaje a Hong Kong, añadió la tiara de nudos de amantes de la reina María, una pieza que, curiosamente, detestaba por su peso y el ruido de las perlas al chocar.

La tiara no fue lo único que llamó la atención en este look. Diana completó el conjunto con pendientes colgantes de perlas de Collingwood, un regalo de bodas. Sin embargo, lo más sorprendente fue que, a pesar de la elegancia del conjunto, Diana nunca se sintió completamente cómoda con él, marcando así uno de los looks más controvertidos y memorables de su carrera.

SHORT 289 ¿Por qué Kate dejó de usar el anillo de Diana? descubre las posibles razones

¿Sabías que Kate Middleton ha sorprendido a todos al dejar de usar el anillo de compromiso que perteneció a la princesa Diana? Este icónico anillo de zafiro ha sido reemplazado por una banda más sencilla en sus últimas apariciones públicas, generando una ola de especulaciones.

Pero ¿qué hay detrás de este cambio? Algunos sugieren que la princesa ha decidido alejarse de una pieza cargada de historia y emociones intensas, buscando un "nuevo comienzo" tras su batalla contra el cáncer.

Otra teoría es más práctica: los efectos secundarios de la quimioterapia, como la retención de líquidos y las infecciones, podrían haber obligado a Kate a dejar de usar el anillo de Diana por cuestiones de salud. Este cambio no sería permanente, pero sí una medida necesaria durante su recuperación.

Sin embargo, muchos fans especulan que Kate podría sentir que el anillo trae mala suerte, absorbiendo la energía negativa de los momentos difíciles que vivió Diana. Otros creen que el anillo podría haber quedado demasiado grande debido a la pérdida de peso ocasionada por la quimioterapia, y que Kate no quiere modificar una pieza tan emblemática.

Y aún hay quienes piensan que, simplemente, Kate está optando por una opción más discreta y que se ajuste mejor a su estilo actual.

SHORT 290 El misterioso permiso de la reina para la boda de Harry y Meghan

Cuando el príncipe Harry decidió proponerle matrimonio a Meghan Markle, la tradición real dictaba que debía pedirle permiso a su abuela, la reina Isabel II. Pero lo que nunca imaginó fue la respuesta desconcertante que recibiría. ¿Sabes qué le dijo la reina? Esa incógnita mantuvo a Harry perplejo durante un buen rato.

El momento fue elegido con cuidado: durante un viaje de caza en Sandringham, Harry aprovechó una oportunidad en la que estuvo a solas con su abuela. Con nerviosismo, expresó cuánto amaba a Meghan y le pidió permiso para casarse. Sin embargo, la reina Isabel, con su clásico sentido del humor, le respondió: "¿Tengo que hacerlo?" antes de darle un sí inesperado.

La respuesta dejó a Harry sin palabras, y según detalla en sus memorias *Spare*, no supo si su abuela estaba siendo sarcástica o simplemente juguetona. Sin embargo, el príncipe comprendió finalmente que tenía su bendición, aunque de una manera inusualmente críptica.

Tras recibir el permiso, Harry se puso manos a la obra con el diseño del anillo y la planificación de la propuesta perfecta para Meghan. Lo que comenzó con una pregunta llena de nerviosismo, terminó con un "sí" inesperado de la reina.

SHORT 291 Kate Middleton retoma poco a poco sus deberes reales tras superar una dura batalla

¿Te has preguntado cómo la princesa de Gales retomará sus deberes reales tras su batalla contra el cáncer? Kate Middleton ha sido vista por primera vez en meses, y aunque su regreso ha sido gradual, está claro que la princesa no planea detenerse. Catherine, asistió a la iglesia junto al príncipe William, mostrando su fortaleza tras la quimioterapia.

Sin embargo, lo más intrigante fue el ambiente de misterio que rodeó su aparición. Con un semblante sereno, pero firme, Kate dejó entrever que su recuperación será un proceso largo. "De la oscuridad puede surgir la luz", dijo en un vídeo reciente. Estas palabras siguen resonando entre sus seguidores.

¿Será este solo el comienzo de una nueva etapa para Kate? Aunque está retomando sus compromisos de manera ligera, su reciente reunión en el Castillo de Windsor sugiere que no tardará mucho en volver a liderar iniciativas clave como su campaña Shaping Us. ¿Qué sorpresas traerá esta nueva fase?

Los próximos meses serán decisivos. Lo que queda claro es que la princesa de Gales ha mostrado una fortaleza admirable, y su regreso, aunque gradual, promete estar lleno de momentos significativos.

SHORT 292 Parte 2: Curiosidades príncipe Harry

El príncipe Harry es una de las figuras más intrigantes de la realeza británica.

¿Sabías que tenía una cuenta secreta en Instagram? Aquí te compartimos diez curiosidades sorprendentes que probablemente desconocías sobre él.

Cuenta secreta en Instagram y Facebook: Harry usaba el alias *SpikyMouse5* para seguir a sus amigos y mantener el anonimato en redes sociales.

Tuvo una relación de noviazgo muy larga: Su relación más larga antes de Meghan Markle fue con Chelsea Davies con quien salió por varios años.

Deportista destacado: En su escuela en Eaton Harry se destacó, usando el deporte como una forma de liberación emocional.

Misiones militares importantes: Fue enviado dos veces a Afganistán como piloto de helicóptero, siendo el único miembro de la familia real en época reciente que sirvió en el frente.

Amantes de los perros: Siempre quiso un perro y ahora tiene 3, incluyendo el Bagle de Meghan.

Cercano a Eugenia: Su prima, la princesa Eugenia es su confidente más cercano dentro de la familia real.

Jugador apasionado de Polo: Harry ha jugado polo desde joven y sigue participando en eventos alrededor del mundo apoyando causas benéficas con esta actividad.

Ayudo en el parto de su hija: Estuvo presente y ayudo a traer al mundo a su hija Lilybeth en 2021.

Conciencia ecológica: Heredo de su padre el hábito de recoger basura donde quiera que vaya, comprometido con la causa medio ambiental.

Odiaba su ropa: No le gustaba la ropa que su madre Diana le hacía usar de niño.

SHORT 293 ¿Qué pensaba realmente la reina Isabel de Meghan Markle?

Desde el principio, la reina Isabel mostró una actitud abierta hacia Meghan Markle. Se dice que, en privado, incluso sugirió que Meghan podía seguir siendo actriz, señalando su respeto por su carrera. Este gesto inicial reflejaba un intento sincero de aceptación, pero detrás de las puertas del palacio, las cosas eran más complejas.

A pesar de sus esfuerzos, incluyendo la insistencia en que Meghan mantuviera una relación con su padre Thomas Markle, las tensiones familiares crecieron. La reina trató de hacer sentir a Meghan parte de la familia, pero estos intentos no lograron evitar el distanciamiento que se produciría más tarde entre los Sussex y la monarquía.

La salida de Harry y Meghan, conocida como "Megxit", fue un golpe para la reina. Aunque públicamente expresó cariño por ellos, en privado confesó sentirse "agotada" por la situación. Esta revelación sorprendió a muchos, mostrando una faceta más vulnerable de la monarca.

Al final de su vida, la reina admitió estar dolida por la distancia con Harry y sus bisnietos, Archie y Lilibet. Un distanciamiento que marcó los últimos años de su reinado y dejó interrogantes sobre el verdadero impacto de Meghan en la familia real.

SHORT 294 10 razones que explican por qué amamos a Kate Middleton

Kate Middleton, princesa de Gales, ha ganado el corazón del público con su elegancia, carisma y discreción. Pero ¿qué la hace tan querida por millones de personas? A continuación, las 10 razones más destacadas por las que admiramos tanto a la futura reina.

Discreción absoluta: Kate prefiere mantener su vida privada fuera de los focos mediáticos.

Madre trabajadora: A pesar de su apretada agenda, sigue siendo una madre devota para sus tres hijos.

Amante del deporte: Participa en maratones benéficas y apoya el deporte en sus compromisos reales.

Decoro impecable: Sus elecciones de vestuario siempre reflejan respeto por la cultura y tradición del país que visita.

Expresiva en eventos: En Wimbledon, sus genuinas reacciones han cautivado al público.

Fuerza ante la adversidad: Enfrentó el tratamiento de quimioterapia con valentía, continuando con sus deberes reales.

Accesible: No se niega a posar para *selfies* con sus seguidores, algo poco común en la realeza.

Reina del reciclaje: Sigue usando prendas que ya ha lucido, promoviendo la sostenibilidad.

Fotógrafa aficionada: Comparte momentos íntimos de su familia a través de su lente.

Belleza natural: A diferencia de otras celebridades, Kate ha optado por no recurrir a la cirugía estética.

SHORT 295 Las 5 tiaras más costosas que ha lucido Kate Middleton: un despliegue de lujo

¿Sabías que Kate Middleton ha llevado algunas de las tiaras más caras y deslumbrantes de la realeza? Estas impresionantes piezas no solo destacan por su belleza, sino también por su increíble valor. A continuación, te revelamos las cinco tiaras más costosas que ha lucido la princesa de Gales.

5. **Tocado de Alexander McQueen**: Valor estimado: $34,200

Esta corona de laurel, diseñada por Alexander McQueen, fue usada en la coronación del rey Carlos III en 2023, con hojas plateadas y cristales brillantes que evocan la naturaleza.

4. **Tiara de Rosas de Strathmore**: Valor estimado: $620,000

Esta tiara floral de diamantes, perteneciente a la reina madre, fue usada por Kate en un banquete en 2023. Es una pieza desmontable que puede convertirse en broches individuales.

3. **Tiara de Nudo del Amante**: Valor estimado: $1.1 millones

Favorita de Kate, esta tiara ha sido usada por la princesa Diana y la reina María. Sus perlas colgantes y arcos de diamantes la hacen una de las más icónicas.

2. **Tiara Halo de Cartier**: Valor estimado: $1.5 millones

Kate lució esta deslumbrante tiara de Cartier en su boda en 2011, adornada con 739 diamantes, un símbolo de su transformación de plebeya a princesa.

1. **Tiara de Flor de Loto**: Valor estimado: $4.4 millones

Una joya con hojas de papiro y perlas fue usada por Kate en recepciones diplomáticas y es considerada una de las piezas más valiosas de la realeza británica.

SHORT 296 Superstición real: El alimento que la familia real evita a toda costa

La familia real británica, conocida por su adherencia a la tradición, también esconde algunas supersticiones curiosas. Entre ellas, una de las más sorprendentes está relacionada con los alimentos puntiagudos. Según se dice, ningún miembro de la realeza consume comidas con esquinas afiladas, como sándwiches cuadrados, debido a una superstición ancestral que sugiere que quienes sirven estos alimentos buscan dañar a la monarquía.

Esta superstición no solo afecta la forma de los alimentos, sino también la selección de los mismos. Desde la reina Isabel hasta el rey Carlos III, han preferido sándwiches redondeados como los famosos "Jam Pennies", evitando a toda costa los cortes rectos o puntiagudos. Además, el ajo, los mariscos y las salsas de tomate también están prohibidos en compromisos oficiales, para evitar cualquier riesgo de olores incómodos o posibles intoxicaciones alimentarias.

A lo largo de los años, la dieta real se ha adaptado a estas costumbres, modificando incluso platos populares. Para la realeza, estas medidas no solo protegen su salud, sino que también aseguran que el protocolo y las supersticiones sean respetados en todo momento, aunque parezcan extrañas para muchos.

SHORT 297 ¿Qué fue lo que hizo a Diana temblar ante Al Fayed?

La princesa Diana, conocida por su elegancia y compasión, enfrentó una situación aterradora con Mohamed Al Fayed. Según el testimonio de su exmayordomo, Paul Burrell, el magnate egipcio hizo una propuesta que dejó a la princesa "temblando" y profundamente incómoda. Pero ¿qué fue lo que realmente sucedió?

Burrell reveló que Al Fayed le sugirió a Diana que se casara con su hijo, Dodi, en un intento de unirla a su familia de manera indecente. Según Burrell, la propuesta incluyó una perturbadora afirmación: "En la tradición egipcia, el padre va primero". Esta declaración dejó a Diana horrorizada.

Diana, apodando a Al Fayed como "Yoda" por su físico y comportamiento, quedó tan afectada que, según Burrell, no pudo contener su desagrado. A pesar de los lujosos regalos y la supuesta amistad, Diana se mantuvo firme y devolvió todos los obsequios del millonario, evitando cualquier contacto con él.

La historia, recientemente revelada, arroja luz sobre las tensiones ocultas en la vida de Diana y su relación con Al Fayed, quien más tarde sería acusado de múltiples delitos sexuales.

SHORT 298 El perturbador apodo que Al Fayed usaba para referirse a la princesa Diana

El vínculo entre Mohamed Al Fayed y la princesa Diana siempre estuvo rodeado de misterio. Mientras públicamente se mostraba como su protector, en privado la llamaba "incubadora", un apodo que dejaba entrever su perturbadora visión de Diana. Según el exmayordomo Paul Burrell, Al Fayed consideraba que el príncipe Carlos solo se había casado con Diana para obtener un heredero, reduciéndola a ese papel. Pero ¿qué motivaba realmente a Al Fayed para tratarla de esta forma?

Durante los años que siguieron al divorcio de Diana, el magnate egipcio buscó acercarse más a ella, alegando que quería llenar los vacíos que su familia le había dejado. Sin embargo, sus actos, lejos de ser protectores, hacían que la princesa se sintiera cada vez más incómoda. ¿Era un verdadero amigo o un manipulador?

En el famoso viaje en yate al sur de Francia, Al Fayed aprovechó la oportunidad para estrechar aún más la relación con Diana y sus hijos. Pero su obsesión y control comenzaron a levantar sospechas.

SHORT 299 Harry en los premios WellChild: un emotivo regreso, pero sin señales de reconciliación familiar

El príncipe Harry estuvo en Londres para asistir a los premios WellChild, un evento que reconoce el coraje y la fortaleza de niños que enfrentan enfermedades graves. Aunque su presencia iluminó la ceremonia, su visita no parecía incluir un reencuentro con su padre, el rey Carlos, o su hermano, el príncipe William. La brecha en la familia sigue presente, y las preguntas sobre un posible acercamiento siguen sin respuesta.

Harry se mostró relajado y alegre durante el evento, interactuando con los niños y recordando sus años de trabajo con la organización. A pesar de la calidez de su participación, su breve visita alimenta la especulación sobre las tensiones familiares, particularmente en torno a su distanciamiento de la realeza británica.

Con el rey Carlos en Balmoral en el momento de su viaje y las relaciones entre Harry y William más frías que nunca, este viaje refuerza la separación. La distancia entre los hermanos parece ser mayor que la física, y el futuro de sus lazos familiares sigue siendo incierto.

11 Shorts de octubre

SHORT 300 ¿Por qué Meghan Markle no acompañó a Harry en su visita a Londres?

Mientras el duque de Sussex asistía a los premios WellChild, un evento que ha apoyado durante más de 15 años, la ausencia de Meghan ha generado intriga. ¿Es esta una señal de nuevas tensiones en la pareja o simplemente una cuestión de agenda?

El compromiso de Harry con la causa de WellChild siempre ha sido inquebrantable, destacándose en su discurso donde elogió a los niños y sus familias por su resiliencia. Sin embargo, la especulación sobre la falta de Meghan ha dado lugar a diversas teorías, desde tensiones familiares hasta preocupaciones por la seguridad de la pareja en el Reino Unido.

Meghan, según fuentes cercanas, habría declarado que solo regresaría a Inglaterra bajo ciertas condiciones, como una mayor seguridad y un lugar propio para ella y Harry. Mientras tanto, el príncipe sigue cumpliendo con sus deberes, pero la ausencia de su esposa no ha pasado desapercibida, dejando muchas preguntas sin resolver.

SHORT 301 La pasión futbolística de William desborda tras la histórica victoria del Villa

El príncipe William fue visto eufórico en las gradas de Villa Park, celebrando el gol del colombiano John Durán que selló la victoria del Aston Villa ante el Bayern Múnich en la Champions League al comienzo del torneo. Como ferviente fanático de los 'Villanos', no es la primera vez que el heredero al trono británico muestra su pasión por el fútbol.

¿Sabías que otros miembros de la realeza también tienen equipos preferidos? La reina Isabel, por ejemplo, fue vinculada tanto al Arsenal como al West Ham, pese a mantener siempre una imagen de neutralidad.

Lo que sorprendió a muchos fue la forma en que William lideró los aplausos desde la tribuna, evocando la euforia de aquella histórica noche de 1982, cuando el Villa ganó la Copa de Europa. Aunque el rey Carlos también sigue de cerca el fútbol, su equipo predilecto es otro, y se ha especulado mucho sobre sus visitas a los estadios. ¿Será que heredó el fervor futbolístico de su madre?

La relación entre la realeza y el fútbol británico siempre ha sido intrigante. Mientras William celebraba la victoria, otros se preguntaban si algún día veremos al rey Carlos animar desde las gradas de un estadio. Su equipo, aunque menos conocido, también juega un papel importante en la historia del fútbol inglés.

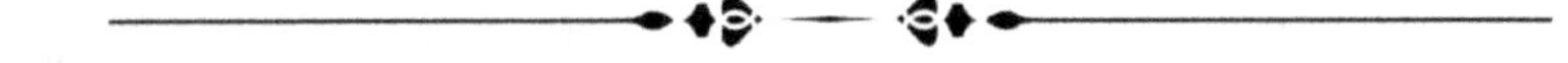

SHORT 302 Kate Middleton conmueve en su visita a paciente terminal de cáncer

La reciente aparición pública de Kate Middleton conmovió a muchos cuando visitó a una joven fotógrafa en fase terminal de cáncer. El emotivo encuentro ocurrió durante una sesión especial en la que la paciente, Liz, pudo tomar fotos exclusivas de una investidura, un privilegio poco habitual.

Lo que hace este encuentro aún más especial fue el momento en el que Kate abrazó a la joven, un gesto que sorprendió tanto a Liz como a su familia. Este detalle no estaba planeado, lo que hizo que el encuentro fuera aún más memorable para todos los presentes.

Además de ser una visita especial, se reveló que Kate mostró un genuino interés en la pasión de Liz por la fotografía, una profesión a la que la joven ha dedicado su tiempo desde su diagnóstico. Este detalle humano de la princesa ha sido muy valorado.

Muchos otros miembros de la realeza, incluida la difunta reina Isabel II, también han realizado visitas privadas y emotivas a personas en situaciones similares, consolidando su reputación de empatía y cercanía con el público.

SHORT 303 ¿Qué pasa con Meghan? El príncipe Harry se presenta sin su esposa en eventos clave

En los últimos meses, el príncipe Harry ha sorprendido al aparecer solo en varios actos públicos importantes. Desde su viaje a Nueva York hasta sus recientes compromisos en Lesoto, el duque de Sussex parece estar tomando un nuevo rumbo sin la compañía habitual de Meghan Markle. La ausencia de su esposa ha despertado interrogantes sobre el futuro de la pareja.

El contraste es notable. Anteriormente, Harry y Meghan solían presentarse juntos en todo tipo de eventos, proyectando una imagen de unión inquebrantable. Sin embargo, los últimos movimientos del príncipe parecen indicar una separación en sus compromisos profesionales. Algunos analistas sugieren que Harry podría estar intentando construir su propio legado, más allá de la influencia de su esposa.

Mientras tanto, Meghan Markle, según fuentes cercanas, estaría ocupada en proyectos personales y en el cuidado de sus hijos en California. Aun así, muchos se preguntan si esta distancia es temporal o si señala un cambio más profundo en la dinámica de la pareja real más comentada de los últimos tiempos.

¿Será este el inicio de una nueva etapa para Harry, trabajando sin Meghan? ¿Qué impacto tendrá esta distancia en su vida pública y privada? Los seguidores de la realeza británica ya comienzan a especular.

SHORT 304 ¿Se acerca un nuevo libro de Meghan Markle?

Muchos se preguntan si Meghan Markle seguirá los pasos de su esposo, el príncipe Harry, y publicará sus memorias. Tras el éxito de *"Spare"*, la expectación por un libro de Meghan ha crecido, especialmente por la controversia que podría desatar en la familia real. ¿Será este libro tan explosivo como el de Harry?

Si algo hemos aprendido del lanzamiento de "Spare", es que las memorias reales no pasan desapercibidas. La franqueza de Harry rompió récords, pero también provocó tensiones familiares. Meghan podría estar dispuesta a "contar su versión" de los eventos que los llevaron a alejarse de la realeza, lo que sin duda avivaría más la polémica.

Sin embargo, el contenido del libro de Meghan es todo un misterio. ¿Revelará detalles nunca antes contados de su vida en el palacio o su ruptura con la familia real? La respuesta sigue siendo incierta, pero lo que sí se sabe es que cualquier cosa que Meghan decida contar generará titulares en todo el mundo.

SHORT 305 La sorprendente altura de los miembros de la familia real británica

Muchos seguidores de la familia real se han preguntado cuántos centímetros miden sus integrantes. Mientras que la reina Isabel II destacaba por su carácter, su estatura no era tan imponente, pues medía 1,60 m. Un dato que ha intrigado a muchos, sobre todo al compararla con su familia más cercana.

El príncipe William es el más alto de la familia, con 1,90 m. Justo detrás de él, su hermano, el príncipe Harry, mide 1,88 m, aunque la diferencia entre ambos es apenas notable. Se cree que ambos hermanos heredaron su altura de su abuelo, el príncipe Felipe, quien medía 1,80 m y destacaba por su porte.

El rey Carlos III y la princesa Diana compartían la misma estatura, ambos con 1,78 m. Esta coincidencia ha sido mencionada en diversas ocasiones por seguidores de la realeza.

Entre las mujeres de la familia, la princesa de Gales, Catherine, destaca con 1,75 m, posicionándose como una de las más altas. Le sigue la reina consorte Camilla, quien mide 1,73 m.

La princesa Ana, única hija de la reina Isabel, tiene una altura de 1,68 m, al igual que Meghan Markle. Las princesas Eugenia y Beatriz, por su parte, heredan la estatura más baja de su abuela, midiendo 1,65 m y 1,62 m respectivamente.

SHORT 306 La conversación con Carlos que cambió el destino de William y Kate

Pocos saben que el romance entre el príncipe William y Kate Middleton estuvo a punto de no suceder. William, descontento con su vida en la Universidad de St. Andrews, estuvo a un paso de abandonar sus estudios y con ello, la posibilidad de conocer a Kate. Fue una conversación crucial con el rey Carlos lo que cambió el rumbo.

Durante su primer semestre, William sentía que la vida universitaria no era lo que había imaginado. Se quejaba de lo aburrido que era el entorno y se planteó abandonar. En Navidad de 2001, decidió contarle sus inquietudes a su padre, pidiéndole que le ayudara a dejar la universidad y transferirse a otro lugar. Carlos, en lugar de apoyarlo, decidió intervenir.

Tras consultar con sus consejeros, Carlos convenció a William de quedarse en St. Andrews, sugiriéndole cambiar su enfoque académico. Finalmente, William aceptó la recomendación de su padre. Esa decisión, que parecía pequeña en su momento, cambió por completo el curso de su vida al permitirle conocer a Kate Middleton.

Si no hubiera sido por esa charla, William y Kate quizás nunca habrían tenido la oportunidad de formar la familia real que hoy todos conocemos.

SHORT 307 Ian McKellen revela un tenso encuentro con la reina Isabel II

Ian McKellen, actor icónico de teatro y cine, sorprendió recientemente al revelar un tenso momento con la difunta reina Isabel II. Según el propio McKellen, la monarca le hizo una pregunta que lo dejó perplejo. Durante un encuentro en 2008, tras recibir un reconocimiento real, la reina le preguntó: "¿Alguien sigue yendo al teatro?", una frase que él interpretó como un desaire.

Aunque McKellen intentó responder con humor, diciéndole que no había trabajado tanto como ella, la frialdad del encuentro quedó grabada en su memoria. El actor, que ha interpretado a personajes legendarios como Gandalf y Magneto, se sintió desconcertado por el tono de la reina, especialmente en un contexto donde él estaba siendo honrado por su contribución al teatro.

La conversación no solo dejó al actor sin palabras, sino que abrió una ventana a la percepción pública sobre la reina Isabel II. McKellen admitió que, aunque respetaba su papel, no era fácil para la familia real llevar una vida pública sin resentir ciertos aspectos de la interacción con otros.

Sin embargo, McKellen fue claro al señalar que no guardaba rencor. De hecho, se mostró comprensivo con las dificultades que conlleva ser parte de la monarquía, mencionando cómo el aislamiento y la vida bajo constante escrutinio público podrían afectar incluso a los más fuertes.

SHORT 308 El título que William deseaba para Kate, pero la reina lo impidió

El príncipe William tenía un deseo claro: quería que su esposa, Kate Middleton, fuera conocida simplemente como "Princesa Catherine". Sin embargo, este título no fue aprobado por la reina Isabel II, quien mantuvo la tradición de que las princesas reciban su título solo por nacimiento, no por matrimonio. Aunque William argumentaba que sería un reconocimiento especial para Kate, la reina fue firme en su negativa.

La reina Isabel había hecho excepciones en otros casos, pero no estaba dispuesta a otorgar a Kate el título de "princesa Catherine". En su lugar, Kate fue oficialmente titulada como "princesa de Gales", siguiendo el protocolo real, además de los títulos de duquesa de Cambridge y de Rothesay, más formales y asociados a su matrimonio.

El rechazo de la reina no impidió que Kate asumiera otros títulos reales, y tras la muerte de Isabel II, finalmente fue nombrada princesa de Gales, título que heredó de la madre de William, Diana. A pesar de no poder ser conocida como "princesa Catherine" desde el principio, Kate ahora ocupa un rol prominente en la monarquía.

SHORT 309 Kate regresa a sus deberes reales tras vencer el cáncer

Kate Middleton ha retomado sus funciones oficiales tras una dura batalla contra el cáncer, sorprendiendo al acompañar al príncipe William en una visita a Southport. Este evento, que se pensaba que William realizaría solo, incluyó reuniones con las familias de las víctimas de un ataque en una fiesta de baile. La princesa de Gales mostró su fuerza y empatía al ser parte de este emotivo reencuentro.

El príncipe William había estado originalmente programado para asistir solo, pero Kate decidió unirse, marcando su primera aparición oficial desde que finalizó su tratamiento de quimioterapia. En un acto cargado de emoción, ambos se reunieron con los servicios de emergencia y familiares de las víctimas, destacando la resiliencia de la comunidad. Kate se mostró visiblemente conmovida en cada uno de los encuentros.

Este regreso gradual a sus deberes refleja la fortaleza de la princesa, quien continuará con más compromisos menores antes de reincorporarse completamente a su agenda. Su participación fue un poderoso gesto que no solo subrayó su recuperación, sino también su compromiso con su rol como figura pública.

SHORT 310 Los paralelismos entre Meghan y Harry con Eduardo VIII y Wallis Simpson

La relación entre Meghan Markle y el príncipe Harry guarda sorprendentes similitudes con la de Edward VIII y Wallis Simpson. Ambos se enfrentaron a las presiones de la monarquía y optaron por alejarse de sus deberes reales. Mientras que Edward renunció al trono en 1936 para casarse con Wallis, Harry, aunque no heredero directo, dejó la vida real para seguir una nueva ruta con Meghan. La constante: ambas parejas vivieron la tensión entre el deber y el amor.

Sin embargo, un detalle crucial destaca en la historia de Wallis: aunque publicó sus memorias, nunca lanzó críticas públicas contra la familia real, algo que contrasta con las declaraciones explosivas de Meghan y Harry. A pesar de las dificultades, Wallis permaneció leal y silenciosa en sus críticas a "La Firma". Este detalle diferencia cómo ambas parejas manejaron sus conflictos con la monarquía.

Además, Wallis y Edward nunca lograron reinsertarse en la sociedad británica, algo que preocupa en el caso de Harry y Meghan. Mientras Wallis vivió con una narrativa negativa, la falta de hijos y el exilio definitivo de ambos sellaron su destino. Los Sussex, con una familia en crecimiento, parecen seguir un camino similar, aunque con más atención mediática y bombardeos de "verdades" sobre la monarquía.

Finalmente, al igual que Edward y Wallis fueron recibidos por la reina Isabel II en sus últimos años, Harry y Meghan mantienen contacto con algunos miembros de la realeza, aunque las tensiones persisten.

SHORT 311 Meghan Markle asegura tener contacto con el espíritu de la princesa Diana

Meghan Markle vuelve a estar en el ojo del huracán, esta vez por unas sorprendentes declaraciones. Según fuentes cercanas, la duquesa de Sussex asegura que tiene contacto con el espíritu de la princesa Diana.

Estas afirmaciones han causado gran revuelo, dejando al público en suspenso sobre la veracidad de estas experiencias paranormales.

Una fuente cercana a la familia ha revelado que Meghan no solo ha adoptado el estilo de Diana en gestos y poses, sino que asegura que ha mantenido conversaciones con ella. Se la ha visto usando las joyas de la difunta princesa y replicando su enfoque filantrópico, lo que muchos consideran una señal de esta conexión más allá de lo terrenal.

El experto real Tom Boyer, asegura que, según Meghan, Lady Di le ha dado su bendición en todo lo que ella y Harry hacen. Este inesperado apoyo desde el más allá ha dado pie a teorías conspirativas y debates entre expertos de la monarquía y seguidores de la realeza.

Aunque la pareja no ha dado declaraciones oficiales sobre estas revelaciones, los rumores siguen creciendo. ¿Realmente Meghan está en contacto con Diana o es una obsesión que ha tomado un giro inesperado?

SHORT 312 ¿Camila en la mira? La tensa relación entre Kate Middleton y la reina consorte

¿La reina Camila podría perder su título real en un futuro reinado de William? La relación entre Kate Middleton y la reina consorte nunca ha sido fácil, pero ahora las tensiones han alcanzado su punto más álgido.

A medida que la princesa de Gales retoma su agenda pública tras su tratamiento oncológico, los conflictos con Camila, alimentados por una rivalidad histórica, son cada vez más evidentes. Desde hace años, Camila ha mostrado una clara desconfianza hacia Kate, y muchos apuntan a que incluso obstaculiza varios intentos de reconciliación entre Harry y el rey Carlos.

En los últimos meses, Kate ha tratado de mediar en las conversaciones entre su cuñado y su suegro, consciente de la importancia de restaurar los lazos familiares. Sin embargo, Camila ha bloqueado estos esfuerzos, preocupada por perder el control en la familia real.

La reciente aparición pública de Kate, aclamada por los británicos, fue vista por Camila como una amenaza, ya que la atención se centró en la princesa y no en los preparativos para el viaje del rey a Australia.

Las diferencias quedaron más que evidentes en una conversación tensa entre ambas. Camila cuestionó a Kate por no haberle consultado su regreso a la vida pública, y la princesa respondió con una fría indiferencia.

A medida que el reinado de Carlos III parece debilitarse, surgen especulaciones sobre el futuro de la reina consorte. En un eventual reinado de William, Camila podría perder su título de "Su Alteza Real", al igual que ocurrió con Diana tras su divorcio de Carlos.

SHORT 313 Las palabras de Karl Lagerfeld sobre Lady Di: "Era guapa y muy dulce, pero estúpida"

Karl Lagerfeld, conocido por su éxito en las cortes europeas, no solo dejó su huella en la moda, sino también en la polémica. A lo largo de su vida, el káiser de Chanel criticó a numerosas figuras públicas, y la realeza británica no fue la excepción. Uno de sus comentarios más recordados fue dirigido a la princesa Diana, a quien en una entrevista en 2006 describió como "guapa y muy dulce, pero estúpida".

Diana, quien en sus últimos años evitó vestir Chanel porque el logo le recordaba su doloroso divorcio con Carlos, mantuvo una relación distante con Lagerfeld. Aunque el diseñador asistió a su funeral en 1997, su conexión con la princesa quedó marcada por sus controvertidos comentarios años después.

Lagerfeld, quien fue el alma de Chanel desde 1983, vistió a muchas de las casas reales europeas, consolidándose como uno de los diseñadores más influyentes de la historia de la moda.

Otro comentario de Lagerfeld que generó revuelo fue su crítica hacia la hermana de Kate Middleton, Pippa. Tras la boda de la duquesa con el príncipe William, el diseñador comentó que prefería no verla de frente, insinuando que su rostro no era de su agrado. Su visión particular de la belleza real siempre generó controversia.

SHORT 314 La disputa entre Meghan y Camila: ¿Fotos que eclipsaron un discurso importante?

La relación entre Meghan Markle y la reina Camila se tensó aún más en marzo de 2020, cuando una serie de fotos de Meghan publicadas en su cuenta de Instagram generaron una disputa.

Las fotos, que mostraban a Meghan en el Teatro Nacional de Londres, coincidieron con un importante discurso de Camila sobre la violencia doméstica. Meghan insistió en que las imágenes se publicaran de inmediato, a pesar de las peticiones de retrasarlas para no eclipsar el discurso de Camila.

El conflicto se agudizó cuando Meghan ignoró las solicitudes de la familia real para retrasar la publicación, lo que provocó la furia de la entonces princesa de Gales.

Las fotos rápidamente acumularon miles de "me gusta", pero generaron una reacción mixta entre los seguidores, algunos acusando a Meghan de "robar el protagonismo".

El experto en realeza Duncan Larcombe comentó que Camila estaba justificada al sentirse molesta, ya que este tipo de enfrentamientos son evitados cuidadosamente por los miembros de la familia real. Este incidente marcó uno de los muchos roces entre Meghan y la monarquía antes de su salida oficial.

SHORT 315 La ex corresponsal real de la BBC desvela detalles inéditos sobre Meghan y la monarquía

La ex corresponsal real de la BBC, Jennie Bond, reveló que Meghan Markle no fue feliz durante su tiempo en la realeza, calificándola de "diva" que "no aceptaba que le cortaran las alas". Según Bond, Meghan tenía el potencial de ser una gran fortaleza para la monarquía moderna, pero las tensiones con Kate Middleton y el ambiente en la familia real frenaron su entusiasmo.

En sus declaraciones, Jennie Bond destaca que Meghan, una mujer independiente con sus propios proyectos y causas, chocó con las expectativas de la realeza. Mientras tanto, Kate Middleton, quien ha retomado sus deberes tras su tratamiento oncológico, sigue enfocada en el servicio a los demás, algo que, según Bond, la diferencia significativamente de Meghan.

La relación entre ambas siempre fue distante, pero ahora parece irreparable, con Meghan centrada en sus nuevos proyectos en California. La duquesa de Sussex está explorando iniciativas comerciales, incluyendo un programa de cocina en Netflix y su marca de estilo de vida, mientras Kate sigue fiel a su papel dentro de la monarquía.

SHORT 316 Los objetos más curiosos que el rey Carlos lleva en sus viajes

Cuando el rey Carlos viaja al extranjero, lo hace con más que una maleta común. Entre los objetos más llamativos que lleva consigo, destaca un suministro de su propia sangre. Este hecho ha causado curiosidad entre quienes siguen de cerca los movimientos de la realeza británica, pero tiene una explicación.

Siempre acompañado por médicos, Carlos carga este suministro de sangre en caso de una emergencia médica. La razón detrás de este inusual detalle es asegurarse de que en cualquier destino del mundo pueda recibir una transfusión que coincida exactamente con su tipo sanguíneo.

Otro de los objetos peculiares que lleva consigo es una "caja de desayuno" con miel. Según el chef real Graham Newbould, contiene seis variedades diferentes de miel, frutas frescas y muesli especial. Al parecer, Carlos prefiere mantener un toque de su hogar en cada lugar que visita.

Y finalmente, siempre lleva un traje negro. Este gesto no es una simple formalidad, sino una preparación para cualquier eventualidad trágica, como la muerte de un miembro de la familia real mientras está de viaje.

SHORT 317 El ultimátum que Kate Middleton lanzó a William: los secretos detrás de una ruptura

Kate Middleton, ahora un pilar de la monarquía británica, no siempre tuvo la vida perfecta que muchos imaginan. A mediados de los años 2000, cuando aún salía con el príncipe William, un incidente en particular puso en riesgo su relación. En una época en que las fiestas y los clubes nocturnos formaban parte de la vida de William, una serie de eventos obligaron a Kate a poner un alto definitivo.

En dos ocasiones, William fue visto en comportamientos cuestionables, rodeado de mujeres en clubes de Londres y Bournemouth. Estas imágenes no solo humillaron a Kate, sino que también afectaron su imagen pública. Fue entonces cuando la futura princesa decidió confrontar la situación con un ultimátum que sorprendió a todos. Según fuentes cercanas, Kate le dejó claro a William que no estaba dispuesta a ser tratada como una "felpudo".

La tensión aumentó cuando Kate expresó que el comportamiento público de William estaba dañando tanto su reputación como la de ella. Esta firme postura marcó un antes y un después en su relación, y fue entonces cuando William se dio cuenta de la gravedad de la situación. No era solo una cuestión de fiestas, sino de respeto mutuo.

SHORT 318 La fascinación secreta de Sean "Diddy" Combs por la realeza británica

No es un secreto que las fiestas de Sean "Diddy" Combs marcaron una era en la industria del entretenimiento. Con invitados como Beyoncé, Mariah Carey y Jay-Z, eran eventos que definían el glamur y el poder en Nueva York. Sin embargo, detrás del brillo y la fama, surgió un detalle inesperado: la fascinación de Combs por la familia real británica.

Rob Shuter, quien trabajó como publicista del rapero, afirmó que Diddy no solo quería ser el "rey de las fiestas", sino que también deseaba estar cerca de la realeza auténtica. Según Shuter, en más de una ocasión se le pidió contactar a los príncipes William y Harry para invitarlos a las extravagantes celebraciones de Diddy.

El interés de Combs iba más allá de simples invitaciones. En su apartamento en Nueva York, el rapero tenía fotografías enmarcadas de los príncipes, lo que sorprendió a muchos de su equipo. Aunque ni William ni Harry aceptaron las invitaciones, la obsesión de Diddy continuaba.

Para él, su posición en la industria del entretenimiento era comparable al

estatus de un monarca. Así, su deseo de rodearse de la realeza parecía una extensión natural de su visión de sí mismo.

SHORT 319 Deslices inesperados: los tropiezos de moda de los miembros de la familia real británica

La perfección real no siempre es infalible. Aunque los miembros de la familia real británica suelen ser admirados por su estilo impecable, también han cometido errores de moda que dejaron a todos boquiabiertos. Estos momentos han quedado grabados en la memoria colectiva y siguen siendo fuente de debate entre los seguidores de la monarquía. Aquí te revelamos los seis errores más sorprendentes de la realeza británica.

El vestido volador de Kate Middleton en Calgary (2011): Mientras bajaba de un avión en Canadá, el viento levantó su vestido amarillo de Jenny Packham, exponiéndola a las cámaras. Después de este incidente, la realeza comenzó a usar pequeños pesos en los dobladillos para evitar futuros percances.

Los sombreros extravagantes de las princesas Beatriz y Eugenia en la boda real (2011): Sus tocados excéntricos causaron revuelo mundial. El sombrero de Beatriz, con un diseño 3D, fue comparado con un pretzel, mientras que el de Eugenia incluía plumas y flores que desviaron la atención de la boda.

Meghan Markle y la etiqueta en su vestido (2018): Durante su visita a Tonga, Meghan fue fotografiada con la etiqueta visible en su vestido rojo de $430, algo que pasó desapercibido hasta que las cámaras lo captaron.

El zapato roto del príncipe William en Davos (2019): Mientras entrevistaba a David Attenborough en el Foro Económico Mundial, un agujero en la suela de su zapato quedó expuesto cuando cruzó las piernas, un error que desató risas entre los espectadores.

La reina Isabel II con un vestido manchado en una fiesta (2010): En el cumpleaños del príncipe heredero Pavlos de Grecia, la reina fue fotografiada con una mancha de café en su vestido, un accidente que contrastó con su habitual impecable presentación.

El príncipe Harry y sus zapatos desgastados en una boda (2018): Tres meses después de su boda con Meghan, Harry fue visto usando zapatos con agujeros en la suela mientras asistía a la boda de su mejor amigo, lo que generó críticas y burlas.

SHORT 320 Kate Middleton sorprende al prescindir de su icónico anillo de compromiso

Kate Middleton ha capturado la atención con su elección de joyas durante su reciente visita a Southport, optando por un estilo minimalista que ha despertado la curiosidad de muchos. La princesa de Gales, conocida por su anillo de compromiso de zafiro de 12 quilates, decidió dejarlo en casa, lo que desató rumores sobre el motivo detrás de esta decisión.

Durante su visita con el príncipe William, la princesa lució una "banda de eternidad", un anillo fino y discreto que reemplazó temporalmente su famoso anillo de compromiso. Aunque la pareja estuvo en Southport para consolar a las víctimas de un trágico apuñalamiento, la falta de su habitual joya generó interrogantes. Algunos sugieren que esta elección simboliza un cambio más profundo en su vida.

Además del anillo, Kate completó su look con pendientes de helecho dorado de Catherine Zoraida, valorados en $2215. Esta discreta elección de accesorios es un alejamiento de sus usuales joyas llamativas, lo que ha dejado a los seguidores de la realeza preguntándose si habrá algún significado oculto tras su decisión.

SHORT 321 ¡El estilo oculto de la princesa Ana! ¿Sabías que experimentó con el look de Barbarella en los años 70?

Durante los años 70, la princesa Ana sorprendió con un estilo que pocos recuerdan hoy en día. Inspirada en el personaje de Barbarella, la princesa llevó su melena con voluminosos rizos que emulaban a Jane Fonda en la icónica película de ciencia ficción.

Lo que pocos saben es que esta transformación radical llegó a ser tan impactante que incluso apareció en la portada de Vogue. Aunque hoy es conocida por su característico peinado colmena, hubo un tiempo en que experimentó con una imagen completamente diferente.

Uno de los momentos más icónicos de esta etapa de "bomba sexual" fue su visita a Teherán en 1971. Con solo 21 años, Ana lució un peinado que acaparó todas las miradas: grandes rizos que enmarcaban su rostro, claramente inspirados en la moda cinematográfica de la época.

Sin embargo, su look de Barbarella no duró mucho. A partir de los años 80, Ana adoptó su famoso peinado cardado hacia atrás, el cual ha mantenido desde entonces.

Ese peinado se convirtió en una marca de su identidad, pero su breve fase de explosión visual en los 70 es algo que sigue intrigando a muchos.

SHORT 322 El misterio detrás de la tiara negada a Meghan en su boda

Todo parecía perfecto en la boda real, pero detrás de escena, la elección de la tiara para Meghan Markle escondía una polémica inesperada. Según las memorias de Harry, la reina le ofreció a Meghan cinco tiaras para escoger. Sin embargo, cuando Meghan eligió una que parecía "hecha para ella", surgieron obstáculos.

La elección de Meghan fue rápidamente bloqueada. Angela Kelly, asistente personal de la reina, informó que la tiara no podía salir del palacio sin una "ordenanza especial y escolta policial". Aunque Harry lo consideró exagerado, no tuvieron más opción que aceptar.

El misterio creció cuando Meghan y Harry empezaron a notar que las restricciones eran más severas de lo esperado. ¿Por qué bloquearían su elección? Harry dejó en el aire la posibilidad de una maniobra detrás de todo esto, algo que nunca llegaron a comprender.

Meghan finalmente usó una tiara diferente, pero el enigma sobre las trabas sigue sin respuesta. La elección de una tiara real no es solo cuestión de estilo, sino de poder e influencias en la corte.

SHORT 323 Meghan y Victoria: ¿Amistad rota, pero estilo compartido?

El estilo de Meghan Markle y Victoria Beckham es casi idéntico, aunque su relación personal haya cambiado. Según informes, su amistad terminó por la incomodidad de Meghan ante la ostentación de riqueza de los Beckham. No obstante, ambas siguen siendo íconos de la moda, con elecciones de atuendo sorprendentemente similares. A continuación, repasamos seis momentos donde lucieron casi idénticas.

1. Evento Variety Power of Women 2023: Meghan apareció con un vestido largo drapeado de Proenza Schouler, muy similar a un diseño de hombros descubiertos de Victoria Beckham de pasarelas anteriores. La comparación es inevitable en el glamur y la estructura del vestido.

2. Juegos Invictus 2022: Meghan llevó un conjunto de dos piezas blanco de Valentino con un blazer cruzado y pantalones anchos. Poco después, Victoria

lanzó un diseño casi idéntico en su colaboración con Mango, mostrando que ambas apuestan por el estilo clásico y minimalista.

3. Estilo tonal en 2021: Meghan sorprendió con un conjunto azul marino de Giuliva Heritage y pantalones de Emporio Armani. Meses más tarde, Victoria presentó un look casi idéntico en su propia colección, con los mismos tonos y cortes.

4. Cumbre G9 Ventures: En un evento de 2023, Meghan eligió un conjunto de lino vaporoso de St Agni, mientras que Victoria había usado unos pantalones idénticos años antes, demostrando su afinidad por estilos relajados y elegantes.

5. Pantalones camel en 2023: Tanto Meghan como Victoria fueron vistas en diferentes momentos usando pantalones camel de cintura alta con cinturón. Aunque en estilos distintos, el parecido en su elección de prendas no pasó desapercibido.

6. Alfombra roja post-Megxit: Meghan lució un vestido turquesa de $1200 de Victoria Beckham en su primera aparición pública tras el Megxit. La elección del diseño resaltó la influencia que Victoria sigue teniendo sobre el estilo de Meghan, pese a su distanciamiento.

SHORT 324 ¿Por qué todos llaman a Harry por un nombre que no es el suyo?

Pocos saben que el príncipe Harry, conocido en todo el mundo con ese nombre, en realidad se llama Henry. Su nombre completo, Henry Charles Albert David, fue elegido en 1984 por su madre, la princesa Diana.

En una videollamada con los Premios WellChild 2022, Harry admitió entre risas que no entiende por qué todos lo llaman Harry en lugar de Henry. Aunque la realeza y su entorno cercano siempre usaron este apodo, el nombre "Harry" no figura en ningún documento oficial.

Curiosamente, su esposa Meghan Markle también usa un nombre distinto al que figura en su certificado de nacimiento. Aunque en pantalla y en público se presenta como Meghan, su nombre verdadero es Rachel Meghan Markle, el mismo que el de su personaje Rachel Zane en la serie Suits.

Esta coincidencia se reveló cuando, en una entrevista, Meghan mencionó que su nombre de nacimiento era Rachel, aunque todos la llamaban Meghan desde pequeña.

El trasfondo de estos nombres muestra que, en la realeza, hasta los nombres pueden ocultar sorpresas y detalles inesperados, aportando un matiz más a la ya fascinante vida de los duques de Sussex.

SHORT 325 Meghan y Kate: Dos estilos, dos mundos de libertad

Desde hace años, la moda de Kate Middleton y Meghan Markle ha capturado la atención pública. Sin embargo, lo que muchos desconocen son las modificaciones que cada una hace a sus atuendos.

Kate suele modificar sus vestidos para que luzcan más conservadores y acordes al protocolo real. Un ejemplo de esto fue su vestido dorado de Jenny Packham, alterado específicamente para el estreno de *No Time to Die*, donde se elevó el escote para un toque más recatado.

En contraste, Meghan Markle ha adoptado un enfoque opuesto desde que abandonó sus deberes reales. Sin restricciones de protocolo, ha optado por mostrar más piel en sus apariciones públicas. Recientemente, en la Gala del Hospital Infantil de Los Ángeles, Meghan eliminó la sobrefalda de un vestido de Carolina Herrera, transformándolo en un diseño más audaz.

La diferencia de estilos entre Meghan y Kate también se reflejó durante su primera gira real. Meghan ajustó su vestido de Veronica Beard en Nueva Zelanda, removiendo las mangas y mostrando más libertad estilística.

Kate sigue adaptando sus atuendos, como en su vestido de Elie Saab, mientras Meghan experimenta con nuevos estilos, libres de la etiqueta real.

Desde vestidos hasta accesorios, tanto Kate como Meghan han recurrido a alteraciones en sus atuendos, aunque con enfoques muy distintos.

1. Para la boda del príncipe heredero Al Hussein de Jordania en 2023, Kate transformó un diseño de Elie Saab cambiando paneles transparentes por tela opaca.

2. Otro ejemplo de su estilo discreto fue en la gala de la National Portrait Gallery, donde alteró un vestido de Alexander McQueen de los BAFTA 2017, dándole un escote de hombros cubiertos.

3. Por otro lado, Meghan ha optado por adaptaciones más reveladoras. Durante su gira en Nueva Zelanda, modificó un vestido de Maggie Marilyn quitando las mangas.

4. Además, en Tonga, usó un vestido de Veronica Beard al que cosió parcialmente las aberturas laterales para un toque más sutil.

5. Mientras que en la Gala CHLA transformó el vestido de Carolina Herrera para hacerlo más ajustado.

Ambos estilos contrastan fuertemente: mientras Kate sigue las normas reales, Meghan disfruta de su libertad estilística, cada una manteniendo su identidad en cada ajuste.

NOTA: Para ver las imágenes sugerimos escanear el código QR y ver el SHORT alojado en YouTube.

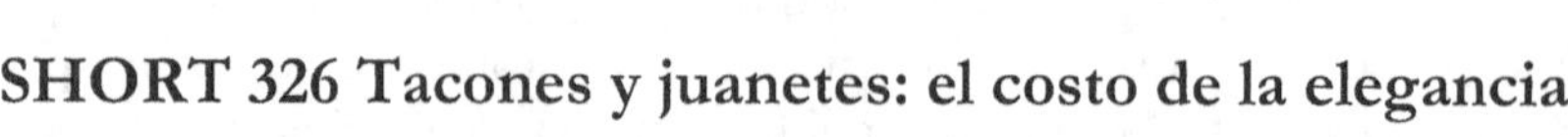

SHORT 326 Tacones y juanetes: el costo de la elegancia para Meghan y Victoria

La devoción de Meghan Markle y Victoria Beckham por los tacones altos les ha pasado factura. Aunque su amistad podría haber terminado, ambas comparten el dolor de los juanetes, una condición que parece ir de la mano con la moda.

En 2010, Meghan se sometió a una cirugía para eliminar un juanete en su pie izquierdo; sin embargo, el problema no desapareció, ya que Meghan rara vez abandona los zapatos altos en sus apariciones.

Victoria Beckham no es ajena a este problema: sus tacones de aguja también le han generado dolor crónico. En algún momento, la ex *Spice Girl* recurrió a terapias de hielo para mitigar el sufrimiento de sus pies, evitando una cirugía que algunos médicos le habían recomendado.

Aunque Meghan ya no respalda la marca Victoria Beckham, parece estar canalizando su estilo, demostrando que su afinidad por los tacones sigue intacta.

Los juanetes son solo uno de los sacrificios que ambas hacen en nombre de la moda. Esta condición no solo afecta la estética del pie, sino que incrementa la presión en las articulaciones, lo que podría provocar dolor permanente. A pesar de esto, tanto Meghan como Victoria continúan apostando por los stilettos, luciendo siempre impecables ante el público.

SHORT 327 La conexión secreta que unió a Kate y la reina Isabel

El vínculo entre Kate Middleton y la difunta reina Isabel fue mucho más que una relación entre suegra y nuera. Desde que Kate se unió a la familia real, la reina vio en ella una oportunidad para moldear a la futura generación, brindándole apoyo constante y compartiendo su sabiduría acumulada a lo largo de sus décadas en el trono.

Aunque en sus primeras apariciones públicas Kate aún estaba encontrando su lugar, fue Isabel quien le ofreció la guía que necesitaba. Desde enseñanzas sobre protocolo hasta el papel de la paciencia en la vida real, la reina acompañó a Kate, ayudándola a encontrar equilibrio en un mundo con expectativas únicas. Ambas compartían una perspectiva similar sobre el deber y el respeto a la tradición.

Los expertos coinciden en que este vínculo se basaba en una afinidad profunda: ambas mujeres, discretas y reservadas, parecían compartir una fortaleza interior que las unió más allá de sus diferencias generacionales. Incluso cuando el foco estaba en la monarquía, su relación era visiblemente genuina, una conexión que superaba la política de la familia real.

Finalmente, en 2016, Kate rindió homenaje a su "abuela política," recordando cómo la reina le enseñó la importancia de la sencillez y la humildad en el liderazgo, valores que ambas mujeres llevaron con orgullo hasta el último día.

SHORT 328 Racismo, Sandringham y su primera cita: los temas ausentes en las memorias de bolsillo de Harry

A casi dos años de su lanzamiento original, el príncipe Harry ha lanzado una nueva edición en formato de bolsillo de su controvertida autobiografía Spare, y, aunque el contenido sigue siendo el mismo, algunas omisiones clave generan aún más intriga.

¿Qué dejó fuera el príncipe Harry en su explosiva autobiografía Spare? Pese a sus impactantes revelaciones, el duque de Sussex omitió algunos de los temas más polémicos sobre la familia real.

Racismo en la familia real: Harry y Meghan hablaron abiertamente sobre comentarios racistas hacia su hijo, pero en Spare, el tema simplemente no se menciona. Harry argumentó que nunca llamó "racista" a la familia, atribuyendo esa etiqueta a los medios.

Apoyo negado a Meghan: En su charla con Oprah, Meghan afirmó que cuando pidió ayuda por sus problemas de salud mental, se la negaron. Sorprendentemente, Harry omite este dato en Spare, a pesar del impacto de la confesión.

Cumbre de Sandringham: Harry declaró en su serie de Netflix que William le gritó durante la reunión sobre el "Megxit". Sin embargo, en Spare, solo menciona una conversación en la que William "se quejó" calmadamente.

Confusión en su primera cita: La pareja contó que su primera cita fue en persona, aunque en Netflix dijeron haber hablado antes por videollamada.

Harry en *Spare* omite esa videollamada, generando más dudas.

Boda secreta: Meghan mencionó en una entrevista que se casaron en una ceremonia privada días antes de la boda oficial, pero Harry aclara en el libro que dicha ceremonia "no fue oficial", generando dudas sobre su versión.

Contradicciones al vestir: Meghan describió haber usado un vestido azul en su primera cita, mientras Harry menciona una sudadera negra y jeans. Este detalle, aunque pequeño, levanta preguntas sobre la exactitud de sus relatos.

SHORT 329 Kate Middleton y su inquietud por el regalo que cautivó a la reina

¿Qué se le puede regalar a la reina? Este fue el dilema que enfrentó Kate Middleton durante su primera Navidad en Sandringham en 2011. Nerviosa y buscando una forma de impresionar a su suegra, la ahora princesa de Gales optó por algo más personal que lujoso.

Para esa ocasión especial, Kate decidió cocinar una receta de *chutney* familiar (que es un condimento agridulce, espeso y sin gluten, originario de la India, que se elabora con frutas, verduras, hierbas, vinagre, azúcar y especias. Se puede utilizar para acompañar carnes, pescados, verduras, quesos o patés, o como aperitivo con pan), esto, con el temor de que fuera inapropiado o, peor aún, mal recibido. A pesar de sus dudas, decidió arriesgarse y llevar su propio toque familiar a la mesa real. El resultado fue inesperado y revelador.

Al día siguiente, Kate descubrió con sorpresa que el chutney de su abuela estaba sobre la mesa, un gesto que le demostró la cercanía y sencillez de la reina. Según la princesa, este pequeño detalle ayudó a aliviar su nerviosismo y mostró la calidez con la que la monarca la recibía en la familia.

Este toque sencillo pero sincero de Kate marcó el inicio de una relación especial con la reina, mostrando que, a veces, un regalo hecho a mano puede ser el gesto más memorable, incluso para una reina.

SHORT 330 El acontecimiento que unió a Kate Middleton y la reina Isabel

¿Qué acontecimiento fue el punto clave para acercar a la reina Isabel y a Kate Middleton? Al integrarse a la familia real, Kate tuvo que aprender a navegar la vida dentro de la monarquía.

Aunque al principio la adaptarse al protocolo resultó un reto, la difunta reina fue un apoyo invaluable en el proceso. Sin embargo, un evento familiar específico estrechó sus lazos de una forma inesperada.

Ese evento fue la llegada de los hijos de Kate, y especialmente, la de la princesa Charlotte en 2015. Según Kate, la reina mostró un entusiasmo especial por la llegada de una niña a la familia. Isabel II fue una de las primeras visitantes de Charlotte en el Palacio de Kensington, creando un vínculo cercano con su bisnieta desde el inicio.

Pero no solo Charlotte tuvo un lugar especial en el corazón de la reina; también el príncipe George disfrutaba de esa relación. El cariño de Isabel era tan evidente que, en cada visita, dejaba un pequeño obsequio en la habitación de George, mostrando su afecto y atención a los detalles.

Incluso años después, la reina mencionó cómo Charlotte y George compartían una relación protectora, reflejo de los lazos familiares que ella y Kate también lograron construir.

12 Shorts de noviembre

SHORT 331 ¿La victoria de Trump pondrá en riesgo la residencia de Harry y Meghan?

La victoria de Donald Trump en las elecciones podría tener serias consecuencias para el príncipe Harry y Meghan Markle. Trump ha criticado abiertamente a la pareja desde su decisión de mudarse a Estados Unidos, cuestionando su lealtad a la monarquía y su influencia en la política estadounidense. Con su regreso al poder, se especula sobre el impacto que esto podría tener en su estatus migratorio.

Durante su campaña, Trump ha reiterado su desdén por Harry y Meghan, sugiriendo que podría revisar la visa del príncipe debido a sus declaraciones y revelaciones de consumo de drogas en sus memorias. Estas confesiones podrían complicar su residencia en EE. UU., pues las leyes de inmigración cuestionan el historial de drogas de cualquier solicitante.

Mientras tanto, la *Heritage Foundation* ha iniciado un proceso legal para obtener acceso a los documentos de visa de Harry, lo que añade tensión al delicado estatus migratorio del príncipe. Este conflicto podría volverse más complicado bajo una administración Trump, quien ha expresado su preferencia por no proteger al duque de Sussex.

Con estas nuevas tensiones en juego, el futuro de Harry y Meghan en Estados Unidos podría estar en riesgo. ¿Continuarán los Sussex su vida en California o enfrentarán desafíos insuperables?

SHORT 332 La emotiva promesa de William en memoria de Diana

¿Qué promesa de tan solo 11 palabras logró tocar el corazón de miles? Durante el documental *Prince William: We Can End Homelessness,* el príncipe William abrió su corazón en un compromiso que evoca el legado de su madre, la princesa Diana. La profunda sensibilidad de William hacia los menos afortunados es una herencia directa de Diana, quien siempre abogó por los más vulnerables.

En una escena desgarradora, William se encuentra cara a cara con personas sin hogar y escucha sus historias con una empatía poco común. Durante el rodaje, compartió una promesa poderosa: "No creo que deba haber personas sin hogar en el siglo XXI". Esas palabras resonaron fuertemente entre la audiencia, recordando la determinación de Diana por cambiar vidas.

La promesa del príncipe va más allá de las palabras. William ha asumido un papel activo en múltiples ciudades del Reino Unido para combatir el problema de los sin hogar, haciendo énfasis en su deber real. Esta cruzada humanitaria demuestra su intención de mantener vivo el legado de Diana y actuar desde la compasión.

El documental dejó a los espectadores emocionados hasta las lágrimas, mientras observaban al futuro rey enfrentarse a una problemática nacional, decidido a transformar el futuro y crear un cambio real.

SHORT 333 Meghan Markle rechazó el apoyo de la Familia real por falta de confianza

Según un reciente libro sobre el monarca Carlos III, a la duquesa se le ofrecieron recursos y apoyo cuando ingresó a la realeza, pero ella prefirió no aceptar esta ayuda. Fuentes internas afirman que Meghan no confiaba en las intenciones de quienes querían ayudarla en esta compleja transición.

Las mismas fuentes aseguran que se envió personal de Clarence House, con gran experiencia en la vida real, para asistir a Meghan. No obstante, la duquesa optó por rechazar la asistencia, creyendo que era mejor enfrentarse a las nuevas responsabilidades de manera independiente. Esto, según algunos, pudo haber profundizado la tensión entre los Sussex y la familia.

A pesar de los desencuentros y la distancia entre ambas partes, se dice que el rey Carlos aún estaría dispuesto a reconciliarse. A su regreso en mayo, Harry incluso recibió la oferta de alojarse en el Palacio de Buckingham, aunque prefirió un hotel.

La confianza rota y la distancia emocional han marcado la relación entre los

Sussex y la familia real. ¿Será posible algún día superar estas diferencias?

SHORT 334 ¿Rivales en el amor, iguales en estilo? Las sorprendentes coincidencias entre Diana y Camilla

La reina Camilla y la princesa Diana, a pesar de ser rivales en el corazón del entonces príncipe Carlos, compartieron inesperadas similitudes en sus elecciones de vestuario.

En 1995, Camilla sorprendió con una versión propia del icónico "vestido de venganza" de Diana, el cual Diana había usado poco después de que el príncipe Carlos admitiera públicamente su relación extramarital.

Camilla se caracterizó en los años 90 por utilizar colores audaces y llamativos, un enfoque osado que también adoptaría en los primeros años de los 2000, donde se atrevió con atuendos más reveladores.

Su estilo suele estar guiado por la practicidad y las convenciones reales; muchas de sus prendas son reutilizadas, respetando un protocolo de reciclaje y discreción.

Por otro lado, Diana seleccionaba cada prenda con un propósito claro y simbólico, dejando incluso algunas piezas a sus hijos, reafirmando así su apego emocional a la moda. Mientras que Camilla apuesta por lo funcional, Diana hizo de su estilo un medio de expresión, logrando un impacto que persiste hasta hoy.

SHORT 335 Revelan el programa favorito de Kate Middleton: ¡un clásico que todos conocemos!

Desde sus días de colegio, Kate Middleton ya tenía un gusto por el entretenimiento clásico. En una reciente revelación que ha sorprendido a muchos, se ha dado a conocer que su serie favorita sigue siendo un ícono televisivo: Friends. Este show, que cautivó a millones de personas, también logró capturar la atención de Kate en sus años de juventud.

Durante su paso por Marlborough College, Kate, entonces una joven común con un grupo cercano de amigos, encontraba tiempo para relajarse con esta famosa serie estadounidense. Sus compañeros la recuerdan escuchando su walkman, viendo capítulos de Friends, y disfrutando de meriendas sencillas.

La influencia de esta serie marcó tanto su vida que aún hoy, dicen algunos, sigue apreciando la comedia ligera y las relaciones que presentaba.

Friends, emitida entre 1994 y 2004, conectaba a la audiencia con la vida de seis amigos que enfrentaban juntos el amor, las carreras y la vida adulta. Este tipo de narrativa y sus personajes profundos continúan inspirando a miles, incluida Kate, en su rol como figura de la realeza británica.

SHORT 336 El misterio detrás del anillo de zafiro de la princesa Diana

¿Por qué Diana, princesa de Gales, eligió un zafiro azul en lugar de un diamante o una joya de la colección real? Su elección rompió con la tradición, ya que, en lugar de un encargo real, Diana eligió su anillo de un catálogo. Esta decisión no fue vista sin controversia: en la familia real, las novias suelen recibir joyas de herencia o piezas únicas encargadas para la ocasión.

La propia Diana comentó años después que había elegido este anillo de Garrard, el joyero oficial de la corona, simplemente porque era el más grande y le fascinaba el color azul. El zafiro, de 12 quilates y rodeado de 14 brillantes, no solo cautivó a Diana sino al público. Su anillo se convirtió en un símbolo de su estilo y personalidad únicas.

Algunos expertos creen que este gesto refleja la independencia de Diana y su deseo de crear su propia identidad dentro de la realeza. Su elección simbolizó un cambio en las costumbres reales, mostrando que una princesa también podía elegir algo asequible y disponible para todos.

Su hijo, el príncipe William, heredó este símbolo y lo entregó a Kate Middleton, quien lo porta ahora como el eterno recuerdo de Diana y su espíritu inquebrantable.

SHORT 337 Las ráfagas traicioneras que desafían el estilo de Kate Middleton

¿Qué tan imbatible es el estilo de Kate Middleton cuando el viento se empeña en arruinarlo? La princesa de Gales ha conquistado el mundo con su elegancia, pero, en varias ocasiones, el viento se ha atrevido a desafiar su porte inigualable. Desde vestidos clásicos hasta faldas elegantes, el clima no ha perdonado a la realeza británica en situaciones públicas.

Uno de los momentos más recordados fue durante su gira por Canadá en 2011, cuando su vestido amarillo de Jenny Packham voló con fuerza, dejando ver un lado inesperado de la princesa. Años después, en la India, un vestido blanco de Emilia Wickstead casi repitió la escena en un evento solemne. Pero, como siempre, Kate mantiene su aplomo y transforma cualquier incidente en un momento icónico.

A lo largo de los años, sus encuentros con las ráfagas de viento se han vuelto tema de conversación y fotos virales. ¿Es posible que estos "incidentes" sean parte de su encanto cercano y humano? Tal vez Kate haya dejado una lección clara: el glamour está en la actitud, incluso cuando el viento interviene.

2011, Canadá: Su vestido amarillo de Jenny Packham voló con fuerza durante su llegada oficial.

2012, Inglaterra: Un vestido de Orla Kiely le dio problemas al visitar una escuela.

2013, embarazada del príncipe George: Un vestido de lunares de Topshop mostró más de lo previsto.

2013, Londres: La falda azul marino de Orla Kiely casi se convirtió en protagonista.

2014, visita oficial: Su abrigo Alexander McQueen apenas sobrevivió a una fuerte brisa.

2015, en la Abadía de Westminster: Embarazada, su abrigo rosa fue su aliado ante el viento.

2014, Nueva Zelanda: Cuidando al bebé George, su vestido rojo voló.

2014, Australia: Un vestido estampado de DVF fue casi un "momento Marilyn".

2016, India: El viento intentó levantar su vestido de Emilia Wickstead en un memorial.

NOTA: Para ver las imágenes sugerimos escanear el código QR y ver el SHORT alojado en YouTube.

SHORT 338 ¿Por qué Harry supera a Beckham y Cavill en atractivo?

¿Qué tienen en común el príncipe Harry, David Beckham y Henry Cavill? Aparentemente, algo que la lista de Harper's Bazaar ha revelado: Harry ha sido nombrado el 25º hombre más atractivo de todos los tiempos, superando a figuras tan icónicas como Bradley Cooper y Beckham. Este sorprendente reconocimiento ha dejado a muchos preguntándose: ¿qué es lo que lo hace destacar entre tantas figuras icónicas?

No es la primera vez que el duque de Sussex se cuela en una lista de belleza y atractivo. En 2020, la revista *People* ya lo había colocado como el "miembro de la realeza más atractivo", un título que parecía consolidar su carisma entre el público. Pero ahora, el esposo de Meghan Markle ha demostrado su impacto visual y emocional al colocarse en esta exclusiva lista de 50 hombres.

La competencia era dura: actores de la talla de Matthew McConaughey y Channing Tatum también estaban presentes, así como estrellas de generaciones anteriores, entre ellas James Dean, quien ocupó el primer puesto. Sin embargo, Harry logró colarse por encima de Cooper, quien quedó en el lugar 32, y Beckham, que ocupó el 39.

La elección de Harper's Bazaar parece indicar que la popularidad del príncipe va mucho más allá de su rol real. Con su melena pelirroja, Harry ha ganado un lugar en esta clasificación como una figura que cautiva y rompe moldes, recordando a todos que la realeza aún puede ser una fuente de fascinación en todos los niveles.

SHORT 339 Kate Middleton reaparece radiante y marca el homenaje a los caídos

En noviembre de 2'24 fue la primera vez que Kate Middleton tuvo compromisos oficiales en días consecutivos desde diciembre pasado, y su reaparición en el Festival del Recuerdo no dejó a nadie indiferente. La princesa de Gales, tras finalizar su tratamiento médico, asistió al Royal Albert Hall luciendo radiante junto a su esposo, el príncipe William, mientras el público la recibía con calurosos aplausos.

Su regreso en este evento no solo emocionó a la audiencia, sino que también trajo una promesa de William: nuevos compromisos internacionales en 2025, que marcarían una vuelta a sus actividades. Kate, vestida en elegante negro y con los icónicos pendientes de perla de Diana, rindió homenaje a su suegra en un gesto cargado de simbolismo.

La velada fue emotiva, destacando la actuación de Sir Tom Jones y un tributo a los veteranos, en el que la familia real mostró su respeto. Con esta primera aparición pública, Kate ha dejado en claro que está lista para retomar un papel activo, generando gran expectativa sobre sus próximos pasos.

SHORT 340 El perfume favorito de Lady Di vuelve a ser tendencia en 2024

¿Quién no ha soñado con capturar la esencia de la elegancia? El perfume favorito de Lady Di, *Bluebell* de Penhaligon's, que marcó una era en los años 90, está de vuelta y arrasa en 2024. Con un precio asequible que ronda los $150, esta fragancia vuelve a ser la preferida de quienes buscan un aroma clásico y distinguido.

Bluebell, lanzado en 1978, refleja en cada nota la esencia natural que Diana amaba. Los toques de jacinto silvestre y flores del bosque inglés recrean la frescura y autenticidad que definieron a la princesa, convirtiendo este aroma en un símbolo de sofisticación que aún inspira a las nuevas generaciones.

La fragancia combina notas florales y verdes, como lirios, violetas y un toque final de clavo y canela. En 2024, *Bluebell* se ha convertido en tendencia entre quienes buscan evocar un estilo atemporal. No solo es una conexión con la realeza, sino una pieza de moda accesible, lista para agregar un toque de clase y sofisticación.

SHORT 341 William vs. Harry: La polémica de quién luce mejor con barba

El príncipe William ha sorprendido a muchos al dejarse crecer la barba, pero su nueva apariencia no es solo una decisión de estilo: refleja un tema de rivalidad que, según algunos, se remonta a años atrás. Durante la boda de Harry con Meghan, William pidió que su hermano se afeitara, algo que Harry considera como un gesto celoso e innecesario. ¿Pero qué hay detrás de esta curiosa petición?

Para el príncipe Harry, su barba es más que un estilo; es un símbolo de individualidad, una distinción que incluso la difunta reina aprobó, permitiéndole mantenerla para el día de su boda, a pesar de ir vestido con uniforme militar. William, sin embargo, nunca recibió ese permiso para su boda, lo que alimentó su descontento.

Ahora, el reciente look barbado de William está generando comentarios sobre si busca igualar a su hermano o hacer una declaración d estilo. En redes, el tema ha causado furor, y muchos especulan sobre si la rivalidad entre hermanos podría intensificarse debido a esta particular elección.

¿Será este otro capítulo en la compleja relación de los príncipes? Lo que es claro es que la "batalla de la barba" ha abierto una inesperada conversación sobre el rol del estilo personal en la realeza.

SHORT 342 Narinder Kaur desata indignación por comentario sobre la apariencia de Kate Middleton

Narinder Kaur, conocida presentadora de *Good Morning Britain*, estuvo en el "ojo del huracán" por sus comentarios sobre la apariencia de Kate Middleton. La ex participante de *Gran Hermano* sugirió que la princesa de Gales había "envejecido" y se preguntó si esto podía deberse al consumo de tabaco. Este comentario, publicado en sus redes, generó una ola de reacciones, con seguidores acusándola de insensible y ofensiva, especialmente considerando que Kate atraviesa un delicado proceso de salud.

Las críticas no tardaron en llegar, y Kaur eliminó el tuit original y publicó una disculpa, aclarando que su comentario no tenía intención de ser malicioso.

Explicó que su familia también ha sido impactada por enfermedades graves y que su pregunta era "genuina". Sin embargo, muchos seguidores no aceptaron la disculpa, considerando que su mensaje inicial fue innecesario y despectivo.

En respuesta a los ataques, Kaur expresó frustración y denunció el abuso que ha recibido, incluyendo mensajes racistas y violentos en redes. Según ella, la reacción del público ha sido "desproporcionada" y no refleja su verdadera intención, defendiendo su derecho a expresar opiniones sin recibir amenazas.

SHORT 343 "¿Qué haría sin la realeza?" La épica confesión de la princesa Ana

En un video que ha vuelto a circular, la princesa Ana revela sin tapujos qué haría si la monarquía británica se aboliera. Con una risa franca, Ana comentó que "trabajaría aún más en la granja", refiriéndose a su finca en Gatcombe Park, donde vive desde 1976. Para la princesa, las responsabilidades reales y el trabajo agrícola son dos vocaciones a las que dedica igual seriedad.

Esta perspectiva práctica encaja con la reputación de Ana como una de las royals más laboriosas y populares, superando incluso en compromisos oficiales a miembros de mayor rango. Su sentido de responsabilidad fue evidente cuando acompañó el ataúd de su madre, la reina Isabel, de Balmoral a Londres en un emotivo homenaje en 2022.

No solo planea trabajar la tierra, sino que, de ser necesario, podría conducir vehículos pesados, una habilidad que posee tanto ella como su esposo, en caso de que la familia real dejara de existir. Con un sentido del humor único, Ana bromeó también sobre la vida familiar, una relación con la prensa que calificó de "irritante" y rumores de rivalidades, que desmintió categóricamente.

SHORT 344 La reina Isabel y el día en que rompió el protocolo por una imagen inédita

La reina Isabel sorprendió a sus asesores con un acto que parecía impensable: posar de manera informal, con las manos en los bolsillos, en una imagen inédita que revela un lado pocas veces visto de la monarca.

Publicada por la revista *Hello!* en honor al libro de su modista Angela Kelly, la fotografía muestra a la reina con una inusual sonrisa, lejos de su característico porte solemne. Pero, ¿por qué Isabel II se decidió a desafiar las estrictas normas de la realeza en esta ocasión?

Este gesto no fue casual. Kelly reveló que la monarca le había confesado un "deseo secreto" de posar en una imagen más relajada. Sin embargo, esta idea fue desalentada por asesores de palacio, quienes temían que su imagen se viera afectada. Solo con el tiempo, y después de años de mantener una imagen perfecta, Isabel II se sintió lista para experimentar frente a la cámara.

En la sesión, la reina imitó poses de una modelo, mostrando una espontaneidad que sorprendió a todos los presentes. Este fue un momento único, un vistazo al lado menos formal de una de las figuras más icónicas del mundo, demostrando que, incluso en la realeza, existen pequeños deseos que esperan pacientemente a ser realizados.

SHORT 345 El día en que Diana eclipsó a la reina Isabel II

¿Puede un corte de pelo opacar un evento de Estado? Durante una ceremonia crucial en el Parlamento británico, Diana de Gales capturó toda la atención con un cambio de peinado que nadie esperaba. El evento, que debía resaltar la autoridad de Isabel II, quedó en segundo plano ante la fascinación mediática por el nuevo look de Diana.

El biógrafo real James Whitaker narró este episodio: *"Diana tenía un nuevo peinado increíble y se presentó con él en un evento extremadamente importante que confirmaba la autoridad de la soberana, y todo se fue al traste porque los periódicos y los canales de televisión se concentraron únicamente en el corte de pelo de Diana."* Un detalle aparentemente trivial que demostró el magnetismo de la princesa frente a la monarquía.

La reina no se mostró molesta por el corte en sí, pero los consejeros reales temieron que este gesto restara solemnidad al Parlamento. Incluso el estilista de Diana, Richard Dalton, confesó haber sido sorprendido por el impacto del cambio, algo que los obligó a adoptar estilos más discretos en actos junto a Isabel II.

Este episodio reveló la influencia única de Diana en la percepción pública, reafirmando su papel como un ícono más allá del protocolo real.

SHORT 346 Protocolo y estilo: secretos detrás de los colores en los atuendos reales

¿Cuántas decisiones detrás de un simple atuendo real pasan desapercibidas? La familia real británica sigue estrictas reglas que van más allá de la moda, marcadas por tradiciones centenarias. Desde la reina Isabel II hasta la princesa Diana, los colores, las texturas y hasta el esmalte de uñas cumplen un propósito que pocos conocen.

Colores vibrantes para destacar: Isabel II solía usar tonos brillantes no solo por gusto, sino para asegurarse de ser visible en grandes multitudes. "No puedo vestir de beige porque nadie sabría quién soy", afirmó, marcando un protocolo único para que nadie opacara su presencia en actos oficiales.

Esmaltes discretos: Uñas naturales o tonos neutros son los únicos permitidos. La reina era fiel al tono *Ballet Slippers* desde 1989. ¿Rebeldía? Diana, aunque pocas veces, desafió esta norma.

Negro reservado para funerales: Salvo en contadas excepciones, como eventos nocturnos de Diana, el negro simboliza exclusivamente el luto para la realeza británica.

Cada detalle en su guardarropa cuenta una historia de simbolismo y tradición que resalta su figura pública, mientras equilibra su rol como íconos de modernidad.

SHORT 347 El legado de un vestido: Diana Spencer y su icónico traje nupcial

El vestido de novia de Lady Diana Spencer no solo marcó un momento inolvidable en la moda, sino que también es un símbolo de su vida. Antes de decidirse por los diseñadores David y Elizabeth Emanuel, Diana envió bocetos a varios diseñadores en Londres, buscando algo único para la futura reina.

Finalmente, eligió a esta joven e inexperta pareja, quienes asumieron el desafío de crear un vestido inolvidable para la boda del siglo.

El diseño, hecho en tafetán de seda marfil, encaje antiguo y decorado con más de 10,000 perlas, se destacó por su cola de 7 metros, la más larga en una boda real. Pero el icónico momento no estuvo exento de tensiones: el vestido llegó notablemente arrugado tras el trayecto en carruaje a la Catedral de San Pablo. A pesar de ello, su esplendor intacto frente a las cámaras lo convirtió en un referente.

El día de la boda, millones de personas alrededor del mundo sintonizaron el evento, consolidándolo como uno de los momentos más vistos de la historia. Hoy, este tesoro puede ser admirado en el Centro de Exposiciones de Kensington Palace, donde sigue fascinando a los seguidores de la realeza.

SHORT 348 Donald Trump y Lady Di: los polémicos ramos de flores que dieron escalofríos

Tras el divorcio de la princesa Diana en 1996, Donald Trump intentó acercarse de manera persistente, enviándole flores costosas y notas, un gesto que la princesa consideró perturbador. Según la periodista Selina Scott, Diana llegó a sentir que Trump la acosaba, al punto de buscar consejo para manejar la situación. Los ramos, que incluían rosas y orquídeas de cientos de libras, fueron descartados tras generar incomodidad.

A pesar de estos avances, Trump afirmó en entrevistas posteriores que podría haber conquistado a Diana si hubiera querido. Sus palabras en programas como el de Howard Stern desataron una polémica, calificando sus declaraciones de inapropiadas y egoístas, especialmente tras la trágica muerte de la princesa en 1997.

Además, surgieron rumores de que Diana planeaba mudarse a la Torre Trump, los cuales Buckingham desmintió categóricamente. Aunque Trump negó interés romántico hacia Diana en entrevistas posteriores, sus gestos y palabras pintan otra historia.

Esta relación no correspondida entre la princesa de Gales y el magnate estadounidense ha generado debate, sobre todo por la percepción de acoso y las declaraciones públicas que han salido a la luz años después. ¿Fue admiración genuina o un caso de obsesión mediática?

SHORT 349 Los peores looks de invierno de Kate Middleton que no pasan desapercibidos

Kate Middleton, ícono de estilo, no siempre acierta en sus elecciones de invierno. ¿Qué atuendos no lograron conquistar a sus seguidores? Aquí te contamos los más comentados.

El abrigo rojo en Nueva Zelanda (2014): un estilo vintage, pero poco práctico ante el viento. Su sombrero voló, y el abrigo dejó su muslo expuesto.

El vestido de terciopelo azul (2018): con mangas trompeta y detalles que recordaron un mantel, este look fue demasiado voluminoso para la ocasión.

El floral mostaza en Suecia (2018): un vestido de satén con estampados y volantes que no favoreció su silueta y desató opiniones divididas.

Guantes de esquí polémicos (2016): criticados por PETA, se señaló que podían estar forrados de piel animal, desatando un debate ético.

El abrigo gris de Navidad (2019): ella misma confesó que era "demasiado cálido" y no se sintió cómoda con su elección.

El vestido nude en Oslo (2018): su tono apagado no realzó su piel y fue calificado como una elección que carecía de brillo.

NOTA: Para ver las imágenes sugerimos escanear el código QR y ver el SHORT alojado en YouTube

SHORT 350 Las gafas de sol que hacen historia

La realeza británica no solo dicta tendencias en moda, sino también en accesorios. Las gafas de sol que eligen son símbolo de estilo, elegancia y funcionalidad. Desde el diseño deportivo de Adidas hasta las exclusivas monturas de Victoria Beckham, los miembros de la familia real saben cómo mezclar lo clásico con lo moderno. Pero ¿cuáles son sus favoritas? Descúbrelo en esta lista llena de sorpresas.

Victoria Beckham (325 USD): Kate Middleton y Meghan Markle coinciden en su preferencia por estas gafas, que combinan líneas sobrias y modernas.

Ray-Ban (102 USD): De Diana a Charlotte, esta marca clásica ha sido un sello en la realeza.

Finlay London (90 USD): Harry y William optaron por este modelo en 2023, demostrando su versatilidad.

Moscot Lemtosh (320 USD): El rey Carlos añadió un toque dorado a estas gafas icónicas.

Adidas (105 USD): La princesa Ana fusiona deporte y sofisticación.

Oliver Peoples (407 USD): Harry y Meghan destacan en los Juegos Invictus.

Newman Aviator (1.150 USD): Las favoritas de Meghan con un toque dorado.

Mr. Boho (100 USD): Eugenia apuesta por la extravagancia.

Persol (395 USD): Elegancia italiana en Harry y Carlos.

Leonard (220 USD): Un clásico recurrente en Meghan.

El poder de los detalles

La elección de gafas no es casualidad; refleja personalidad y contexto. Desde el deporte hasta las ceremonias formales, cada modelo se adapta perfectamente a la ocasión. Más que un accesorio, son un lenguaje visual.

NOTA: Para ver las imágenes sugerimos escanear el código QR y ver el SHORT alojado en YouTube

SHORT 351 Los secretos detrás del vestido de la reina Isabel en su boda de cuento

El 20 de noviembre de 1947, la boda de la princesa Isabel y el príncipe Felipe marcó un capítulo inolvidable en la historia real británica. Mientras el país se recuperaba de los estragos de la Segunda Guerra Mundial, esta unión ofreció un respiro lleno de esperanza. Pero detrás de los esplendores y las tradiciones, había secretos cuidadosamente resguardados.

El vestido de Isabel, una obra maestra de Norman Hartnell, simbolizaba renacimiento en una nación que buscaba reconstruirse. Diseñado en satén duquesa y adornado con 10.000 perlas, fue pagado con cupones de racionamiento en una época de escasez. Para preservar el misterio, Hartnell cubrió su taller con cortinas y añadió un trébol escondido en el vestido, un guiño a la suerte de la futura reina.

Un incidente inesperado añadió tensión al día: la tiara Queen Mary Fringe, prestada a Isabel, se rompió horas antes de la ceremonia. Gracias a la rapidez de un joyero, fue reparada a tiempo, aunque con un pequeño defecto visible. Aún más intrigante fue el anillo de bodas, que ocultaba un mensaje grabado que solo los novios conocían.

La boda, transmitida por BBC Radio a 200 millones de personas, no solo unió a dos corazones, sino que consolidó el vínculo de la monarquía con el pueblo británico en tiempos difíciles.

Conoce los misterios y curiosidades de la boda de Isabel II y el príncipe Felipe

Una boda pagada con cupones de racionamiento: La austeridad de la posguerra obligó a Isabel a usar cupones de racionamiento para financiar su vestido, diseñado por Norman Hartnell. El espléndido diseño incluyó 10,000 perlas y bordados que representaban la primavera.

El pastel más majestuoso: Tan colosal era el pastel de bodas, que para cortarlo se utilizó la espada ceremonial del príncipe Felipe. Elaborado con ingredientes enviados desde Australia y Sudáfrica, se ganó el apodo de "el pastel de las 10,000 millas".

Emergencia con la tiara: Minutos antes de la ceremonia, la Fringe Tiara que usó Isabel se rompió. Afortunadamente, un joyero de la corte la reparó justo a tiempo.

Regalos desde todas partes del mundo: Más de 2,500 obsequios llegaron a la pareja, incluyendo un cargamento de 131 pares de medias enviado por ciudadanos británicos como muestra de cariño.

El sacrificio de Felipe: Para casarse con Isabel, renunció a sus títulos griegos, adoptó el apellido Mountbatten y se convirtió al anglicanismo.

Esta boda no solo fue un acto de amor, sino también un símbolo de esperanza y reconstrucción en tiempos difíciles. Hoy, sigue siendo una fuente inagotable de fascinación.

SHORT 352 Kate Middleton y su amor por la moda vintage: elegancia y sostenibilidad

La princesa de Gales ha demostrado que la moda de segunda mano no solo es responsable, sino también elegante. Kate Middleton ha hecho de las piezas vintage un sello de estilo, combinando sostenibilidad con sofisticación.

Un vestido memorable: De Willow Hilson Vintage, adquirido por $465, que mezcla modernidad con toques clásicos.

Un clutch icónico: En Royal Ascot 2023, Kate lució el raro clutch 'Rio' de Hermès, de la década de 1980.

Su primera pieza vintage: Una chaqueta Yves Saint Laurent que compró durante sus años universitarios.

El bolso Chanel: En el Festival del Recuerdo, brilló con su Mini Flap de Chanel, un favorito codiciado.

Tesoros antiguos: Como el clutch Josef, de la década de 1930, conocido por su intricado diseño con cuentas.

Un clásico de Chanel: El blazer de tweed de la colección 1995.

Audaz en Irlanda: Un vestido de Oscar de la Renta, colección otoño/invierno 1979, durante su gira de 2020.

Un toque de color: Con el vibrante bolso de la desaparecida Wayne Taylor.

Kate no solo impone tendencias, sino que inspira a adoptar una moda consciente.

NOTA: Para ver las imágenes sugerimos escanear el código QR y ver el SHORT alojado en YouTube.

SHORT 353 ¿Por qué Camilla rechazó el título de princesa de Gales?

La elección de Camilla de no utilizar el título de princesa de Gales tiene raíces más profundas de lo que parece. Aunque, técnicamente, le corresponde como esposa del heredero al trono, el peso emocional y simbólico del título, vinculado a la querida Diana, marcó un punto de inflexión. Camilla optó por un título menos controvertido: duquesa de Cornualles, evitando reabrir heridas en la opinión pública.

La decisión no solo fue estratégica, sino que buscaba mitigar el rechazo que enfrentó tras su matrimonio con Carlos en 2005. Según expertos, Clarence House evitó el uso del título para mantener la estabilidad dentro y fuera de la realeza. A pesar de los años y su creciente popularidad, Camilla mantiene esta elección como un gesto de respeto.

Con la ascensión de Carlos al trono, el debate sobre su título se reavivó. Aunque legalmente es reina consorte, en 2018 se eliminó la referencia a princesa consorte, aumentando la incertidumbre sobre cómo será conocida en la historia.

Camilla, ahora reina Camilla, continúa equilibrando la tradición y la modernidad, dejando claro que cada título real lleva consigo un legado difícil de ignorar.

SHORT 354 ¿Por qué Sophie, duquesa de Edimburgo, fue considerada la "segunda hija" de la reina Isabel II?

Este título no oficial pero profundamente significativo destaca el afecto especial que la monarca sentía por ella. En 2010, Sophie recibió la prestigiosa distinción de Dama Gran Cruz de la Real Orden Victoriana, un honor que ni Diana, esposa del heredero, ni Sarah Ferguson, la mujer del hijo favorito de la reina, llegaron a alcanzar.

La cercanía física y emocional fue clave en esta relación. Sophie vivía a solo unos pasos del Castillo de Windsor, lo que permitió que la duquesa y la reina compartieran momentos únicos, desde paseos con sus perros hasta largas conversaciones sobre historia militar en los archivos reales. Su vínculo se fortaleció tras la muerte de Felipe en 2021, cuando Sophie se convirtió en un apoyo constante.

Actualmente, Sophie es la segunda integrante más activa de la monarquía, solo detrás de la princesa Ana. Su dedicación al trabajo real y su lucha contra la violencia sexual en conflictos y la ceguera evitable han consolidado su posición como pieza esencial de "La Firma".

Sophie, quien empezó como empresaria en relaciones públicas, no solo se adaptó a su rol en la realeza, sino que ganó el corazón de una de las mujeres más icónicas de la historia.

SHORT 355 El vestido Kate: El secreto de la princesa de Gales para una silueta perfecta

¿Por qué el vestido Kate se ha convertido en un ícono de la moda real? Este diseño, mezcla de abrigo y vestido, realza la figura de la princesa de Gales con una perfección que equilibra elegancia y modernidad. Creado por Alexander McQueen, su estructura ajustada en la cintura y la falda en forma de A se han convertido en sinónimo de estilo real.

Entre los atuendos más destacados de Kate, encontramos nueve inolvidables: el abrigo rosa de Emilia Wickstead de 2022, el azul bígaro de McQueen en la Orden de la Jarretera, el atuendo de cuadros en Escocia de 2019, el abrigo esmeralda del Día de San Patricio 2012, el diseño de color marfil en el Trooping the Colour 2011, y más. Cada pieza muestra su habilidad para combinar tradición y modernidad en un solo look.

La diseñadora Amanda Wakeley asegura que el vestido Kate resalta lo mejor de la silueta de la princesa, manteniendo un equilibrio entre la feminidad atemporal y la accesibilidad. Este diseño único también rinde homenaje al legado de Diana, quien popularizó el estilo en los años 80 con Arabella Pollen.

La transición entre el día y la noche es otro atributo clave del vestido Kate. Ideal para compromisos reales, su formalidad y adaptabilidad lo convierten en un elemento esencial del vestuario de la princesa de Gales, marcando un estándar en la realeza moderna.

NOTA: Para ver las imágenes sugerimos escanear el código QR y ver el SHORT alojado en YouTube.

SHORT 356 Seis looks navideños que redefinen el estilo festivo de la princesa de gales

¿Qué hace tan especiales los suéteres navideños de Kate Middleton? Su elección no solo refleja la calidez de la temporada, sino que marca tendencia año tras año. A continuación, un vistazo a seis de sus piezas más memorables, que combinan tradición y elegancia:

Cárdigan de jacquard rojo de Miu Miu: Perfecto para adornar el árbol de Navidad, con detalles de bolas y un vibrante tono Papá Noel.

Cárdigan crema con lentejuelas de Self-Portrait: Elegancia metálica con botones de diamantes que brillan como la nieve.

Cárdigan negro con ribetes dorados de Self-Portrait: Un mensaje navideño junto al árbol nunca lució tan sofisticado.

Suéter Fairisle crema de Holland Cooper: Una mezcla de lana y alpaca que encarna la esencia del invierno.

Cuello alto verde bosque de Iris and Ink: Ajuste ceñido y mezcla de lana merino para un estilo impecable.

Jersey relajado crema de Reiss: La pieza ideal para un evento familiar lleno de encanto.

Kate no solo elige piezas de diseño; también construye una narrativa festiva, desde adornar el árbol hasta sus mensajes conmovedores. Su estilo redefine la moda navideña con un toque único.

NOTA: Para ver las imágenes sugerimos escanear el código QR y ver el SHORT alojado en YouTube.

SHORT 357 ¿Dónde esconde Kate Middleton sus vestidos más icónicos?

¿Sabías que el guardarropa de Kate Middleton podría no estar en su hogar? Desde que se unió a la familia real, la princesa de Gales ha deslumbrado con un estilo que combina alta costura y moda accesible, pero su colección supera los 200 vestidos y decenas de pares de zapatos. ¿Dónde guarda todo? Las respuestas te sorprenderán.

El Adelaide Cottage, su residencia principal, parece demasiado modesto para albergar tantos atuendos. Según expertos en la realeza, parte de su vestuario más formal se encuentra almacenado en el Castillo de Windsor, donde también residen otros artículos históricos. Pero aquí surge otro dato fascinante: muchas de las prendas usadas en eventos oficiales son devueltas después.

Su estilista, Natasha Archer, tiene un papel crucial en este sistema. Ella selecciona cuidadosamente cada pieza, muchas de ellas prestadas por las marcas, cumpliendo así con el protocolo real que prohíbe recibir regalos. Esta práctica garantiza que el guardarropa de Kate no sea tan extenso como parece, pero su impacto estilístico sigue intacto.

La sostenibilidad también define el estilo de Kate. Desde reciclar un vestido de Alexander McQueen para los Earthshot Prize hasta reutilizar atuendos en celebraciones clave, Kate demuestra que la moda real puede ser elegante y consciente. ¿El resultado? Una princesa moderna que equilibra tradición e innovación con cada elección de vestuario.

SHORT 358 Diana y Camila: ¿imitar o redefinir?

¿Qué llevó a Camila a replicar algunos de los icónicos looks de la princesa Diana? La comparación ha sido inevitable y, en ocasiones, polémica. Desde vestidos hasta joyas, la actual reina consorte ha recreado estilismos que Diana inmortalizó. Sin embargo, los expertos aseguran que, en ciertos casos, Camila logró adaptarlos mejor a su personalidad, como en el caso del controvertido vestido de la venganza.

Banquete en Londres (1987 vs. 2016): Diana lució un vestido blanco con la tiara Lover's Knot. Camila replicó el estilo con un vestido similar y la tiara de Greville en el Parlamento.

Visita al Vaticano (1985 vs. 2009): Diana eligió un vestido negro con velo. Camila optó por un diseño casi idéntico, modernizándolo con detalles más ligeros.

Hospital en Pakistán (1996 vs. 2006): Diana combinó un chal azul y gris. Años después, Camila revivió este esquema de colores durante su gira en Egipto.

El vestido de la venganza (1994 vs. 1995): Diana redefinió la moda con un vestido negro ajustado. Un año después, Camila sorprendió con una versión similar, lo que desató críticas y comparaciones.

Algunos críticos aseguran que Camila modernizó con éxito ciertos atuendos, llevando las comparaciones al plano de quién supo interpretar mejor estos estilismos, manteniendo el protagonismo en la moda real.

SHORT 359 Los secretos detrás de las elecciones de estilo de Kate Middleton a bajo coste

El estilo impecable de Kate Middleton ha marcado tendencia durante años, y ahora sus elecciones favoritas están disponibles con descuentos exclusivos este Black Friday. Desde elegantes accesorios hasta productos de belleza esenciales, esta es una oportunidad única para acercarte al glamur de la realeza.

Entre las ofertas más destacadas, figuran cinco productos que no puedes dejar pasar:

Bolso Midi Mayfair de Aspinal of London: Este icónico bolso de cuero italiano, con un cierre de escudo dorado, está disponible por 662,12 USD (antes 827,64 USD). Es perfecto para quienes buscan lujo y funcionalidad.

Clarins Natural Lip Perfector: El bálsamo de labios favorito de Kate, conocido por su brillo sutil y aroma a vainilla, cuesta ahora 23,43 USD (antes 29,29 USD). Ideal para hidratar y realzar los labios.

Collar de perlas Nura de Monica Vinader: Sofisticación con compromiso ético. Este delicado collar cuesta 110,40 USD (antes 162,98 USD), un básico para eventos formales.

Botas de senderismo Berghaus Supalite II Goretex: Resistentes y cómodas, usadas por Kate en momentos memorables. Ahora disponibles por 175,72 USD (antes 235,56 USD).

Delineador Lancôme Artliner: Perfecto para una mirada definida y duradera, este delineador cuesta solo 24,51 USD (antes 32,75 USD).

Zapatillas Superga Cotu Classic: Las zapatillas favoritas de Kate Middleton, las Superga Cotu Classic, destacan por ser cómodas y duraderas gracias a su diseño con algodón transpirable. Su versatilidad las convierte en el calzado ideal para combinar con todo, desde jeans hasta pantalones cortos. Precio actual: 32,79 USD (antes 82,76 USD).

SHORT 360 La princesa de Gales conmueve con un mensaje sobre la empatía y la adicción

La princesa de Gales, Kate Middleton, ha destacado la importancia de la empatía hacia quienes luchan contra la adicción. En el inicio de la Semana de Concienciación sobre Adicciones, instó a la sociedad a no juzgar, sino a ofrecer actos de bondad y comprensión hacia estas personas, quienes "son seres humanos con historias propias". Esta declaración refuerza su compromiso con Forward Trust, donde lidera un movimiento para eliminar el estigma.

En un emotivo comunicado, Kate recalcó que "la adicción no es una elección, sino una enfermedad mental que puede afectar a cualquiera". También recordó que muchas familias enfrentan esta lucha en silencio, rodeadas de incomprensión. Su llamado a la acción incluye escuchar y apoyar desde el amor y la humildad.

La carta que acompañará el servicio de villancicos en Westminster es un símbolo de unidad. En ella, la princesa agradece a las comunidades por su compromiso, mientras insiste en que la recuperación es posible si se abordan estas problemáticas con humanidad.

Kate que, a pesar de los retos personales, demuestra con estas acciones que su labor por causas cruciales sigue intacta.

13 Shorts de diciembre 2024

SHORT 361 El cóctel favorito de Kate Middleton que William prepara con dedicación.

Después de un largo día entre compromisos reales y tareas familiares, Kate Middleton tiene un ritual especial: disfrutar de su cóctel favorito, el icónico Crack Baby. Este sofisticado elixir, compuesto de vodka, champán y jugo de maracuyá, no solo es su bebida predilecta, sino también una conexión íntima con su esposo, el príncipe William, quien lo prepara con esmero.

Este cóctel no es un descubrimiento reciente en la vida de Kate. Se sirvió por primera vez en su boda en 2011, marcando el inicio de una tradición que se ha mantenido viva. Lo que pocos saben es que este brebaje refleja el equilibrio perfecto entre la sofisticación y el gusto personal de los futuros monarcas.

El detalle más entrañable es que William lo prepara cada noche, tras asegurarse de que los niños estén dormidos. Este gesto demuestra que, incluso en medio de los deberes reales, la pareja encuentra momentos para disfrutar de su compañía mutua.

Aunque Kate disfruta de esta indulgencia ocasional, es conocida por su estilo de vida saludable, alternando sus bebidas con agua y batidos verdes. Sin embargo, el Crack Baby sigue siendo su favorito para brindar por los pequeños placeres de la vida.

SHORT 362 Meghan y Harry excluidos: La Navidad de Sandringham sigue marcada por tensiones

El distanciamiento entre Harry, Meghan y la familia real parece haber llegado a un nuevo nivel. En la navidad de 2024, los Sussex no se unirán a las festividades navideñas en Sandringham. Según informes, no recibieron una invitación, una omisión que ha generado especulaciones sobre las tensiones persistentes entre ambas partes.

Desde que renunciaron a sus deberes reales en 2020, Harry y Meghan han celebrado las fiestas en Estados Unidos con sus hijos, Archie y Lilibet. Sin embargo, la decisión de excluirlos de Sandringham para Navidad ha captado la atención de los medios, considerando que la pareja no ha pasado esta festividad con la realeza en seis años.

Por su parte, el rey Carlos y la reina Camilla recibirán a William, Kate y sus hijos, quienes se unirán al resto de la familia real en un momento marcado por desafíos de salud. Según fuentes cercanas, Carlos está supervisando personalmente los preparativos, destacando la importancia de estas reuniones.

Mientras los Sussex celebrarán en California, con tradiciones como dejar zanahorias para los renos, el distanciamiento entre ellos y el resto de la familia parece más evidente que nunca. La ausencia de Harry y Meghan vuelve a ser el centro de una narrativa llena de intrigas.

SHORT 363 Kate regresa con fuerza: Su impactante reaparición en Buckingham

La princesa de Gales reapareció en un evento oficial tras meses de ausencia debido a su tratamiento contra el cáncer. Vestida impecablemente con un abrigo diseñado por Sarah Burton para Alexander McQueen y un collar de perlas que perteneció a la reina Isabel II, Kate mostró un aire de serenidad y fuerza mientras acompañaba al príncipe William en la ceremonia de bienvenida al Emir de Qatar.

Este regreso marcó más que su impecable sentido del estilo. En la ceremonia celebrada en Horse Guards Parade, Kate interactuó con dignatarios internacionales y su esposo, mostrando gestos de complicidad que reforzaron la percepción de unidad en los Gales. Aunque no participará en el banquete de Estado, su presencia es vista como un paso positivo en su recuperación.

El rey Carlos y la reina Camilla tuvieron una participación más limitada debido a razones de salud. Mientras Carlos supervisó el evento con su característico dinamismo, Camilla se dirigió directamente al Palacio de Buckingham, evitando las actividades públicas. Esta dinámica dejó a Kate como una figura clave en la representación de la monarquía.

La visita del Emir de Qatar incluyó una pomposa procesión, salvas de cañón y una exposición en la colección real. Con casi 900 soldados y una Guardia Montada, la ceremonia reflejó la importancia diplomática del encuentro, destacando a Kate como un símbolo de resiliencia y continuidad en la realeza británica.

SHORT 364 Nueve estrictas prohibiciones navideñas de la familia real: un vistazo a su lado más disciplinado

Aunque la Navidad es sinónimo de relajación y excesos para muchos, en Sandringham las festividades reales se rigen por un estricto protocolo que deja poco espacio para la informalidad. Estas tradiciones, arraigadas desde hace generaciones, marcan una gran diferencia con las costumbres comunes.

1. No dormir antes del rey: Nadie se retira hasta que Carlos III lo haga, demostrando respeto hacia su liderazgo.

2. Puntualidad obligatoria: Llegar tarde no es opción; cada miembro debe ceñirse al horario previsto.

3. Vestimenta formal: La ropa casual no tiene cabida, incluso en momentos de relajación.

4. Regalos económicos y humorísticos: En lugar de costosos obsequios, se priorizan los detalles ingeniosos y simples.

5. Misa matutina obligatoria: El servicio religioso es un evento ineludible, sin excepciones.

6. Separación de adultos y niños en la mesa: Los pequeños comen aparte hasta que demuestran habilidades conversacionales adecuadas.

7. Monopoly prohibido: Considerado un juego demasiado agresivo, prefieren actividades más ligeras como charadas.

8. Moderación con el alcohol: Se permiten bebidas, pero sin excesos que empañen la celebración.

9. Nada de televisión: El tiempo en familia sustituye a los programas navideños, reforzando los lazos personales.

Estas reglas reflejan el compromiso de la realeza con el decoro y la tradición, destacando la solemnidad de su forma de celebrar una fecha que, para otros, puede ser muy diferente.

SHORT 365 El príncipe Harry se ríe de los rumores: "Nos hemos divorciado unas 10 o 12 veces"

Los rumores sobre el supuesto divorcio de Harry y Meghan han inundado los titulares, pero el príncipe decidió abordar el tema con una combinación de humor y firmeza. Durante un evento público, Harry comentó irónicamente: *"Parece que nos hemos divorciado unas 10 o 12 veces. Así que, ¿qué pasa?"* Estas declaraciones buscaban desmentir las especulaciones, pero no hicieron más que abrir nuevas interrogantes sobre la relación de la pareja.

Mientras Harry se enfocaba en destacar su compromiso como esposo y padre, Meghan asistió sola a un evento en Beverly Hills mientras el duque concedía la entrevista, lo que avivó aún más las conjeturas. Según fuentes cercanas, sus vidas profesionales se están separando para enfocarse en proyectos individuales, algo que, según ellos, es completamente normal en cualquier matrimonio.

A pesar de la aparente distancia profesional, Harry enfatizó su dedicación a su familia. En su discurso, expresó que disfruta criar a sus hijos en los Estados Unidos, un país que le ofrece seguridad y oportunidades que, según él, no tendría en el Reino Unido. Sin embargo, los comentarios sobre redes sociales y su batalla legal por la seguridad familiar también dejaron entrever tensiones en su vida actual.

La asistencia de Meghan en solitario y los comentarios de Harry parecen mantener a todos expectantes. ¿Es esto una estrategia para calmar los rumores o una confirmación implícita de que algo está cambiando?

BONUS

Los 11 momentos reales más memorables de 2024

La familia real británica vivió un 2024 lleno de eventos que definieron su papel en un mundo cambiante. Desde problemas de salud hasta acontecimientos inesperados, estos momentos dejaron una huella imborrable en los Windsor y en quienes siguen cada paso de la monarquía.

1. El doble diagnóstico de cáncer del rey Carlos y Kate Middleton

El inicio de 2024 trajo una noticia devastadora: tanto el rey Carlos III como la princesa de Gales fueron diagnosticados con cáncer en un lapso de semanas. Mientras Carlos enfrentó tratamientos para un cáncer de próstata, en marzo Kate revelaba que enfrentaba un diagnóstico de cáncer sin especificar detalles. La valentía con la que ambos asumieron su situación se convirtió en un ejemplo de resiliencia. La princesa de Gales, en particular, emocionó al mundo al compartir en septiembre que había superado la quimioterapia, declarando: "Mi misión es mantenerme libre de esta enfermedad para mi familia y mi país".

2. Los Sussex recorren el mundo

El príncipe Harry y Meghan Markle se convirtieron en embajadores informales del Reino Unido durante 2024. Sus viajes incluyeron visitas a Jamaica, Canadá, Nigeria y Colombia, reforzando vínculos culturales y sociales en cada parada. Este enfoque global contrastó con su distancia de los deberes reales tradicionales, lo que generó opiniones divididas entre quienes los ven como figuras inspiradoras y quienes critican su alejamiento del protocolo.

3. La controversia del Día de la Madre

En marzo, una fotografía publicada por el Palacio de Kensington para conmemorar el Día de la Madre desató un escándalo. Kate Middleton, aficionada a la fotografía, fue acusada de editar la imagen de forma inadecuada, lo que llevó a su retirada por parte de agencias internacionales. La disculpa pública de Kate no calmó las teorías conspirativas que circulaban en redes sociales, amplificando la atención sobre la familia real en un día que debería haber sido tranquilo.

4. El retrato que dividió opiniones

El primer retrato oficial del rey Carlos, presentado en mayo, causó revuelo. La obra, realizada por Jonathan Yeo, fue criticada en redes sociales por su paleta de colores intensos, que algunos interpretaron como un símbolo del colonialismo británico. Sin embargo, el rey defendió la pieza, señalando que representaba "la evolución de la monarquía en tiempos modernos".

5. La boda del duque de Westminster

El matrimonio del multimillonario Hugh Grosvenor con Olivia Henson fue el evento social del año. Aunque no fue una boda real en el sentido estricto, la presencia de figuras como el príncipe William y la princesa Eugenia otorgó un aire de realeza. La novia lució una tiara histórica, consolidando el vínculo entre las tradiciones aristocráticas y las nuevas generaciones.

6. Trooping the Colour y la monarquía reducida

La primera aparición pública de Kate Middleton tras su diagnóstico fue en Trooping the Colour, junto al rey Carlos. Este evento, que tradicionalmente reúne a toda la familia real, destacó la ausencia de varios miembros, reflejando la "monarquía reducida" promovida por el rey.

7. Las visitas de Estado del rey y la reina

Carlos III y Camila recibieron a los emperadores de Japón y a la realeza de Qatar, reforzando relaciones diplomáticas clave. Su gira a Australia fue particularmente significativa, aunque no exenta de controversia, con protestas y declaraciones de figuras políticas que cuestionaron su rol en un país que debate su identidad republicana.

8. El encuentro entre Taylor Swift y los Windsor

En un momento que mezcló la realeza del pop y la realeza británica, Taylor Swift interactuó con el príncipe George y la princesa Charlotte durante un concierto en Londres. La naturalidad de los jóvenes Windsor y la sorpresa de los asistentes consolidaron la imagen de una familia que conecta con las nuevas generaciones.

9. El accidente de la princesa Ana

Un incidente en su finca de Gatcombe Park dejó a la princesa Ana hospitalizada con una conmoción cerebral. A pesar de la gravedad inicial, la princesa se recuperó rápidamente y retomó sus funciones con el compromiso inquebrantable que la caracteriza.

10. La entrevista del príncipe Andrés resurge

La polémica entrevista de 2019 en la que el príncipe Andrés habló sobre su relación con Jeffrey Epstein volvió a acaparar titulares gracias a dos producciones dramáticas. Este resurgimiento provocó un nuevo escrutinio sobre el pasado del duque de York y su lugar dentro de la familia real.

11. Una mirada íntima a los galeses

En septiembre, un cortometraje mostró a Kate, William y sus hijos en un contexto más personal. El video, cargado de simbolismo, reflejó una familia unida enfrentando desafíos con fortaleza, marcando un punto culminante en un año lleno de contrastes.

ACERCA DEL AUTOR

Orlando Mancini, Comunicador Social con especialización y Maestría en Desarrollo Tecnológico Aplicado a la Educación, ha acumulado más de 30 años en el periodismo, dedicándose en las últimas décadas a cubrir la realeza británica desde Londres, donde vive desde hace 25 años. Su experiencia en medios de renombre como Caracol TV de Colombia y Telemundo en Estados Unidos le permitió ser testigo directo de momentos históricos, incluyendo los jubileos de la reina Isabel y su funeral, las bodas de William y Kate, Harry y Meghan y la coronación del rey Carlos. Actualmente, dirige contenidos audiovisuales en Express News UK y ha impulsado varios medios digitales, consolidando su marca personal en el periodismo internacional. Su libro *Explorando la mente de ChatGPT: Una entrevista profunda* fue un Best Seller en Amazon, destacando su interés por la tecnología y comunicación digital. Su primer acercamiento con la literatura fue al plasmar su curso de oratoria en un libro de bolsillo. Mancini, ferviente seguidor de la realeza y apasionado por su labor, se describe como un "experto real amateur", manteniendo una mirada única sobre el Reino Unido y sus protagonistas. En la actualidad vive entre Londres y el oriente colombiano.

Para más información visite: www.orlandomancini.com

Bibliografía seleccionada

Bower, Tom. Revenge: Meghan, Harry, and the War Between the Windsors. octubre de 2022.

Brown, Tina. The Palace Papers: Inside the House of Windsor--The Truth and the Turmoil. Crown, 2022, Nueva York.

Craig Brown. A Voyage Around the Queen. 1 de octubre de 2024.

Hardman, Robert. Isabel II: Vida de una reina, 1926-2022. Plaza & Janés, 2022.

Hardman, Robert. Queen of the World. Pegasus Books, 2018, Nueva York.

Jobson, Robert. Catherine, the Princess of Wales: The Biography. Ad Lib Publishers, 2023, Londres.

Junor, Penny. The Firm: The Troubled Life of the House of Windsor. HarperCollins, 2005, Londres.

Lacey, Robert. Battle of Brothers: The True Story of the Royal Family in Crisis. HarperCollins, 2020, Londres.

Morton, Andrew. Diana: Her True Story--In Her Own Words. Simon & Schuster, 2017.

Morton, Andrew. La Reina: Su vida. Roca Editorial, 2022, Barcelona.

Nicholl, Katie. William and Harry. Preface Publishing, 2010, Londres.

Oliver, Charles. Cena en el Palacio de Buckingham. John Blake Publishing, 2003, Londres.

Quinn, Tom. Juventud dorada: Una historia íntima de crecer en la familia real. Ediciones B, 2023, Madrid.

Seward, Ingrid. **My Mother and I. London:** Simon & Schuster, septiembre de 2023.

Wharfe, Ken, y Robert Jobson. **Diana:** Closely Guarded Secret. John Blake Publishing, 2016, Londres.

Fuentes y medios británicos sobre la familia real:

BBC UK Royal Family. Noticias y análisis de la familia real en BBC.

Daily Mail disponible en: https://www.dailymail.co.uk/

Esto Debes Saber. Canal en YouTube y TikTok con análisis y actualidad sobre la realeza disponible en: www.estodebesaber.com

Express Newsuk. Medio británico con noticias relevantes sobre la familia real. Disponible en: https://www.expressnews.uk.com/.

Familia Real Británica. Portal web dedicado exclusivamente a noticias de la monarquía. Disponible: https://www.familiarealbritanica.com/

Hello Magazine. Publicación internacional con cobertura de noticias reales. Disponible en: https://www.hellomagazine.com/us/.

Marie Claire. Cobertura de noticias y estilo de vida real. Disponible en: https://www.marieclaire.com/.

Royal.uk. Sitio web oficial de la familia real británica. Disponible en: https://www.royal.uk/

The Royal Family Channel. Canal de YouTube producido por ITN https://www.youtube.com/@RoyalFamilyChannel/videos.

The Sun. Canal de YouTube The Sun Podcasts disponible en: https://www.thesun.co.uk/fabulous/.

The Sunday Times. Medio británico de renombre con cobertura de noticias reales, análisis y reportajes. Disponible en: https://www.thetimes.co.uk/.

Town & Country. Revista especializada en la realeza y el estilo de vida de alta sociedad. Disponible: https://www.townandcountrymag.com/.